Erhard Prugger

# SOZIALFALL SOZIALSTAAT

Was jetzt zu tun ist

TRAUNER

## Impressum

© 2023 by TRAUNER Verlag + Buchservice GmbH, Köglstraße 14, A-4020 Linz

1. Auflage 2023

Lektorat und Produktmanagement: TRAUNER Verlag
Cover und Layout: Bettina Victor
Gestaltung: Werner Schmolmüller

Coverfoto: Stock.adobe/natanaelginting

Copyright für verwendete Illustrationen: siehe Nachweis in den Bildlegenden.
Die Rechte aller Illustrationen liegen bei den jeweiligen Erstellern oder Institutionen.

Herstellung: Plöchl Druck GmbH, Werndlstraße 2, A-4240 Freistadt

ISBN: 978-3-99113-850-1
www.trauner.at

Alle Rechte vorbehalten. Kein Teil des Werkes darf in irgendeiner Form ohne schriftliche Genehmigung des Verlages reproduziert oder unter Verwendung elektronischer Systeme verarbeitet, vervielfältigt oder verbreitet werden.

Sollte diese Publikation Links auf Webseiten Dritter enthalten, so übernehmen wir für deren Inhalt keine Haftung, da wir uns diese nicht zu eigen machen, sondern lediglich auf deren Stand zum Zeitpunkt der Erstveröffentlichung verweisen.

Erhard Prugger

# SOZIALFALL
# SOZIALSTAAT

Was jetzt zu tun ist

# Inhalt

**Einleitung: Für unser Sozialsystem ist es 5 vor 12 –
aber nur für jene, die auf die Uhr schauen** ............................................. 8

## Sozialstaatslüge Nr. 1:
### „Die Pensionen sind sicher." .................................................................... 21

Das österreichische Pensionssystem –
gut für die Alten, schlecht für die Jungen ................................................. 21
Das österreichische Pensionssystem oder:
„Der Krug geht so lange zum Brunnen, bis er bricht" ............................. 23
Warum gerade die Österreicher alles auf die Pension verschieben .......... 24
Die Pensionskosten galoppieren immer mehr davon ............................... 26
Früh, früher, am frühesten – Stellschraube „Pensionsantrittsalter" .......... 27
Österreich als Pensionistenparadies – allerdings auf „Pump" ................. 30
Pensionsbelastung des Budgets verhindert Zukunftsinvestitionen .......... 32
Die Zeche zahlen die Jungen ..................................................................... 33
Ohne Kinder keine Zukunft ....................................................................... 35
Nicht alle Probleme sind demografiebedingt, manches ist auch hausgemacht ... 36
„Pensionszuckerl", so weit das Auge reicht .............................................. 37
Pensionsrecht auf gut Österreichisch: „Alle sind gleich, manche sind gleicher." ... 39
Zielverfehlung am Beispiel der Schwerarbeiterpensionen ....................... 40
Das Umlagesystem – grundsätzlich bewährt, aber äußerst ergänzungsbedürftig ... 41
So werden Pensionen gerechter, sicherer und nachhaltiger ..................... 42

## Sozialstaatslüge Nr. 2:
### „Wir haben das beste Gesundheitssystem der Welt und sind im Übrigen alle ‚pumperlgsund'." ........................................... 44

Österreichs Gesundheitssystem: gut, teuer und mit Luft nach oben ....... 44
Viele Baustellen und weiße Flecken im Gesundheitssystem .................... 47
„Land der Dicken, Land der Trinker, Land der Raucher zukunftsarm" .... 49
Was wirklich für unseren Gesundheitszustand verantwortlich ist ........... 52
Ungesunder Lebensstil kostet Männer mehr als 20 Jahre Lebenserwartung ... 53
Prävention – das vernachlässigte Stiefkind im österreichischen Gesundheitssystem ... 54
Die wahren Kostentreiber im System sind die Spitäler ............................. 55
Der Arzneimittelmarkt und die Pharmaindustrie –
Ziel vieler Angriffe, aber ein wichtiger Faktor im Gesundheitswesen .... 58
Durch eine bessere Patientensteuerung zukünftig viele leere Kilometer vermeiden ... 59
Digitalisierung in der Medizin – einer der größten „Hebel"
zu mehr Qualität und weniger Kosten ...................................................... 60

# Inhaltsverzeichnis

| | |
|---|---:|
| Ärztemangel – Hysterie oder Realität? | 61 |
| Alt, aber krank – warum die „gesunden Lebensjahre" der wahre Elchtest sind | 64 |
| Österreich, ein Land der psychisch Kranken? – Freud lässt grüßen | 65 |
| Wenn ein Schatten auf die Kur fällt | 67 |
| So wird das Gesundheitssystem wirkungsvoller, leistungsstärker, gerechter und langfristig finanzierbar | 68 |

## Sozialstaatslüge Nr. 3:
### „Es gibt keine Arbeitskräfte mehr." bzw. „Der Arbeitskräftemangel ist allein ein Problem der Wirtschaft." — 73

| | |
|---|---:|
| Viele Räder stehen still in Österreich – ohne zusätzliche Fach- und Arbeitskräfte | 73 |
| Katastrophale Auswirkungen des Personalmangels auf Betriebe, Mitarbeiter und Kunden | 76 |
| Warum der Arbeitskräftemangel Wohlstand und soziale Sicherheit gefährdet | 76 |
| Glauben Sie denen nicht, die einfache Lösungen haben! | 77 |
| „It's the demographics, stupid!" | 79 |
| Arbeitskräfte – woher nehmen, wenn nicht stehlen? | 82 |
| Jetzt erst recht: Arbeitssuchende zu Mitarbeitern machen | 83 |
| Arbeitssuchende bestmöglich unterstützen, Sozialakrobaten das Handwerk legen | 84 |
| Vom Fluch der falschen Berufswahl | 85 |
| Bislang weitestgehend unentdeckt – Goldschatz „Silberhaar" | 86 |
| Ohne Ausländer geht gar nichts mehr – wenn es die „richtigen" sind | 90 |
| Systemumstellung auf „qualifizierte Zuwanderung" ist alternativlos | 91 |
| Was Frauen wirklich wollen bzw. brauchen | 92 |
| Österreich in der Teilzeitfalle? | 95 |
| Und was ist mit den Jungen? | 97 |
| So wird Beschäftigung angekurbelt, Wohlstand und soziale Sicherheit gefestigt und Arbeitslosigkeit reduziert | 99 |

## Sozialstaatslüge Nr. 4:
### „Es wird in Österreich sozial immer kälter." — 104

| | |
|---|---:|
| Noch nie ging es uns so gut wie heute | 104 |
| Die „gute alte Zeit" – eine Verklärung, die den Fakten nicht standhält | 107 |
| Von der Wohlstandsgesellschaft zur Überfluss- und Wegwerfgesellschaft | 108 |
| Der österreichische Sozialstaat – „Goldstandards", wohin man schaut | 109 |
| Die Generation „Verzicht" und was sie dabei vergisst | 111 |
| Und was ist mit der Armut? | 113 |
| Österreich – das europäische Eldorado der Umverteilung | 121 |
| Und wer bezahlt das alles? | 125 |

Die Raubrittermethoden der öffentlichen Hand — 126
„Eat the Rich" – warum Vermögenssteuern der falsche Weg sind — 128
Gießkanne statt Treffsicherheit – der Kardinalfehler im Sozialsystem — 129
Folgende Maßnahmen würden zu einer wertschätzenderen
und gezielteren Inanspruchnahme von Sozialleistungen führen,
Armut öfter verhindern und das Sozialsystem zukunftssicher machen — 132

### Sozialstaatslüge Nr. 5:
**„Unser Sozialsystem ist nachhaltig und hat in dieser Form Zukunft."** — **134**
Das Kreuz mit der „Social Correctness" — 134
Wer das Sozialsystem reformieren will, ist schnell „weg vom Fenster" — 135
Die Reform der Sozialversicherungen oder: Wo bleibt die „Patienten-Milliarde"? — 136
Statt „Vollkaskomentalität" braucht es ein Comeback des Leistungsdenkens — 137
Reparieren statt vorbeugen ist alles andere als nachhaltig — 139
Der Sozialstaat von morgen wird andere Prioritäten haben (müssen) — 141
Fehlende Zukunftsorientierung am Beispiel von „New Work" — 142
Das Dilemma mit den Wirtschaftsflüchtlingen — 145
Interesse an echter Integration von beiden Seiten „mangelhaft" — 148
Qualifizierte Zuwanderung statt illegaler Masseneinwanderung ins Sozialsystem — 150
So kann die Nachhaltigkeit unseres Sozialsystems gestärkt und
dieses zukunftsfit gemacht werden — 152

### Sozialstaatslüge Nr. 6:
**„Den Arbeitnehmern geht's so schlecht, sie arbeiten bis zum Umfallen, verdienen einen Pappenstiel und haben überwiegend prekäre Arbeitsbedingungen."** — **154**
Österreichs Arbeitnehmer – fast überall in der Poleposition — 154
Arbeitgeber in der Defensive – wenn Systeme kippen — 157
Unsere Wirtschaft – „Bürge und Zahler" für (fast) alles — 158
Das österreichische Arbeitsrecht –
immer öfter (arbeits-)weltfremd und wenig zeitgemäß — 158
Das gern strapazierte Märchen von den „prekären Arbeitsbedingungen" — 160
Sozialstandards wie sonst nirgendwo — 162
Arbeitszeitverkürzung und andere Irrwege — 165
Sozialmissbrauch – alles andere als ein „Kavaliersdelikt" — 167
So können die Herausforderungen der „Arbeit der Zukunft"
gemeistert und die Rechte und Pflichten gerechter verteilt werden — 169

### Sozialstaatslüge Nr. 7:
**„Den Sozialstaat gibt's zum Nulltarif."** — **172**
Keine Sozialleistung ohne guten Grund bzw. zumutbare Gegenleistung — 172

# Inhaltsverzeichnis

| | |
|---|---:|
| Ohne Arbeitsleistung keine Sozialleistung | 173 |
| „Hol dir, was dir zusteht" – die große Gefahr des „Raubtiersozialismus" | 174 |
| Es braucht einen achtsameren Umgang mit den Angeboten des Sozialstaates | 175 |
| Erst das Vergnügen, dann die Arbeit? | 176 |
| Selbstbehalte – wenig populär, aber mehr denn je unverzichtbar | 177 |
| Das bedingungslose Grundeinkommen – unsozial, ungerecht, sauteuer und demotivierend | 178 |
| Das BGE – ein Trapezakt ohne Netz mit fatalen Folgen | 180 |
| Exkurs: „Gibt es eine christliche Sozialpolitik?" | 180 |
| Folgende Maßnahmen tragen zu einer verantwortungsvolleren Inanspruchnahme des sozialen Netzes bei | 183 |

## Sozialstaatslüge Nr. 8:
### „Wir haben die Pflege im Griff." — **185**

| | |
|---|---:|
| Die Pflege – langjähriges „Stiefkind" mit dem Potenzial zum „Super-GAU" | 185 |
| Bei der Pflege sind viele am oder über dem Limit | 188 |
| Die Lage spitzt sich dramatisch zu | 190 |
| Pflegedesaster verhindern – neue Wege gehen | 191 |
| So können die notwendigen Pflegeleistungen gesichert, neue Pflegekräfte gewonnen bzw. bestehende gehalten und die zukünftig notwendigen Mittel für die Pflege aufgebracht werden | 192 |

## Sozialstaatslüge Nr. 9:
### „Wir haben eine Bildungslandschaft wie aus dem Bilderbuch." — **194**

| | |
|---|---:|
| Das österreichische Bildungssystem – vom langen Fluch der Mittelmäßigkeit | 194 |
| Eine solide Ausbildung – noch immer der beste Schutz vor Arbeitslosigkeit, Armut und sozialer Ausgrenzung | 196 |
| Warnung: Fehlende Bildung macht nachweislich kränker und verkürzt das Leben | 197 |
| Das österreichische Bildungssystem im internationalen Vergleich: durchwachsen und leider unter seinen Möglichkeiten | 198 |
| Jetzt Potenziale auf allen Ebenen heben | 199 |
| Die Lehre – eine Ausbildung mit Zukunft | 201 |
| Österreichs Lehrern geht es gut – wie gut geht es Österreich mit seinen Lehrern? | 202 |
| Noch Potenziale für Lehrer bei Unterrichtszeit und Weiterbildung | 204 |
| Sind die Methoden der Wissensvermittlung noch zeitgemäß? | 205 |
| Für ein Upgrading des Bildungssystems sind folgende Maßnahmen zielführend | 207 |

**Endnoten** — 211

# Einleitung:
# Für unser Sozialsystem ist es 5 vor 12 – aber nur für jene, die auf die Uhr schauen

Dieses Buch ist ein Plädoyer für einen wirksamen, vernünftig dimensionierten und damit zukunftsfähigen Sozialstaat – und gegen einen sozialen Selbstbedienungsladen, der Leistung als Basis der sozialen Sicherheit untergräbt und zu überhöhten Kosten die Falschen bedient. Soziale Sicherheit in kritischen Lebenslagen bildet den Rahmen, in dem Menschen angstfrei leben sowie kreativ wirken und schaffen können. Ohne eine hocheffiziente Volkswirtschaft mit leistungsbereiten Menschen gibt es keinen funktionierenden Sozialstaat. Eine Binsenweisheit, die es aber endlich zu realisieren gilt. Strukturen und Angebote des Sozialstaates müssen ständig an die neuen Lebens- und Arbeitsrealitäten angepasst werden. Unterbleibt diese regelmäßige Evaluierung, kommt es zu Versorgungslücken, Ungerechtigkeiten, Verschwendung, Missbrauch, Finanzierungsproblemen und sozialen Spannungen. Wer das anspricht, macht sich gerade in Österreich keine Freunde: Cancel Culture – die Bestrafung und Ächtung von missliebigen Kritikern – ist schon längst Teil der Sozialstaats-Debatte.

Noch ist der Sozialstaat österreichischer Prägung kein akuter Sozialfall – aber er ist unzweifelhaft auf dem Weg dorthin. Die demografische Entwicklung, die veränderten Lebensmodelle der Menschen sowie der überall spürbare Arbeitskräftemangel nagen an den Grundfesten des Sozialstaatsgebäudes. Und zu allem Unglück beginnt völlig zur Unzeit „Arbeit und Leistung" offenbar schrecklich unmodern zu werden. Statt alles dafür zu tun, Arbeit als etwas Positives und Sinnstiftendes erleben zu können, suggerieren die Work-Life-Fetischisten und neuerdings überaus umtriebigen Neomarxisten, dass Arbeit eigentlich nicht zum Leben gehört und deshalb als die Freizeit beeinträchtigender „Störfaktor" reduziert bzw. minimiert werden muss. „Mehr Wohlstand durch weniger Arbeit" wird offenbar immer mehr als neues Lebensmotto angesehen. Wenn wir jetzt die Weichen nicht rasch anders stellen bzw. sich die Sozialpopulisten in den Parteien durchsetzen, werden spätestens unsere Kinder und Enkel unseren sozialen Egoismus und unsere grob fahrlässige Kurzsichtigkeit ausbaden müssen.

Darum werden in diesem Buch nicht nur die oft versteckten „Sollbruchstellen" des Sozialsystems – bewusst zugespitzt – herausgestellt, sondern gleichzeitig der Versuch unternommen, praxistaugliche Antworten auf die brennendsten Fragen zu geben. Wobei die Zeit der Ankündigungen und kosmetischen Korrekturen vorbei sein sollte und die sprichwörtlichen „Nägel mit Köpfen" gemacht werden müssen. Die Vogel-Strauß-Sozialpolitik, die die Realität ausblendet, muss ein Ende haben. Sonst sind wir Babyboomer die „Last Generation", die als letzte im bisherigen Ausmaß auf zentrale Leistungen des Sozialstaates zurückgreifen kann. Denn der breite Wohlstand, den die soziale Marktwirtschaft sowie die Tüchtigkeit der Menschen in diesem Land ermöglicht haben, ist keineswegs in Stein gemeißelt.

Frauen werden in diesem Buch eine wichtige Rolle spielen, was allerdings auch ohne zu gendern möglich ist: Der Autor gehört zu jenen 81 % der Gesamtbevölkerung, die dem Gendern keinen nennenswerten Gleichstellungsbeitrag zuerkennen. Frauen überzeugen in diesem Land durch ihre Leistung und sollten deshalb nicht mit künstlichen Sprachschöpfungen oder Quotenvorgaben diskriminiert werden. Wer das Geschlecht durch Gendern – ohne Bezug auf den Inhalt – ständig sichtbar macht, zementiert die Spaltung der Geschlechter, die man eigentlich überwinden will.[1]

## *Der österreichische Sozialstaat –*
## *eine Erfolgsgeschichte, die nicht zu Ende gehen darf*

Der moderne Sozialstaat, wie wir ihn heute kennen und schätzen, ist eine Errungenschaft der Neuzeit. Erst Kapitalismus und freie Marktwirtschaft erzeugten – trotz mancher negativen Auswüchse in der Anfangszeit – fortgesetzten Wohlstand, von dem in weiterer Folge immer mehr Menschen profitierten.

## Sozialfall Sozialstaat

Die Wirksamkeit des Sozialstaates ist unbestritten, wie folgendes Beispiel zeigt: Starben von 1.000 Neugeborenen im Jahr 1970 noch 26 im ersten Lebensjahr, waren es 2020 „nur" mehr drei.[2] Viele Jahrhunderte lang waren die Menschen den Stürmen des Lebens praktisch schutz- und hilflos ausgeliefert: Krankheiten und Unfälle rafften sie in großer Zahl dahin, nur jedes dritte Kind erlebte das Erwachsenenalter, Altersarmut war allgegenwärtig und Massenarbeitslosigkeit eine Geißel, die viele ins Elend stürzte.

Heute geben wir rund 134 Mrd. Euro für den Sozialstaat aus, wobei ca. 70 % für Alters- und Gesundheitsleistungen aufgewendet werden.[3] Schon längst geht es nicht mehr um die Abdeckung von elementaren Risiken wie etwa Krankheit und Alter, sondern eher um das gezielte Schnüren von „Sorglospaketen", von denen nach dem Willen der Politik möglichst viele profitieren sollen. Durch die – immer öfter bedarfsunabhängig erfolgende – Verteilung von Sozialleistungen weisen diese immer mehr „Geschenkcharakter" auf, die wohl dem Staat gegenüber dankbar machen sollen.

Nicht das Individuum mit seinen Stärken und Potenzialen steht im Zentrum der Gesellschaft, sondern ein immer mächtigerer Staat, der seine Untertanen über das soziale Netz stets großzügig versorgt. Dass man heute nur noch über Verteilungsgerechtigkeit, jedoch kaum über Leistungsgerechtigkeit diskutiert, ist eine besonders negative Folge dieser Entwicklung. An die Stelle der Gleichheit vor dem Gesetz ist eine neue „Umverteilungsgerechtigkeit" getreten, die – etwa im Mietrecht – bisherige Basiswerte wie Eigentum kaum mehr achtet und – vielfach ungerechtfertigt – die Freiheit des Einzelnen im Interesse der „allgemeinen sozialen Gerechtigkeit" (was immer das genau ist) oft unzumutbar einschränkt. Berechtigte Bedürfnisse des Einzelnen haben hinter jenen des Kollektivs immer öfter zurückzustehen. Das neue „goldene Kalb" des Sozialstaates, um das alle tanzen, heißt „Umverteilung": Dieses steht – so der Sozialökonom Roland Baader – für eine „geistige und sozialökonomische Monokultur, mit deren Hilfe man Menschen weismachen will, dass die Gänseblümchen zu Sonnenblumen werden, wenn man alle Sonnenblumen auf Gänseblümchenhöhe niedermäht".[4]

## Einleitung

*Werden wir wirklich „stets benachteiligt, ungerecht behandelt und zumindest im Vergleich zum Nachbarn oder Arbeitskollegen ärmer?"*
Eine Art „sozialstaatlicher Gehirnwäsche" hat ihre Wirkung ganz offenbar nicht verfehlt: Spricht man von Sozialleistungen, geht es schon längst nur mehr um „Rechte" und kaum noch um Pflichten. Leistung ist beinahe zum Schimpfwort geworden, (materielle) Gleichheit das neue Glaubensbekenntnis und das neue Staatsleitbild der „sozialen Gerechtigkeit" das unantastbare Dogma, das jede öffentliche Intervention zugunsten der „sozial Benachteiligten" rechtfertigt. Schon der Ökonom Friedrich August von Hayek hielt den Begriff der sozialen Gerechtigkeit für letztlich inhaltsleer und billige Demagogie. Dieser dient häufig nur als Vorwand, Eingriffe in bestehende Rechte bzw. den Griff in die Tasche der Bürger zu rechtfertigen. Ganz gezielt erweckt man in reichen Gesellschaften (wie der unseren) permanent den Eindruck von massenhafter „Not und Armutsgefährdung", um die letzten Tropfen aus dem Sozialstaat herauszupressen bzw. die nächste Umverteilungsmaßnahme als unumgänglich hinzustellen.

Durch die gebetsmühlenartige Wiederholung der angeblich massiven sozialen Missstände in unserem Land schenken immer mehr Menschen diesen Glauben und zählen sich – wie von den Sozialpopulisten erhofft – selbst zu den Benachteiligten: die Kranken gegenüber den Gesunden, die Mieter gegenüber den Vermietern, die Arbeitnehmer gegenüber den Arbeitgebern, die Pensionisten gegenüber den Berufstätigen, die KMUs gegenüber den Großunternehmen und die Arbeitslosen gegenüber den Beschäftigten.[5] Der Großteil der Bevölkerung kann sich so zumindest einer Gruppe von Benachteiligten zuordnen und meint, damit das Recht zu haben, ihre Ansprüche auf „Nachteilsausgleich" beim Staat geltend machen zu können. Diese professionelle Kultivierung eines tiefsitzenden Neidkomplexes scheint in Österreich auf besonders fruchtbaren Boden zu fallen. Die beliebte Erzählung, dass viele zu den Verlierern, Entrechteten und Enterbten gehören, hat die Neidgenossenschaft befeuert und so die gewünschte Wirkung erzielt.

Experten warnen, dass unser Sozialsystem in eine gefährliche Schieflage geraten und in manchen Bereichen – wie etwa der Alterssicherung oder Pflege – sogar am Kippen ist. Aus den Spitälern und Altenheimen kommt ein Notruf nach dem anderen, weil Mitarbeiter fehlen, was die Versorgung der Menschen akut gefährdet. Ein anderes Beispiel: Alle vier Jahre gewinnen wir ein Lebensjahr dazu – und das gesetzliche Pensionsantrittsalter ist seit Jahrzehnten gleich. Sozialökonomen warnen seit Langem vor Leistungseinschränkungen und kräftigen Wohlstandsverlusten, zumal der Staat nicht alles „auffangen" kann. Spätestens seit dem Auftreten der Corona-Pandemie bzw. des Ukraine-Krieges sind wir Europäer aus dem Paradies vertrieben worden und – auch im Sozialbereich – in der „neuen Normalität" angekommen.

## *Droht vielleicht sogar der Kollaps?*

Viele Politiker werden nicht müde, die absolute Sicherheit unseres sozialen Netzes zu beschwören, was an sich schon verdächtig ist. Der Ökonom Martin Gundinger warnt hingegen eindringlich vor einem Crash: „Um die Probleme, die viele Regierungen zuvor auf die lange Bank geschoben haben, zu lösen, braucht es ein Wunder – genau genommen eine Vielzahl von Wundern."[6] Da die Rettungsversuche spät kommen, wird die Sanierung des sozialen Netzes nicht nur eine unpopuläre Herkulesaufgabe, sondern auch so richtig teuer. Der Journalist Paul Sailer meint in diesem Zusammenhang, dass „die über Jahrzehnte zelebrierte weitgehende Folgenlosigkeit politischen Verhaltens an ihre Grenze gelangt ist".[7] Oder brauchen wir – wie der Journalist Gerald Mandlbauer fragt – „eine veritable Rezession, die uns die Augen öffnet, dass es so wie bisher nicht weitergehen kann?[8] Die Proteste der Franzosen gegen eine alternativlose Pensionsreform zeigen, dass eine seit Jahrzehnten verwöhnte und sozial verblendete Bevölkerung das objektiv Gebotene niemals freiwillig tun wird. Und sie geben uns einen Vorgeschmack darauf, wie hart Verteilungskämpfe geführt werden, wenn Menschen in einem überbordenden Sozialstaat falsch sozialisiert wurden.

Das Umfeld für den Sozialstaat hat sich in den letzten Jahren massiv verändert: Die Erwartungshaltungen und Handlungsoptionen der Menschen sind andere geworden. Eine gute soziale Absicherung ist in unserer Überflussgesellschaft zur Selbstverständlichkeit geworden, weshalb es häufig an Wertschätzung fehlt. Kaum jemand macht sich noch Gedanken darüber, woher das Geld zur Finanzierung der Sozialleistungen stammt: So wie manche meinen, dass der Strom aus

## Einleitung

der Steckdose kommt, glauben viele, dass es tatsächlich der Staat selbst ist, der die Sozialleistungen generiert. Auch hat der aktuelle Sozialstaat keine oder aber – aufgrund seiner Vergangenheitsorientierung – kaum Antworten auf die neuen sozialen Herausforderungen: Aus alter Gewohnheit reglementiert er, wo Arbeitgeber und Arbeitnehmer Freiheit wünschen und brauchen, er schützt, wo keine Gefahren sind, und er unterminiert Leistungsbereitschaft, da er immer wieder wenig treffsicher unterstützt und Leistungsträger über Gebühr belastet.

Dazu kommen die externen Tsunamis, die den Sozialstaat gleich von mehreren Seiten bedrängen: Krisenhafte Entwicklungen wie plötzlich auftretende Pandemien verlangen teures Gegensteuern, und die Dimension der Inflation erzeugt Planungsunsicherheit, die die Wirtschaft lähmt und damit die Finanzierung des Sozialsystems gefährdet. Dass aufgrund der Teuerungswellen sogar die Abdeckung der Grundbedürfnisse zum Problem werden kann, ist ebenso ein Novum, das man in dieser Form nicht mehr für möglich gehalten hätte.

Die Bekämpfung der Folgen des Klimawandels als mittlerweile erste „Bürgerpflicht" hat massive Auswirkungen auf die Wirtschaft und das Wachstum, das wir zur Aufrechterhaltung des sozialen Netzes brauchen. Der Klimakampf in dieser Form ist freilich ein europäisches Phänomen, da die großen Emittenten und internationalen Mitbewerber wie die USA oder China das Spektakel in Europa – quasi erste Reihe fußfrei – amüsiert betrachten und weiterhin auf Kosten der Umwelt ihren Wohlstand bewahren und ihre Marktdominanz ausbauen. Umso wichtiger wird es daher sein, den notwendigen Kampf gegen die negativen Folgen des Klimawandels mit Hausverstand, Technologieoffenheit und für die Wirtschaft „machbar" zu führen. Denn niemandem ist am Ende gedient, wenn die europäische Industrie, die weltweit die höchsten Umweltstandards hat und ganz wesentlich für den Wohlstand in Europa verantwortlich zeichnet, in Länder abwandern muss, die den Umweltschutz noch immer mit Füßen treten.

### *Weniger Junge und mehr Alte – aber alle machen die Augen zu*
Die unumkehrbare demografische Entwicklung ist dabei die am lautesten tickende Zeitbombe für den Sozialstaat. Die Anzahl der Pensions-Anspruchsberechtigten

steigt von Jahr zu Jahr, während jene der Beitragszahler und Systemerhalter aufgrund schwacher Geburtenraten kontinuierlich abnimmt. 85.607 Kinder wurden 2021 in Österreich geboren, während es im Rekordjahr 1963 noch 134.809 waren.[9] Praktisch alle großen Herausforderungen, vor denen der Sozialstaat steht, hängen mit der sinkenden Geburtenrate bzw. der Überalterung der Gesellschaft direkt oder indirekt zusammen: der weiter zunehmende Arbeitskräftemangel, der teure Ausbau der Gesundheits- und Pensionsleistungen sowie der Anstieg der Pflegebedürftigen. Es sind die fehlenden Kinder, die dem Sozialstaat die Existenzgrundlage zusehends entziehen und seine Finanzierung auf Pump zulasten der nächsten Generation erforderlich machen. Darauf hinzuweisen, ist in einer selbstbestimmten Verwirklichungsgesellschaft wahrscheinlich bereits außerhalb des „sozial Korrekten".

Zusätzliche Zuwanderung wird – solange sie willkürlich und ungesteuert erfolgt – das Grundproblem nicht lösen, sondern verschärfen. Dazu kommt, dass sich 2022 ca. 125.000 (+22,9 % im Vergleich zu 2021) Menschen in bestem Erwerbsalter ins Ausland verabschiedet und eine klaffende Lücke hinterlassen haben.[10] Hilfe von „draußen" ist unwahrscheinlich, da alle anderen Länder mit denselben Problemen kämpfen bzw. die Alpenrepublik schon längst nicht mehr „erste Adresse" für qualifizierte Zuwanderer ist.

### *Fehlende Treffsicherheit – das Hauptübel im österreichischen Sozialstaat*

Das vielgelobte soziale Netz versagt in Wirklichkeit immer öfter: Bisweilen ist es zu eng geknüpft und verleitet Menschen dazu, die Hände in den Schoß zu legen und andere für sich arbeiten zu lassen. Aber es gibt auch die Fälle, bei denen die Abstände zwischen den Knoten im sozialen Netz zu groß sind und Bedürftige bzw. Notleidende durchfallen. So sind Zahnersatz oder Sehhilfen für kleinere Einkommensbezieher kaum erschwinglich bzw. fehlt es – obwohl kaum ein anderes europäisches Land auf so viele Ärzte wie Österreich zugreifen kann – beispielsweise an Augenärzten oder Kinderpsychologen. „Die einen kriegen zu viel, die anderen zahlen zu viel Steuer und die, die es wirklich brauchen, bekommen zu wenig soziale Unterstützung", bringt es Hannes Androsch auf den Punkt und verweist auf die berühmten „3E" der Sozialdemokraten Willy Brandt und

Helmut Schmidt, die die Grundlage eines jeden Sozialstaates sein müssen: Eigenverantwortung, Eigeninitiative und Eigenvorsorge.[11]

Ganz im Gegenteil nimmt man den Tüchtigen, Sparsamen und Einfallsreichen immer mehr weg, um dem Ziel der Gleichschaltung aller Menschen näherzukommen. Statt Einkommen zu erzeugen und dafür Leistungsanreize zu schaffen, verteilt man lieber hart erarbeitetes Einkommen mitunter geradezu gedankenlos um. Was gerne in der Verkleidung der christlichen Nächstenliebe daherkommt, ist immer öfter eine Teilenteignung, die am Ende alle ärmer macht. So kann der „Krake Sozialstaat" sogar zum Unrechtsstaat bzw. zum eigentlichen Feind der Gerechtigkeit, die er bei jedem „Eingriff" wie eine Monstranz vor sich herträgt, werden.

## Es braucht eine umfassende Reform an „Haupt und Gliedern"

Die „Generalsanierung" des Systems ist auch deswegen angesagt, weil das aktuelle Sozialsystem wenig nachhaltige Antworten auf die neuen sozialen Herausforderungen – wie etwa den Arbeitskräftemangel oder die Pflege – geben kann. Wer sich wie Österreich den anstehenden Reformen – etwa im Pensionssystem – über Jahrzehnte beharrlich verweigert und stattdessen – wie etwa bei der Hacklerregelung – einem teuren und wenig treffsicheren Sozialpopulismus huldigt, darf sich nicht wundern, wenn die kommenden Einschnitte mitunter schmerzhaft werden.

Die großen Verlierer werden dann die heute unter 40-Jährigen sein: Sie zahlen viel ein und werden wenig herausbekommen. Das wird unweigerlich zu sozialen Spannungen führen. Zudem laufen wir Gefahr, an die nächste Generation ein finanziell ausgeblutetes Land mit einer horrenden Staatsverschuldung zu übergeben. Die junge Generation beginnt bereits, diese Gefahr zu realisieren: 89 % der 14- bis 30-Jährigen interessieren sich für Politik und nennen Soziales – noch vor den Folgen des Klimawandels – überraschend als ihr zentrales Thema.[12] Von Politikverdrossenheit kann so gesehen keine Rede sein. Auch jene, die heute überhaupt noch Steuern und Sozialversicherungsbeiträge zahlen, werden zu den Verlierern gehören. Man wird sie weiter aussaugen, um die Sozial- und Hilfsleistungen auch in wirtschaftlich schlechteren Zeiten weiterhin mit der Gießkanne verteilen zu können.

„Wohlstand entsteht durch Leistung – das ist Arbeit pro Zeit – und nicht durch eine Vier-Tage-Woche bei vollem Lohnausgleich", merkt OÖ IV-Präsident Stefan Pierer in diesem Zusammenhang treffend an.[13] Oder, wie es der französische Schriftsteller Honoré Mirabeau schon vor knapp 300 Jahren sagte: „Es gibt nur drei Methoden, um leben zu können: betteln, stehlen oder etwas leisten." Leistung war die anerkannte Basis für den Wohlstandszuwachs der letzten 50 Jahre. Es war goldrichtig, den Produktivitätszuwachs nicht in weniger Arbeitszeit, sondern in Lohnerhöhungen, die allgemeine Wohlfahrt bzw. in die Verbesserung des Sozialsystems zu investieren. Arbeitszeitverkürzung kostet Wohlstand, da sie die Preise treibt, das Angebot reduziert und die Wettbewerbsfähigkeit der Exportnation Österreich nachhaltig beschädigt.

Jene, die auf das soziale Netz angewiesen sind, verdienen endlich eine ordentliche soziale Absicherung, die klotzt und nicht kleckert und möglichst punktgenau hilft. Gleichzeitig sind jene vom Futtertrog zu entfernen, die es sich im Sozialsystem gemütlich eingerichtet haben. In einem reformierten Sozialstaat werden auch sie den ihnen zumutbaren Beitrag leisten müssen, damit das soziale Netz nicht reißt. Und wer unbedingt weniger oder gar nicht mehr arbeiten will, kann das gerne tun – aber nicht auf Kosten der Allgemeinheit. Nur wer sich selbst nicht helfen kann, soll an die Solidarität der Sozialgemeinschaft appellieren und auf staatliche Sozialleistungen zurückgreifen dürfen. Das Prinzip der „Subsidiarität" – jeder erledigt auf seiner Ebene das ihm Mögliche – muss gerade im Sozialsystem dringend eine Renaissance erfahren und den derzeitigen „Selbstbedienungsladen Sozialstaat" so rasch wie möglich ablösen.

### „Back to the Roots" –
### damit die „Richtigen" profitieren und jeder Cent wirksam wird

Es wäre ein denkbar schlechter Zeitpunkt, dem Sozialstaat gerade jetzt aus Jux und Tollerei „ans Bein pinkeln" zu wollen. Schließlich hat sich das in Österreich so dicht geknüpfte soziale Netz grundsätzlich gut bewährt. Und natürlich braucht es spürbare öffentliche Unterstützung, wenn sich ärmere Haushalte aufgrund der massiven Teuerungswelle Heizen und Essen oder Unternehmen die Warenherstellung oder ihre Dienstleistung nicht mehr leisten können.

Der Staat konnte sich in der Krise als „verlässlicher Freund, der niemanden hängen lässt und alles zahlt", positionieren. Mit dem fatalen Nebeneffekt, dass Otto Normalverbraucher seine persönliche Verantwortung für ein gutes und stressfreies Leben zumindest in Zukunft noch öfter an den Staat delegieren wird. Die Regierungen sind – so der Journalist Andreas Lampl – „Opfer ihrer eigenen PR-Politik als Retter aus jeder Not geworden, die den zu stopfenden Löchern hinterherlaufen und keine Zeit für gesamthafte Strategien haben".[14] Oppositionsparteien fordern fantasielos „More oft the same" sowie weitere Staatseingriffe und machen damit alles noch einmal schlimmer.

## *Das Beste ist der Feind des Guten – gerade im Sozialstaat*

Überschaubare Teilerfolge in der Sozialpolitik sind kein Qualitätsasset, die eine Diskussion über eine Effizienzsteigerung des Systems überflüssig machen würden. Auf eine Reform an Haupt und Gliedern zu verzichten, nur weil Vater Staat angesichts drohender Gefahren seine Kinder mit fremdfinanzierter Freizügigkeit um sich geschart und sich als genereller Problemlöser präsentiert (hat), wäre fatal. Bevor auch noch eine „Bierpreisbremse" gefordert wird, sollten wir die aktuellen Krisen vielmehr zum Anlass nehmen, „reinen Tisch" zu machen und darüber nachzudenken, wie dieser – mitunter hemmungslose – Geldverteilungsapparat namens Sozialstaat zukunftsfähig und krisenfest werden kann und die rückläufige Anzahl der Leistungsträger bzw. Nettozahler nicht mehr als notwendig belastet. „Die Zeit der angenehmen Unwahrheiten ist jetzt vorbei", bringt es WK-Präsident Harald Mahrer auf den Punkt.[15]

Es ist keine vernachlässigbare Randnotiz, dass die Kosten-Nutzen-Rechnung in vielen Bereichen unseres Sozialstaates schon lange nicht mehr stimmt – so man sie nachrechnen würde. Natürlich wird durch einen gut ausgebauten Sozialstaat viel Gutes bewirkt und es können krasse Ungerechtigkeiten beseitigt werden. Aber müsste – mit diesem immensen Geldeinsatz – unterm Strich nicht mehr für die Menschen herausschauen? Oder anders gefragt: Sind manche Sozialleistungen nicht extrem überteuert und kosten Beitragszahler in Wirklichkeit viel zu viel? Die ungebremste Verteilung von öffentlichen Mitteln aus sozialen Motiven ist – etwa bei Pensionsgoodies – schon längst zum

Dammbruch geworden, der – wenn wir nicht gegensteuern – unsere Kinder und Enkel fluten wird.

Auch in Österreich wird das Geld in den nächsten Jahren knapp werden: Die Staatsverschuldung wird bis 2026 einen Rekordwert von 400 Mrd. Euro erreichen.[16] Gegenwärtig profitiert der Staat einnahmenseitig noch von der Inflation. Bald wird es ihn aber auch – man denke an die grundsätzlich begrüßenswerte Valorisierung der Sozialleistungen – auf der Ausgabenseite treffen. Dazu steigen die Zinsen immer schneller, was die Sozialstaatsausgaben massiv bremsen und besonders überschuldete Staaten – so sie nicht die Notbremse ziehen – in den Staatsbankrott treiben wird. Das kann ebenso wenig ein Trost für uns sein wie die Tatsache, dass die für den Sozialstaat heute eingegangenen Schulden jene zurückzahlen müssen, die aktuell noch gar nicht geboren sind.

## *Nutzen und Wirtschaftlichkeit im Sozialsystem – kein Widerspruch, sondern zwei Seiten derselben Medaille*

Wer bei Sozialleistungen (insbesondere bei Gesundheitsangeboten) nach deren Preis fragt, landet schnell im herzlosen Kapitalisteneck. Es gibt aber eine moralische Pflicht, jeden hart verdienten Euro der Beitragszahler zukünftig mehrfach umzudrehen und ihn dort einzusetzen, wo er das Maximum an Output für jene bringt, die die wahren Profiteure des sozialen Netzes sein sollten. Diese geraten aber zusehends ins Abseits, weil die von der Politik gezielt ausgebauten „Mitnahmeeffekte" (gemeint ist das System „Gießkanne", dessen „warmer Regen" möglichst viele erfreuen und dankbar machen soll) schon längst dominieren. WIFO-Chef Gabriel Felbermayr spricht von einer „Vollkaskotendenz", wenn etwa Unternehmen mit hohen Gewinnen oder wohlhabende Haushalte beim Teuerungsausgleich ohne Notwendigkeit gefördert werden. [17]

Das Geld scheint gerade beim Sozialstaat seit Langem de facto abgeschafft. Wer – ohnehin nur noch leise – die Kostenfrage stellt, wird sofort zum neoliberalen Menschenfeind erklärt. Und noch immer glauben unverbesserliche Optimisten, dass zusätzliche finanzielle Mittel für das Sozialsystem dringend geboten sind, die in weiterer Folge eins zu eins zu (noch) besseren Leistungen führen.

Sie verkennen, dass mehr als genug Geld im System ist und vielmehr der zu lockere Umgang mit diesem – neben der Sozialbürokratie – das eigentliche Problem ist.

Wer – wie die aktuelle Bundesregierung mit der Abschaffung der kalten Progression – gezielt den Mittelstand entlastet, stärkt das Sozialsystem nachhaltig. Diese zur Finanzierung des Sozialstaates so zentrale Gruppe kann immer schwerer bei Laune gehalten werden. Die steigende Wut und Angst dieser fleißigen und mit hohen Abgaben belasteten Mittelständler ist angesichts der vielen Trittbrettfahrer bzw. Benachteiligungen (etwa bei der Pensionsanpassung) nachvollziehbar. Und auch die Jungen, die im Gegensatz zu Arbeitgebern, Arbeitnehmern und Pensionisten keine wirkliche Lobby in diesem Land haben, müssen sich auf schwere Zeiten einstellen. Die Politik hat schon längst – man denke an die völlig unverhältnismäßigen Pensionserhöhungen – vor den 2,5 Millionen Silberlöwen kapituliert, sind doch deren Stimmen mehr denn je wahlentscheidend. Traut sich gelegentlich dennoch ein Jugendvertreter mit einer kritischen Frage aus der Deckung, wird er/sie schnell zum „undankbaren Fratz" erklärt, der die verdiente Eltern- und Großelterngeneration gefälligst mehr ehren und ansonsten die Klappe halten sollte.

## Weniger „Sozialegomanie", mehr Solidarität mit den Jungen und Bedürftigen

Mit dem Kampfruf der „wohlerworbenen Rechte" und der Beschwörung der „sozialen Kälte" bei jedem noch so kleinen Reformansatz wird die sonst so vielzitierte „soziale Gerechtigkeit und Solidarität" vorsätzlich mit Füßen getreten und gleichzeitig das eigene Leben egoistisch „sozial optimiert". Dazu bedarf es oft nicht einmal des bewussten Missbrauchs des Systems, weil es auf legalem Wege mittlerweile genug Möglichkeiten gibt, den anderen auszustechen, den Staat auszunützen und seine eigenen Schäfchen ins Trockene zu bringen. So steuern wir unweigerlich auf das Ende der Wohlstandsillusion zu bzw. melden sich immer lauter die „Gesetze der ökonomischen Schwerkraft" zurück.

„Alles für alle" ist die nicht zu Ende gedachte Devise der „hauptberuflichen Sozialstaatsmentoren", die sich – selbst natürlich zu den „beati possidentes" gehörend – alljährlich am 1. Mai abfeiern lassen und vor allem eine zentrale Botschaft – nämlich höhere Sozialleistungen und kürzere Arbeitszeiten – haben. Das begleitende Narrativ besteht im martialisch vorgetragenen Hinweis, dass „auch hierzulande viele Menschen frieren und hungern bzw. unter schlechten Arbeitsbedingungen tätig sind". Wer das bestreitet und diesen permanenten Alarmismus als unwahr und kontraproduktiv ansieht, muss sich warm anziehen.[18] Nach dem Motto „Darfs ein bisschen mehr/weniger sein?" verlangen sie die 32-Stunden-Woche (natürlich bei vollem Lohnausgleich), eine generelle sechste Urlaubswoche oder sogar die Nachholung von Feiertagen, die blöderweise aufs Wochenende fallen. Der Sonntag ist natürlich allen „heilig", aber nur für einen selber – schließlich will man ins Kaffeehaus gehen, das Taxi benutzen und im Notfall versorgt werden. Sie suggerieren damit, dass sämtliche Sozialleistungen unbegrenzt ausgebaut und vom Staat für alle Ewigkeit garantiert werden können. Der Staat seinerseits befeuert diese Vollkaskodenke, wenn er etwa für die Bekämpfung der Inflation – nach Luxemburg – das zweitmeiste Geld ausschüttet.[19]

Immer mehr Menschen spüren, dass der österreichische Sozialstaat schon längst ein Fass ohne Boden geworden ist und zusehends aus dem Ruder läuft. Dass es keine unsinkbaren „Tanker" mehr gibt, haben die letzten Krisen gelehrt. Das gilt auch für den Sozialstaat, dessen Leistungsfähigkeit mit der wirtschaftlichen Entwicklung steht und fällt. Die letzten Krisen haben uns gezeigt, wie schnell sich alles von einem Tag auf den anderen ändern kann. Gerade darauf vergessen die Generation der „ausschließlich Anspruchsberechtigten" und die sie pushenden Politiker leider allzu oft. Will Europa nicht zum Argentinien des 21. Jahrhunderts werden – einstmals reich, heute verarmt und pleite –, wird sich – so der Journalist Christian Ortner – vieles radikal ändern müssen. Vor allem jenes Mindset, das Wettbewerb für menschenrechtswidrig hält, Leistung als reaktionäre Zumutung betrachtet und Prüfungen für Relikte der patriarchalischen Herrschaft alter weißer Männer hält.[20] In den folgenden Kapiteln soll am Beispiel von neun – gern geglaubten, aber selten angesprochenen – „Sozialstaatslügen" aufgezeigt werden, wo primär anzusetzen ist, damit das System nicht kollabiert bzw. damit auch die nächste Generation ein tragfähiges und leistbares Sozialsystem vorfindet.

# Sozialstaatslüge Nr. 1:
## „Die Pensionen sind sicher."

*Das österreichische Pensionssystem –
gut für die Alten, schlecht für die Jungen*

Wir leben erfreulicherweise immer länger: Von 1970 bis 2021 ist die Lebenserwartung von Männern um ganze zwölf Jahre (auf 78,8 Jahre) und von Frauen um zehn Jahre (auf 83,8 Jahre) gestiegen.[21] Bis 2070 kommen bei gleichen Voraussetzungen noch einmal 8,4 Jahre bei den Männern bzw. 6,8 Jahre bei den Frauen hinzu.[22] Über 85 zu werden, wird keineswegs mehr die Ausnahme sein: Heute sind es 200.000 Österreicher, 2070 werden es 750.000 sein.[23] 2022 wurde eine weitere Zeitenwende eingeläutet: Seitdem gibt es zum ersten Mal mehr über 64-Jährige als unter 20-Jährige. In Wien hat sich die Zahl der über 100-Jährigen in den vergangenen 20 Jahren sogar verdoppelt[24] und 2035 wird bereits jeder dritte Österreicher Pensionist sein.[25] Das wird das Kräfteverhältnis in der Gesellschaft weiter zulasten der Jungen verändern.

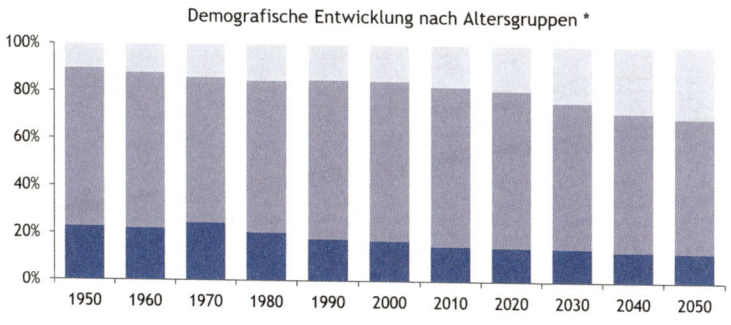

*Quelle: WKO Länderprofil Österreich, April 2023, S. 3*

Das aktuelle faktische Pensionsantrittsalter hat sich trotz einer wesentlich höheren Lebenserwartung praktisch nicht verändert. Es liegt – man glaubt es kaum – knapp unter dem Wert von 1970: Damals war die Lebenserwartung eines 60-Jährigen freilich um fast sieben Jahre kürzer als heute![26] Würde man heute dasselbe Verhältnis zwischen Lebenserwartung und Pensionsantritt wie 1970 herstellen, müsste das faktische Pensionsantrittsalter bei Männern bei knapp 73 und das der Frauen bei 68,5 Jahren liegen.[27] Die „neuen Alten" sind (Früh-)Pensionisten aus Leidenschaft, gesünder und aktiver als ihre Eltern und sie verstehen es bestens, die neu gewonnene Zeit zu nützen: Sie spielen Golf, machen Aktivreisen, sind ehrenamtlich tätig, begeisterte Gärtner oder Heimwerker. Sie belasten dadurch aber nicht nur das Pensionssystem, sondern auch das Gesundheits- und Pflegesystem länger als ihre Eltern. Gleichzeitig fragen sich immer mehr Junge, was das für sie als Beitragszahler und – in ferner Zukunft – als Pensionist bedeutet. Immer öfter hört man die bange Frage von Angehörigen der nächsten Generation, „ob sie überhaupt einmal eine Pension bekommen".

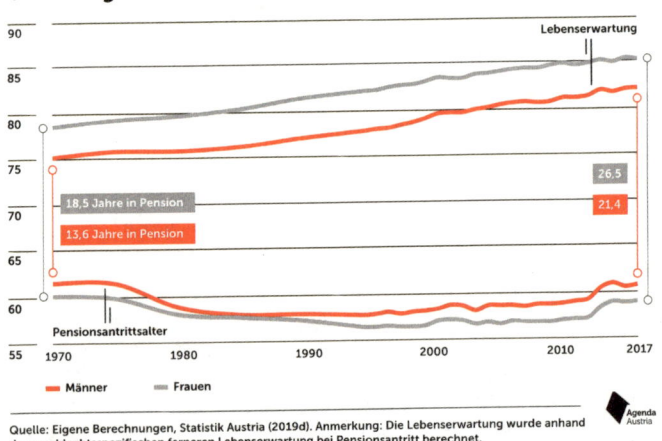

Quelle: Agenda Austria, 2.4.2019, „Warum das gesetzliche Pensionsantrittsalter steigen muss"

Gleichzeitig erfolgt der Berufseintritt aufgrund der längeren Ausbildungszeiten immer später. Obwohl die in Beschäftigung verbrachten Jahre unterm Strich somit immer weniger und die im Ruhestand verbrachten Jahre immer mehr werden, ist das österreichische Pensionssystem im Kern stets das gleiche geblieben. Das bringt Österreich seit vielen Jahren – zu Recht – den zweifelhaften Ruf eines „Frühpensions-Europameisters" zu besten Konditionen ein.

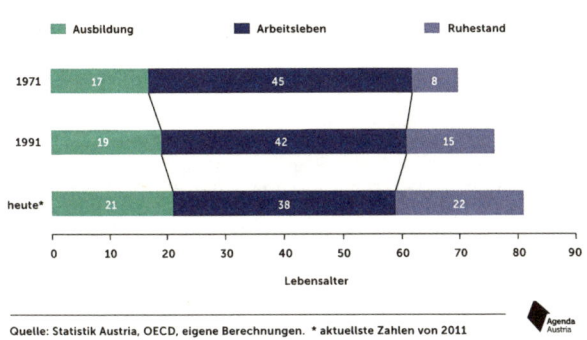

*Quelle: Agenda Austria, 10.12.2015, „Später auf den Arbeitsmarkt, früher in Pension"*

Experten warnen deshalb seit Langem vor einem Pensionscrash. Aber – so der Sozialrechtsexperte Wolfgang Mazal: „Das Ignorieren von Spezialisten steht seit Jahren auf der innenpolitischen Agenda."[28] Bereits 2017 schlug der Unternehmensberater Mercer in einer Studie hinsichtlich der Nachhaltigkeit des österreichischen Pensionssystems Alarm, zumal unser Land hier nur Platz 21 unter 30 Ländern belege. Insbesondere fehle es an einer automatischen Anpassung des Pensionsantrittsalters an die gestiegene Lebenserwartung, wie sie in etlichen anderen EU-Ländern schon längst Praxis sei.[29]

## *Das österreichische Pensionssystem oder:*
## *„Der Krug geht so lange zum Brunnen, bis er bricht"*

Da jährlich mehr Neupensionen hinzukommen als Pensionisten sterben, immer mehr Frauen eine Eigenpension erhalten sowie die geburtenstarken Jahrgänge seit Anfang der 2020er-Jahre reihenweise in Pension gehen, spitzt sich die ohnehin schon schwierige Lage massiv zu. Nicht nur deshalb, weil mehr Pensionen auszuzahlen sind, sondern auch weil diese deutlich höher ausfallen: Während die wegfallenden Direktpensionen im Jahr 2021 im Schnitt 1.000 Euro betrugen, beliefen sich die rund 108.000 neuen Pensionszuerkennungen auf durchschnittlich 1.650 Euro.[30]

Jährlich werden somit rund 20 Mrd. Euro mehr an Pensionen ausbezahlt, als von den Erwerbstätigen in das Pensionssystem einbezahlt werden. Es ist „Feuer am Dach" oder, wie es der Journalist Jakob Zirm treffend formulierte: „Das Pensionssystem ist der Klimawandel der Volkswirtschaft – wer zu spät handelt, wird den Crash nicht mehr verhindern können."[31]

Auch in Relation zur Wirtschaftsleistung werden die Pensionsausgaben in den nächsten Jahren überproportional ansteigen: Hier sind es wieder die Babyboomer, die die Kosten in die Höhe treiben, während die Beamtenpensionen aufgrund des 2004 erfolgten Pragmatisierungsstopps bzw. der Pensionsharmonisierung bei den Bundesbeamten erfreulicherweise sinken:

## Mittelfristige Entwicklung der Pensionskosten
### Prognose 2022–2027

| 2022 | 2023 | 2024 | 2025 | 2026 | 2027 | Pensionen gesamt |
|---|---|---|---|---|---|---|
| 5,8 | 6,04 | 6,43 | 6,65 | 6,72 | 6,73 | in Prozent des BIP |
| 26,1 | 28,9 | 32,4 | 34,8 | 36,6 | 37,9 | in Mrd. Euro |

Quellen: Alterssicherungskommission, BMF, BMSGPK

*Quelle: Grafik TRAUNER Verlag; Daten Alterssicherungskommission, BMF, BMSGPK*

### *Warum gerade die Österreicher alles auf die Pension verschieben*

„Wenn ich einmal in Pension bin, dann werde ich ..." ist der – bereits ab dem 40. Lebensjahr – häufig gehörte Standardsatz vieler Österreicher, die offenbar mehr als alle anderen Europäer ihr „wahres Leben" in die Zeit des Ruhestandes verschieben. Diese typisch österreichische Glorifizierung der Pension wirft die Frage auf, warum gerade wir Österreicher unser Arbeitsleben ganz offensichtlich weniger „lebenswert" als andere finden. In kaum einem anderen Land scheinen Feiertage, Wochenenden, gut genützte Zwickeltage und der Urlaub eine ähnlich sakrale Bedeutung wie in Österreich zu haben.

Die Gründe für diese speziell österreichische „Krankheit" namens „Pensionitis" dürften über die Jahre gleichgeblieben sein: „Weil es der Gesetzgeber bzw. das Pensionssystem ermöglichen", begründen mehr als 50 % der schon im Jahre 2012 von IMAS Befragten ihren vorzeitigen Pensionsantritt. Zwei Drittel wollen demnach nichts anderes, als so schnell wie möglich in Pension zu gehen – unabhängig davon, wie viel sie das an Abschlägen kostet.[32] Dieser Trend zur frühestmöglichen Pension dürfte sich sogar noch verstärkt haben: Mittlerweile würden laut einer aktuellen Studie 42 % der Befragten vor dem 60. Lebensjahr in Pension gehen sowie weitere 26 % zwischen 60 und 64; nur 10 % wären bereit, über das 65. Lebensjahr hinaus zu arbeiten.[33] Ein derartiges Pensionsverständnis lässt die Pensionsausgaben natürlich explodieren und zeichnet dafür verantwortlich, dass in Österreich – anders als im restlichen Europa – nur mehr rund jeder Zweite über 55-Jährige erwerbstätig ist.[34]

An der beeinträchtigten Gesundheit liegt es jedenfalls nicht, warum viele hierzulande gar so oft zum frühestmöglichen Zeitpunkt aus dem Erwerbsleben ausscheiden: Geben in obiger IMAS-Umfrage doch 80 % zu Protokoll, aufgrund ihres Gesundheitszustandes jederzeit bis zum gesetzlichen Pensionsantrittsalter arbeiten zu können. Ganz im Gegenteil sind die „Alten von heute" vor und nach ihrer Pensionierung unternehmungslustig, konsumorientiert (ein Viertel des gesamten Privatkonsums entfällt auf sie) und viel fitter als frühere Generationen. Und wenn einem die Argumente ausgehen, verweist man nach wie vor gern auf Formel-1-Weltmeister Niki Lauda, der einer der aktivsten Frühpensionisten überhaupt gewesen war. In Österreich muss – so scheint es – vor allem die Work-Life-Balance stimmen: Und „Work ist eben Work" und „Life ist eben Pension". Gleichzeitig darf man aber nicht auf jene vergessen, auf die nach einem frühen Pensionsantritt niemand wartet – dann wird das Frühpensionierungsprogramm ganz schnell zum Frühablebensprogramm.

Obwohl vier von fünf der Befragten die Schieflage des Pensionssystems durchaus erkennen,³⁵ ist und bleibt eine möglichst frühe Pensionierung das erklärte Lebensziel der Mehrheit der Österreicher. „Hinter mir die Sintflut", könnte einem kritischen Beobachter dazu einfallen. Was die vielen fidelen Jungpensionisten brüsk von sich weisen, zumal man ja „ein Leben lang einbezahlt und mehr als genug gearbeitet hat". Und schließlich sei auch der Nachbar schon seit Jahren im aktiven Vorruhestand.

Ganz anders stellt sich die Situation in Deutschland dar, was an den Arbeitsanreizen, den niedrigeren Pensionen, aber vielleicht auch ganz einfach an der Mentalität unserer „Lieblingsnachbarn" liegen könnte:

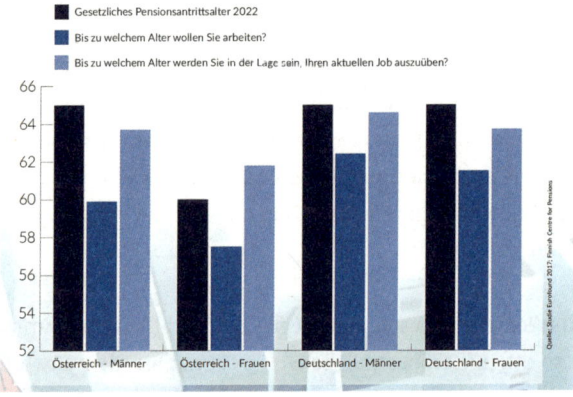

*Quelle: iv-Positionen: „Wege aus der Krise am Arbeitsmarkt", Oktober 2022, Seite 7*

In Österreich scheint somit – so der Sozialrechtsexperte Wolfgang Mazal – „Arbeit für viele die Vorhölle zum Paradies der Pension" zu sein.³⁶

## *Die Pensionskosten galoppieren immer mehr davon*

Diese „Pensionitis" kostet viel Geld: Mittlerweile werden beinahe die gesamten Lohnsteuereinnahmen eines Jahres zur Deckung der Pensionsausgaben ausgegeben. Man muss kein Mathematiker sein, um zu wissen, dass sich das alles unterm Strich nicht mehr lange ausgehen wird. Das gilt umso mehr, als bis 2034 1,9 Mio.

Babyboomer ihren Ruhestand antreten werden. Sie werden nicht nur am Arbeitsmarkt schmerzlich fehlen, sondern auch das Pensionsbudget massiv belasten. Um die dann notwendigen Einschnitte im Pensionsrecht vermeiden zu können, dürfte der faktische Pensionsantritt nach Meinung des österreichischen Fiskalrates tatsächlich erst mit 64,5 Jahren erfolgen, wovon wir natürlich meilenweit entfernt sind. Und hätte die Regierung Schüssel 2004 nicht zumindest ins Beamtendienst- und Pensionsrecht eingegriffen, würde das drohende Pensionsloch wohl gar nicht mehr zu stopfen sein.

Dennoch werden in Österreich umfassende Pensionsreformen aus wahltaktischen Gründen seit vielen Jahren auf die lange Bank geschoben. Die wenigen Politiker, die etwas unternahmen, wurden dafür prompt abgewählt. Mit dem Ergebnis, dass wir bald zwischen Pest und Cholera wählen müssen: (noch) höhere Pensionsbeiträge bzw. Steuererhöhungen (um den ständig steigenden Bundesbeitrag zu den Pensionen zu finanzieren) und/oder Pensionskürzungen und/oder ein deutlich späterer Pensionsantritt als derzeit. Österreichs Politik lege bei den Pensionen – so der Sozialrechtsexperte Bernd Marin – leider eine „Scheißegal-Mentalität"[37] an den Tag, die uns noch teuer zu stehen kommen werde. Besser kann man es nicht ausdrücken.

## *Früh, früher, am frühesten – Stellschraube „Pensionsantrittsalter"*

Österreich gilt nach wie vor als das „Pensionsparadies" Europas: Frauen gingen laut Pensionsversicherungsanstalt 2021 mit 59,8 bzw. Männer mit 61,8 Jahren in Pension.[38] Das heißt im Klartext, dass satte zwei Drittel der neu zuerkannten Alterspensionen für Männer Frühpensionen waren. Das ist der fünftschlechteste Wert unter den EU-27-Staaten[39] und zeigt, wie weit Österreich bereits ins Hintertreffen geraten ist. Experten empfehlen daher, den in Österreich so beliebten Volkssport „Frühpensionitis" dringend einzudämmen. Mit jeder vorzeitigen Pension (außer jener im Krankheitsfall) vergehen wir uns letztlich an der Zukunft unserer Kinder und laden ihnen große Lasten auf.

Um auch der nächsten Generation die heutigen Lebens- und Sozialstandards zumindest einigermaßen zu ermöglichen, werden wir produktiver und vor allem länger arbeiten müssen – auch wenn das viele nicht hören wollen. Paradoxerweise schwafeln gegenwärtig nicht wenige – trotz des akuten Fachkräftemangels – von einer Arbeitszeitverkürzung bzw. einer sechsten Urlaubswoche. Eine Erhöhung des faktischen Pensionsantrittsalters allein wird allerdings nicht mehr reichen: Letztlich wird auch das gesetzliche Pensionsantrittsalter steigen und an die deutlich höhere Lebenserwartung angepasst werden müssen; konkret auf 71 Jahre im Jahr 2040, wie die EU-Kommission anhand von Eurostat-Daten für Österreich errechnete.[40] Wer jetzt Schnappatmung bekommt, sollte wissen, dass Dänemark das Rentenalter für zukünftige Pensionisten bereits 2011 massiv angehoben hat...[41]

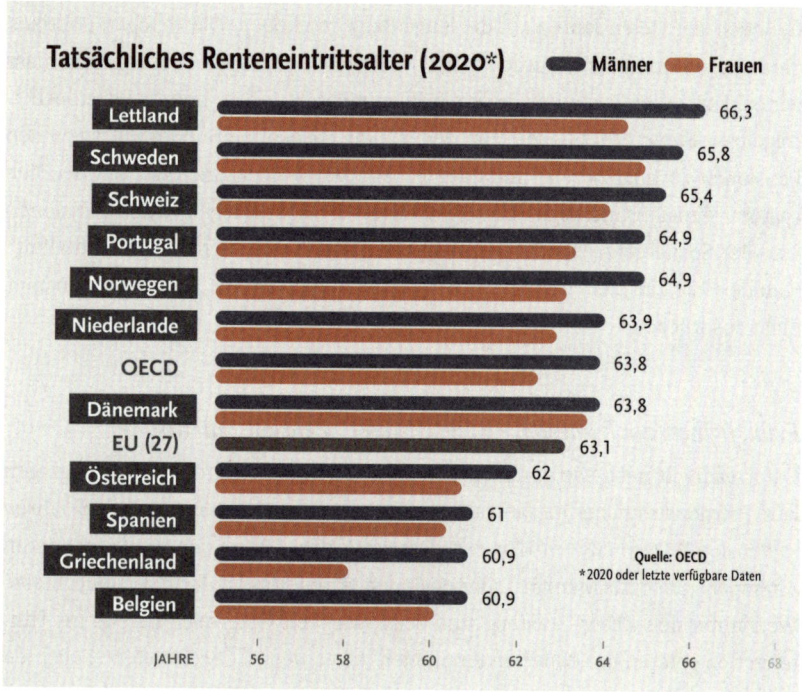

Quelle: Grafik TRAUNER Verlag, Daten OECD

Die Tendenz zum frühestmöglichen Pensionsantritt ist im staatsnahen Bereich besonders ausgeprägt: Nur 2,4 % der Wiener Magistratsbeamten gehen mit 65 in Pension. Im Schnitt sind sie 59,2 Jahre alt, wenn sie in den Ruhestand wechseln –

was jedenfalls kein gutes Licht auf die offenbar „harten Arbeitsbedingungen" des öffentlichen Dienstes der Stadt Wien wirft.[42] Bei den ÖBB wiederum wechselte 2021 jeder Vierte „krankheitsbedingt" mit durchschnittlich 56,2 Jahren in den vorzeitigen Ruhestand. 61,2 Jahre betrug das durchschnittliche Pensionsantrittsalter bei den altersbedingten ÖBB-Pensionen – hier wirken die in den 1990er-Jahren eingeleiteten Reformen. Insgesamt erhöhte sich der Pensionsaufwand bei den ÖBB freilich auf 2,2 Mrd. Euro[43], was den Steuerzahler nicht wirklich freuen wird.

Trotz kleinerer „Reformen" hat sich das effektive Pensionsantrittsalter in Österreich – im Gegensatz zu anderen Ländern – in den letzten Jahren kaum erhöht. Die geringfügige Steigerung resultiert vor allem aus einem billigen „Taschenspielertrick": Indem man im Rahmen der – grundsätzlich sinnvollen – Aktion „Reha vor Pension" Rehageldbezieher nicht zu den Pensionisten zählt, schönt man solcherart die Statistik.[44]

Würden die Österreicher zu einem späteren Zeitpunkt in Pension gehen, würde sich der Staat viele Mrd. Euro ersparen: 8,2 Mrd. Euro jährlich, wenn ein Anstieg auf den OECD-Schnitt von 64,8 Jahren gelingen würde. Das wäre bereits die „halbe Miete". Wie viel genau sich die öffentliche Hand ersparen würde, wenn die Österreicher so spät wie die Bürger anderer Staaten in Pension gehen würden, zeigt nachfolgende Grafik (Werte 2018).

| Land | Alter bei Antritt der Pension | entsprechende Ersparnis in Österreich *(in Mrd. Euro)* |
|---|---|---|
| Südkorea | 72,6 | 20,2 |
| Japan | 70,0 | 16,2 |
| USA | 66,6 | 10,9 |
| OECD | 64,8 | 8,2 |
| Deutschland | 63,7 | 6,3 |
| Österreich *bei Antrittsalter wie 1970* | 61,9 | 3,6 |

Quelle: Grafik TRAUNER Verlag, Daten OECD, BMASGK, Neos

"Später gehen die Menschen dann in Pension, wenn sie Freude an der Arbeit haben, Wertschätzung im Betrieb erfahren und ein gutes Betriebsklima sowie altersadäquate Rahmenbedingungen vorfinden", fasst der langjährige OÖ-PV-Obmann Bernhard Atzmüller die aus seiner Sicht entscheidenden Motivatoren für einen längeren Verbleib in der Erwerbstätigkeit zusammen. Trotz erheblicher finanzieller Einbußen – auf Basis der Höchstbeitragsgrundlage ist die Korridorpension mit 62 durch entsprechende Abschläge immerhin um 22 % niedriger als die Alterspension mit 65 – gehen laut Atzmüller viele dennoch zum frühestmöglichen Zeitpunkt in Pension. Der allgemeinen Unlust, länger als notwendig arbeiten zu wollen, könne man – so Atzmüller – deshalb letztlich nur mit der Anhebung des faktischen bzw. gesetzlichen Pensionsantrittsalters wirksam begegnen.[45] Mit anderen Worten: Ohne gesetzlich verordneten Druck wird es nicht gehen …

## *Österreich als Pensionistenparadies – allerdings auf „Pump"*

Der frühe Pensionsantritt erfolgt in Österreich zudem zu besten Konditionen: Nur in Luxemburg und Italien sind die Pensionen höher als bei uns: Satte 89,2 % (laut OECD-Berechnung 87,1 %) betrug die sogenannte Netto-Ersatzrate (Relation im Verhältnis zum letzten Verdienst) – in Deutschland waren es nur 51,9 %, der OECD-Schnitt lag bei 59 %.[46] In der Alpenrepublik, die immer mehr zur „Altenrepublik" wird, kann man sich den frühestmöglichen Ruhestand mit der neu gewonnenen Freizeit somit offenbar auch leisten, was den Run auf die Pension zusätzlich erhöht.

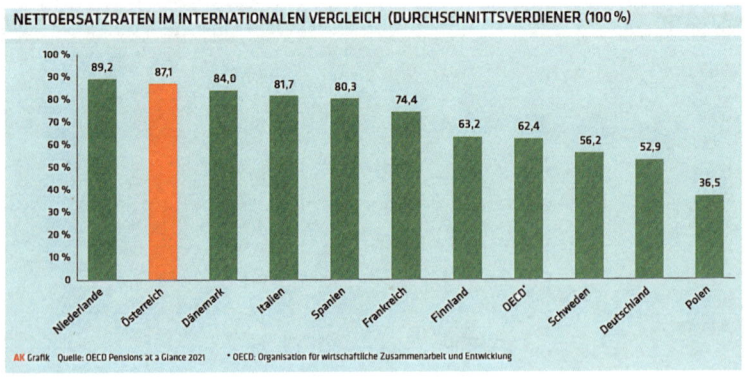

Quelle: AK OÖ: Informationsbroschüre „Unsere Pensionen. Fakten statt Mythen." Linz, März 2023, S. 14

## Sozialstaatslüge Nr. 1

Es ist jedoch ein System auf „Pump", das nächste Generationen massiv belasten wird: Unsere – im internationalen Vergleich keineswegs geringen – Pensionsversicherungsbeiträge reichen nämlich schon lange nicht mehr zur Finanzierung der im EU-Vergleich überdurchschnittlich hohen Pensionen aus: Da die Versicherungsbeiträge der Arbeitnehmer, Arbeitgeber und Beamten nur rund zwei Drittel der öffentlichen Pensionsausgaben abdecken, muss der Bund seit vielen Jahren aus allgemeinen Steuermitteln immer kräftiger zuschießen:

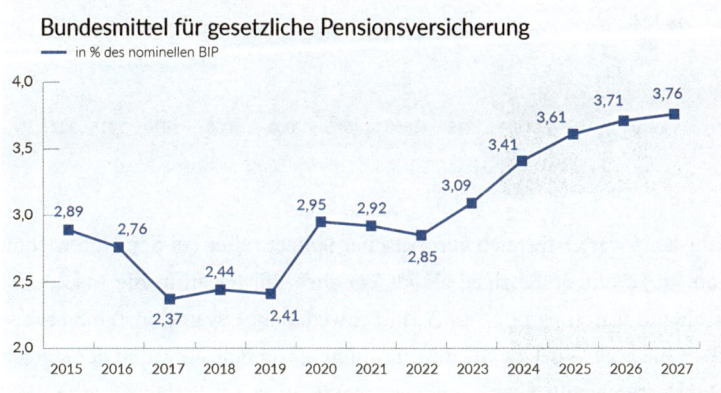

Quelle: iv-Positionen: „Die Lichtblicke des Jahres", Dezember 2022, S. 9

Ob wir uns das leisten werden können, hängt vor allem von der Wirtschaftsentwicklung bzw. der Konjunktur ab. Hannes Androsch bringt es auf den berühmten Punkt: „Die Pensionen sind dann sicher, wenn's das Budget (d. h. der Staat) zahlt – nur ist dann das Budget nicht mehr sicher!"[47] Noch ist Österreich ein beliebter Schuldner, dem man gerne Geld leiht, zumal er zinsenunabhängig stets brav alles zurückzahlt.

Ob der Staat diese Ausfallshaftung, die immer mehr zum „Fass ohne Boden" wird, tatsächlich stemmen wird können, ist auch aus einem anderen Grund keineswegs gesichert: Steigende Zinsen und eine inzwischen gut eingeübte „Koste es, was es wolle"-Mentalität lassen – nicht zuletzt aufgrund der hohen Erwartungshaltung der Österreicher auf staatliche Unterstützung in allen Lebenslagen – ernste Zweifel daran aufkommen:

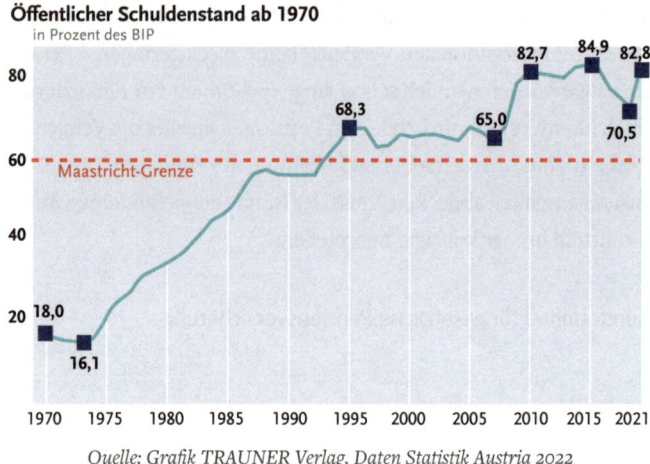

Quelle: Grafik TRAUNER Verlag, Daten Statistik Austria 2022

Im Jahr 2022 war Österreich europäischer Spitzenreiter bei den Unternehmenspleiten: 59,7 % mehr Betriebe als im Vorjahr schlitterten in die Insolvenz – in Deutschland waren es nur +3,8 %, in Schweden +5,3 % und in Dänemark sogar −6,2 %.[48] Bis 2060 wird die Staatsverschuldung – gerade aufgrund der steigenden Pensionslasten bzw. Zinsen – geradezu explodieren. Im Verhältnis zum BIP wird sie dann sogar 120 % betragen. Zwei von drei Euros wird der Staat dann nur für Pensionen, Pflege, Gesundheit und Bildung ausgeben.[49] Bleiben wir weiter untätig, verschieben wir das Problem in die Zukunft und hängen es den Jungen um.

## *Pensionsbelastung des Budgets verhindert Zukunftsinvestitionen*

Die Kosten für die Alterssicherung beliefen sich 2019 auf rund 52,7 Mrd. Euro (Bund, Länder, Sozialversicherungen). Das ist gegenüber 2017 ein Plus von 13,4 % – die Bildungsausgaben stiegen vergleichsweise um nur 8,5 %.[50] Mehr als ein Viertel der gesamten Staatsausgaben entfallen laut Statistik Austria mittlerweile auf Pensionen. Rechnet man die Beamtenpensionen hinzu, betragen die Pensionsausgaben bereits fast die Hälfte des jährlichen österreichischen Sozialbudgets.[51] Während Länder, die ihre Hausaufgaben gemacht haben, finanzielle Gestaltungsspielräume haben werden, wird es in Österreich kaum Geld für Zukunftsinvestitionen geben.

## Sozialstaatslüge Nr. 1

Die damit einhergehende Einengung des budgetären Spielraums für Zukunftsaufgaben kostet dem Standort Wettbewerbsfähigkeit und den Menschen in weiterer Folge Wohlstand und soziale Sicherheit. Auch die anstehenden Kosten der ökologischen und digitalen Transformation werden angesichts der Höhe der ständig steigenden Pensionskosten kaum zu bewältigen sein. Gleiches gilt für die sehr kostenintensive Erbringung von Pflegeleistungen, deren Finanzierung alles andere als gesichert ist. Staatlich verordnete Pensionssenkungen kann man deshalb trotz des Vertrauensgrundsatzes zumindest für die Zukunft nicht ganz ausschließen.

Quelle: WKÖ, Online-Infografik
„Die Zukunft gehört den Pensionen. Zuwachs bei Budgetausgaben 2013–2019"
www.wko.at/site/Infografiken/WKO_Infografik_Pensionen_Zukunft_180mm_PRINT_st_wko.pdf

### *Die Zeche zahlen die Jungen*

Aufkommen für die Privilegien der „Alten" dürfen die „Jungen", deren Belastung sukzessive ansteigen wird: Während 1970 auf einen Pensionisten noch etwas mehr als zwei Erwerbstätige kamen, waren es 2022 nur noch 1,6. 2050 werden es nur mehr 1,3 Beschäftigte sein, die auf Basis des Umlagesystems einen Pensionisten zu „erhalten" haben. Gleichzeitig stehen die Chancen schlecht, dass die heute unter 40-Jährigen selbst einmal in den Genuss ähnlich hoher Pensionen wie ihre Eltern kommen werden.

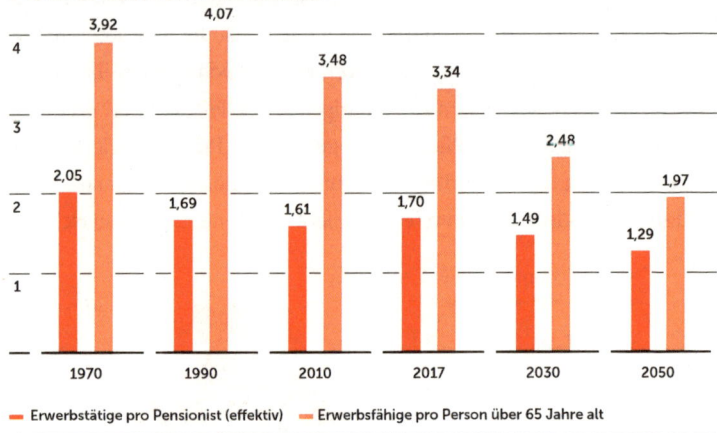

Quelle: Agenda Austria: Informationsbroschüre „Leistung. Aufstieg. Sicherheit. Do it now!"
September 2019, S. 21

Hier findet – weitestgehend unbemerkt – eine massive Umverteilung zulasten der nächsten Generation statt, die auch von „Gerechtigkeitsfanatikern" weitestgehend ignoriert wird. „Fridays for Future" hätte mit der sozialen Absicherung der Jungen jedenfalls durchaus ein ebenbürtiges Nachhaltigkeitsthema, das inhaltlich sogar direkt beeinflussbar wäre.

Der ehemalige Sozialminister und Spitzenbeamte Walter Pöltner kritisiert deshalb die Politik, „die beharrlich ignoriert, wie die Kosten für Gesundheit, Pflege und Pensionen durch die Alterung der Bevölkerung steigen werden". Das Problem werde einfach auf die nächste Generation verschoben, was für ihn auf fahrlässige Krida hinauslaufe.[52] Der schlechte Platz 20 von Österreich unter 29 Ländern bei der „Generationengerechtigkeit" ist das logische Ergebnis und die Folge, dass wir für über 65-Jährige fast sechsmal so viel ausgeben wie für Kinder (in Schweden ist es nur 3,4-mal so viel).[53] Will man das Verhältnis von Erwerbstätigen und Pensionisten auf dem aktuellen Niveau halten, müsste das Pensionsantrittsalter bis 2040 – wie bereits angeführt – auf 71 Jahre steigen.[54]

## Sozialstaatslüge Nr. 1

*Ohne Kinder keine Zukunft*

In der öffentlichen Diskussion werden die mit der Finanzierung der Pensionen verbundenen Herausforderungen nur allzu gern allein an der zukünftigen „Pensionistenlawine" festgemacht. Das ist aber nur die halbe Wahrheit: Dass uns auf der anderen Seite seit Jahren die Kinder fehlen, die zur Erfüllung des Generationenvertrages notwendig sind, ist ebenso Faktum, über das man im Zeitalter der Selbstverwirklichung freilich weniger gerne spricht. Die Autorin Verena Brunschweiger votiert ganz offen gegen das Kinderkriegen: „Kinder sind das Schlimmste, was man der Umwelt antun kann, zumal jedes 58,6 Tonnen $CO_2$ produziert."[55]

*Quelle: Statistik Austria*

Der in den 1960er-Jahren erfolgte gesellschaftliche Paradigmenwechsel hat zu einem bis heute nachwirkenden Rückgang der Geburtenrate geführt. Das ist – weil es sich um eine höchstpersönliche Entscheidung handelt – natürlich zu respektieren. Aber auch den Auswirkungen des gewollten Geburtenrückgangs muss man ins Auge sehen: Diese sind dramatisch, zumal die aus verschiedensten Gründen nicht geborenen Kinder als Mitarbeiter, als Konsumenten und als Beitragszahler in der Sozialversicherung fehlen. Natürlich kosten Kinder Geld – rund 230.000 Euro sind im Schnitt für den Sprössling bis zum 25. Lebensjahr zu berappen[56] – und sie bedeuten auch Verzicht. Aber man sollte sie vor allem als Geschenk betrachten – nicht nur für die Eltern, sondern auch für die Gesellschaft, deren Fundament und Zukunft sie nun einmal sind.

Mit einer Geburtenrate von aktuell 1,48 Kindern je Frau[57] kann der Generationenvertrag nicht mehr erfüllt werden. Nicht ganz zu Unrecht weist die ältere Generation darauf hin, dass sie – im Gegensatz zu den Jungen – für den nötigen Nachwuchs gesorgt und somit auch Anspruch auf die gesetzlich zustehenden Pensionsleistungen hat. Aufgabe von Staat und Gesellschaft wird es umso mehr sein, jene tatkräftigst zu unterstützen, die sich für Kinder entschieden haben. Das wäre umso wichtiger, als unverständlicherweise Randgruppen und Minderheiten mit ihren jeweiligen Wünschen mittlerweile mehr Aufmerksamkeit als traditionelle Familien – bestehend aus Vater, Mutter und Kind(ern) – erhalten.

## *Nicht alle Probleme sind demografiebedingt, manches ist auch hausgemacht*

Die Pensionsbombe tickt unaufhaltsam, auch wenn manche Politiker mantraartig die „Sicherheit der Pensionen" (sie meinen damit wahrscheinlich die eigenen) beschwören. Damit gleichen sie Menschen, die ihren kostspieligen Lebensstil mit regelmäßigen Krediterhöhungen finanzieren, die sie dann ihre Kinder zurückzahlen lassen. Trotzdem fürchtet die Politik – von wenigen Ausnahmen abgesehen – eine echte Pensionsreform wie der Teufel das Weihwasser. Es ist aber nicht nur die Überalterung der Gesellschaft, die das Umlagesystem an seine Grenzen bringt.

Regelmäßig öffnet die Politik vor Wahlen das „Pensionsfüllhorn". So führte man 2019 die „Hacklerregelung" ein, die Langzeitversicherten einen abschlagsfreien Pensionsantritt ermöglichte. Klingt gut, wobei jedoch vor allem Männer und Beamte und kaum Frauen bzw. echte „Hackler" davon profitierten. Zudem musste man für dieses „Körberlgeld" das „richtige" Geburtsjahr haben, weshalb es viele Enttäuschte gab. Für den Sozialrechtsexperten Bernd Marin ein „Arbeitsstilllegungsprogramm", das gerade in Zeiten des akuten Fach- und Arbeitskräftemangels ein völlig falsches Signal war und allein 2022 zu Mehrkosten von 181 Mio. Euro führte.[58] Zu Recht hat die grün-türkise Regierung dieses unüberlegte „Wahlgeschenk" durch den „Frühstarterbonus" ersetzt, wobei die Kosten der „alten" Hacklerregelung freilich munter weiterlaufen.

Zudem belasten eine Reihe von der Politik im Jahr 2017 gefasster „Pensionsbeschlüsse" das Budget mit einer zusätzlichen Milliarde Euro jährlich:

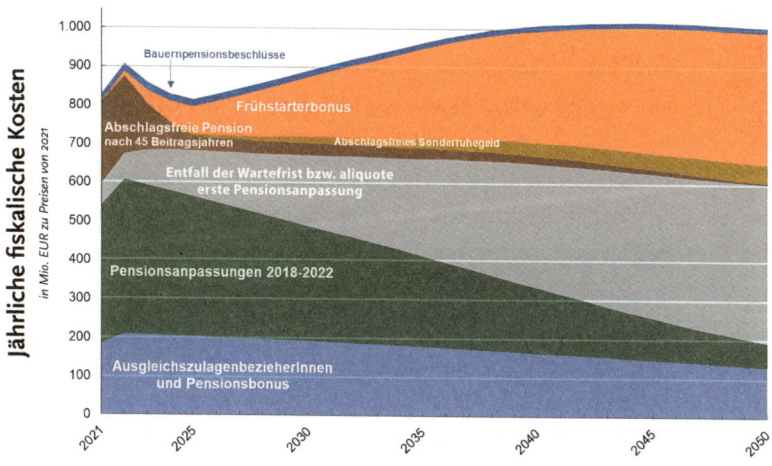

Quelle: Eigene Berechnungen.

Quelle: Budgetdienst der Republik Österreich: "Fiskalische Wirkung der Pensionsbeschlüsse 2017/2020; Anfragebeantwortung des Budgetdienstes der Republik Österreich", 20.10.2021, S. 85
www.parlament.gv.at/dokument/budgetdienst/anfragebeantwortungen/
BD_-_Fiskalische_Wirkung_der_Pensionsbeschluesse_2017-2020.pdf

Das Notwendige nicht zu tun und gleichzeitig die prekäre Situation durch „Nice to have"-Pensionsgoodies weiter zu verschärfen, grenzt an grobe Fahrlässigkeit und wird vor allem die Jungen, die das zahlen dürfen, vor große Probleme stellen.

## „Pensionszuckerl", so weit das Auge reicht

Ein weiteres „Geschenk" für die politisch immer wichtigere Zielgruppe der Pensionisten war die Abschaffung der Wartefrist bei Pensionsanpassungen, die allein 2022 95 Mio. Euro kostete (in Verbindung mit der hohen Inflation entstanden außerdem zusätzliche Anreize, noch früher in Pension zu gehen). Dazu kommen mittlerweile regelmäßige „außertourliche" Pensionserhöhungen deutlich über der Inflationsrate, insbesondere für „kleinere" Pensionen. Im Wahljahr 2019 wurden die Pensionen sogar um 3,6 % erhöht – bei einer Inflation von 1,8 %.

Niedrige Pensionen wurden seit 2005 gar um bis zu 66 % erhöht, während solche ab 2.700 Euro brutto um 14 % an Wert verloren.[59] Soziale Gerechtigkeit schaut anders aus, zumal das sogenannte Äquivalenzprinzip mit Füßen getreten wird. Dieses besagt, dass jener einen Anspruch auf höhere Leistungen haben soll, der mehr eingezahlt hat. Wobei allein die letzten fünf Pensionserhöhungen, die alle über der Inflation gelegen sind, bis 2040 9,5 Mrd. Euro zusätzlich kosten werden.[60]

„Pensionsanpassungen sollten für alle gleich sein, weil das Pensionssystem für Umverteilung nicht geeignet ist bzw. nicht hinter jeder kleinen Pension automatisch ein armer Mensch steckt, zumal es oft noch weitere Einkommen (Ehepartner, Auslandspensionen etc.) gibt", hält der zurückgetretene Leiter der Alterssicherungskommission Walter Pöltner fest und führt weiter aus: „Es kann nicht sein, dass Pensionisten keine Reallohnverluste erleiden dürfen, während die Aktiven solche immer wieder hinnehmen müssen."[61] Wie recht er hat, zeigt ein Rechenbeispiel der Agenda Austria[62], das veranschaulicht, wie das im Pensionsrecht herrschende Versicherungsprinzip seit Jahren ausgehöhlt wird: Wer über eine Pension von 1.200 Euro verfügt, erhielt seit 2011 pro Jahr 272 Euro mehr als vorgesehen. Wer 2.000 Euro Pension hat, bekam um 366 Euro weniger, als ihm zugestanden wäre.

Auch die weiblichen Wähler wollte man ködern, als es um die gebotene Angleichung des Pensionsantrittsalters an jenes der Männer ging. Durchaus zu Recht wurde im Vorfeld immer wieder die Altersarmut von Pensionistinnen beklagt, was unter anderem mit dem – gerade in Österreich – so frühen Pensionsantritt der Frauen in Zusammenhang steht.

# Sozialstaatslüge Nr. 1

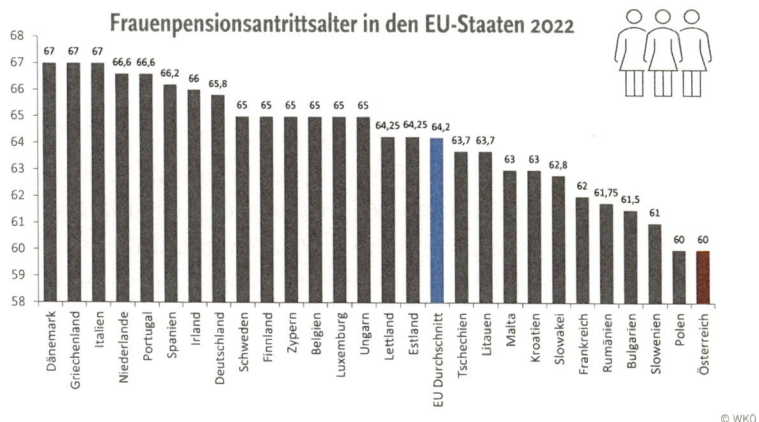

Quelle: OECD pensions at a glance, Finnish center for pensions

*Quelle: WKÖ-Onlineartikel von Nina Haas: „Frauenpensionen. Argumente der WKÖ" vom 27. 8. 2022*
*https://news.wko.at/news/oesterreich/position_frauenpensionsalter.html*

Zehn europäische Länder haben mittlerweile ihre Hausaufgaben gemacht und das gleiche Pensionsantrittsalter für Frauen und Männer eingeführt. Die Schweizer haben im Rahmen einer 2021 durchgeführten Volksabstimmung der Erhöhung des Pensionsantrittsalters für Frauen von 64 (!) auf 65 Jahre mehrheitlich zugestimmt. Österreich hat bis zum Jahr 2033 ebenfalls eine schrittweise Anpassung des Pensionsantrittsalters für Frauen beschlossen – kein anderes europäisches Land lässt sich dafür so viel Zeit. Im Zusammenhang mit der Anhebung des Frauenpensionsalters ermöglichte die Politik 54.000 Frauen einen früheren Pensionsantritt – mit läppischen Folgekosten von 740 Mio. Euro.[63]

## *Pensionsrecht auf gut Österreichisch:*
## *„Alle sind gleich, manche sind gleicher."*

Schließlich leistet sich unser Land nach wie vor den Luxus verschiedener Pensionssysteme mit unterschiedlichen Beiträgen, Antrittsvoraussetzungen und Leistungen. Eine sachliche Begründung für die ungleiche Behandlung von Versicherten gibt es in den meisten Fällen nicht. Es ist schlicht und einfach „unkontrollierter Wildwuchs" bzw. die Privilegienwirtschaft, die zumindest von jenen, die auf der Sonnenseite des Lebens stehen, wohlweislich nicht angetastet werden.

Ein Beispiel: Während ASVG-Pensionisten im Schnitt ca. 1.100 Euro monatliche Pension erhalten, sind es bei den Beamten 3.100 Euro.

Bei der Post ging 2022 jeder Dritte (!) krankheitsbedingt in Pension,[64] was in vielen Filialen zu Personalengpässen führt. Für 1.300 ehemalige Mitarbeiter der österreichischen Nationalbank sowie 260 weitere aktiv Anspruchsberechtigte musste diese 2021 aus der Pensionsreserve 75 Mio. Euro zuschießen. Auch wenn das System mittlerweile geändert wurde, sind die sogenannten „Altlasten" horrend.[65] Die durchschnittliche ÖBB-Pension lag 2021 bei einem altersbedingten Rentenantritt bei 3.300 Euro brutto monatlich.[66] Auch in der Sozialversicherung fließen noch immer jährlich rund 345 Mio. Euro in Zusatzpensionen für 17.768 ehemalige Mitarbeiter (jene mit Eintrittsdatum vor 1995 haben einen Anspruch auf eine zusätzliche „Dienstordnungspension", wofür sie auch grundsätzlich Beiträge geleistet haben).

Auch die Beitragsbelastung ist in Österreich ungerecht verteilt: Während der Pensionsversicherungsbeitrag unselbstständig Beschäftigter (Dienstnehmeranteil) nur 10,25 % beträgt, liegt dieser für die Bauern bei 17 % und die Selbstständigen bei 18,5 %. Darüber hinaus leisten die Arbeitgeber zu jedem Dienstnehmer 12,55 % an Pensionsversicherungsbeitrag – mehr als die Hälfte der späteren Pension des Mitarbeiters wird also vom Unternehmen bezahlt.

## *Zielverfehlung am Beispiel der Schwerarbeiterpensionen*

Dass „gut gemeint" nicht automatisch „gut gemacht" ist, zeigen beispielsweise auch die gesetzlichen Regelungen der Schwerarbeiterpensionen, die in Österreich einem „Lotteriespiel" gleichen: Menschen mit besonders belastenden Tätigkeiten können unter bestimmten Voraussetzungen mit 60 Jahren ohne Abschläge in Pension gehen. Klassisches Beispiel ist und war der Bauarbeiter, der sein Leben lang Schwerarbeit im Freien macht und verdientermaßen seinen Ruhestand vorzeitig antreten kann und soll.

Dass der Teufel im Detail liegt und Sozialpolitik stets auch „Klientelpolitik" ist, zeigen die – sehr beliebig wirkenden – Entscheidungen der Politik, wer als

"Schwerarbeiter" gilt. Neuerdings gehören Polizisten, Soldaten und Justizwachebeamte zum erlauchten Kreis. Dies aufgrund ihrer „besonderen psychischen Belastungen", was aber zweifellos auch für andere Berufe gilt. Hingegen erfüllen Pflegekräfte die Voraussetzungen meist nicht, was nicht wirklich nachvollziehbar ist. Eine echt österreichische Lösung, bei der jene die Nase vorn haben, die für ihre „Mitglieder" am lautesten schreien! Gerechter wäre es, die wirklichen Schwerarbeiter durch eine Anpassung der Berufsunfähigkeitspension zu begünstigen.

## Das Umlagesystem – grundsätzlich bewährt, aber äußerst ergänzungsbedürftig

Das staatliche Umlagesystem, in dem – vereinfacht gesagt – Erwerbstätige mit ihren Versicherungsbeiträgen die Pensionen ihrer Eltern zahlen, kann die Finanzierung des Pensionssystems mittelfristig nicht mehr garantieren. Der Generationenvertrag ist in akuter Gefahr und benötigt dringend Absicherungsmaßnahmen. Dass das keine billige Panikmache ist, zeigt der bereits dargestellte massive Anstieg des Bundeszuschusses. Spätestens dann, wenn die Babyboomer in Pension gehen, wird das Umlagesystem tatsächlich an seine Grenzen stoßen.

Aus diesem Grund setzen viele Länder wie Deutschland, Schweden, die Niederlande oder die Schweiz neben der staatlichen Pension schon längst auf eine zweite und dritte Säule, indem sie attraktive Voraussetzungen für eine betriebliche und private Altersvorsorge geschaffen haben. Auf diese Weise wird das Umlagesystem durch kapitalgedeckte Modelle erfolgreich ergänzt. Dass der Ausbau weiterer Säulen funktionieren kann, lebt Schweden vor: 2,5 % des gesetzlichen Rentenbeitrages gehen dort in Wertpapiere, die von einem staatlichen Pensionsfonds verwaltet werden. Durch einen guten Finanzmix können seit Jahren – selbst in Krisenzeiten – gleichbleibende fixe Zuschläge zu den Pensionen ausbezahlt werden.

Die erste und zweite Säule fristen in Österreich bislang ein – von manchen politisch durchaus gewolltes – Schattendasein: Nur 15 % der 15- bis 64-Jährigen sind derzeit von einer betrieblichen und 22,2 % von einer privaten Altersvorsorge erfasst.[67] Zwischenzeitlich hat sich die Zahl der Betriebsrenten auf ca. eine Million erhöht. Für eine „Pensionskasse für alle" und damit eine starke zweite Säule braucht es aber weitere Reformen des Gesetzgebers – denn in Betrieben mit unter zehn Mitarbeitern haben aktuell nur 10 % einen Pensionskassenvertrag.[68] Eine generelle Umwandlung der Abfertigung in eine Zusatzpension wäre daher überlegenswert.

*So werden Pensionen gerechter, sicherer und nachhaltiger:*

- **Erhöhung des faktischen und gesetzlichen Pensionsantrittsalters**
  Um das faktische Pensionsantrittsalter zu erhöhen, sind die Abschläge für einen vorzeitigen Pensionsantritt auf 6 % zu erhöhen bzw. sollte dieser wie in Deutschland erst ab 64 Jahren möglich sein. Zudem führt an einer jetzt zu startenden schrittweisen Erhöhung des gesetzlichen – im Übrigen seit den 50er-Jahren des letzten Jahrhunderts unveränderten (!) – Pensionsantrittsalters kein Weg vorbei.

- **Einführung eines „Lebenserwartungsfaktors"/Pensionsautomatismus**
  Wie bereits in einigen EU-Ländern muss auch in Österreich das Pensionsantrittsalter <u>automatisch</u> an die steigende Lebenserwartung angepasst werden. Das ist nicht der von manchen befürchtete „seelenlose Pensionscomputer", sondern der Schlüssel zur Nachhaltigkeit unseres Pensionssystems, um die es ohnehin nicht gut bestellt ist. Mit dem so eingesparten Bundeszuschuss könnte beispielsweise die kostenintensive Pflege weiter abgesichert werden.

- **Stärkung der Nachhaltigkeit des Systems mit zweiter und dritter Pensionssäule**
  Das Umlagesystem ist durch den Ausbau der privaten und betrieblichen Pensionsvorsorge nach dem Vorbild Deutschlands, der Schweiz und Schwedens zu ergänzen. Durch steuerliche und sozialrechtliche Anreize sind die zweite und dritte Säule auszubauen: etwa durch attraktive private Ansparmodelle (mit Kofinanzierung durch den Staat für jene, die sich das nicht leisten können), die generelle Umwandlung der Abfertigung in eine

Zusatzpension sowie die Absetzbarkeit der Eigenbeiträge des Arbeitgebers. Vorbildlich ist auch das Schweizer System, das die private Vorsorge erleichtert, indem von jedermann ein Pensionskonto zur individuellen und freien Veranlagung eingerichtet werden kann.

- **Belohnung von längerem Arbeiten und dadurch Bekämpfung des Arbeits- und Fachkräftemangels**
Wer freiwillig länger arbeitet, könnte etwa 25 % seiner fiktiven Pension zusätzlich zum Lohn bekommen. Die Pensionsversicherung ist länger leistungsfrei und auch der Mitarbeiter profitiert am Ende von einer höheren Pension. Wer mit 60 bzw. 65 freiwillig weiterarbeiten will, sollte zukünftig nicht mehr mit der Zahlung eines Pensionsversicherungsbeitrages bestraft werden bzw. einen erhöhten Zuschlag zur Pension von 6 % jährlich sowie durch steuerliche Begünstigungen „mehr Netto von Brutto" erhalten.

- **Mut zum Kind belohnen**
Der Mut zum Kind ist mehr zu honorieren – wie beispielsweise in Frankreich, wo eine Familie mit drei Kindern praktisch keine Steuern mehr zahlt. Wer Kinder in die Welt setzt und damit den Generationenvertrag erfüllt, sollte zukünftig niedrigere Pensionsbeiträge leisten müssen. Darüber hinaus sind auch Kindererziehungszeiten deutlich höher als bisher auf die Pensionen anzurechnen. Durch die Einführung eines automatischen Pensionssplittings sollten vor allem Frauen, die für die Kinderbetreuung zuständig waren, im Ruhestand nicht länger benachteiligt werden.

- **Harmonisierung der Pensionssysteme bis 2035**
2035 sollte es in Österreich nur mehr ein Pensionssystem – basierend auf den Grundzügen des ASVG – geben. Sämtliche Schlupflöcher sind zu schließen bzw. nicht nachvollziehbare Besser- oder Schlechterstellungen einzelner Berufsgruppen zu eliminieren. Der Vertrauensgrundsatz muss natürlich weiterhin gelten, hat aber seine Grenze dort, wo es nur noch um die Fortschreibung ungerechtfertigter Privilegien einzelner Bevölkerungsgruppen geht.

# 2

## Sozialstaatslüge Nr. 2:
## „Wir haben das beste Gesundheitssystem der Welt und sind im Übrigen alle ‚pumperlgsund'."

*Österreichs Gesundheitssystem: gut, teuer und mit Luft nach oben*
Hand aufs Herz: Spätestens dann, wenn man im Ausland einmal krank geworden ist, weiß man, was man am österreichischen Gesundheitssystem hat. Moderne Spitäler, bestens ausgestattete Reha-Einrichtungen und kompetente Ärzte und Pfleger versorgen hierzulande die Patienten mit ihren kleinen und großen Wehwehchen prompt und hochprofessionell.

Der Zugang zum Gesundheitssystem und zu dessen Leistungen steht in Österreich praktisch allen Menschen einkommens- und altersunabhängig offen: 99,9 % der Bevölkerung sind über einen Sozialversicherungsträger versichert.[69] Ganz anderes hört man etwa aus England: Von vier Notrufen bleibt zumeist einer unbeantwortet bzw. werden aufwendigere Operationen bei über 70-Jährigen kaum noch durchgeführt.

Diesen All-inclusive-Service lassen wir uns auch ordentlich etwas kosten: Rund 49 Mrd. Euro (+ 22,1 % gegenüber 2020) gab der Staat 2021 für das Gesundheitssystem aus – das waren 12,2 % des BIP, womit wir OECD-weit auf Platz vier lagen. Rund vier Fünftel der Gesundheitskosten trägt der Staat, ein Fünftel sind private Ausgaben.[70] Um die neuen, insbesondere mit der Überalterung in Zusammenhang stehenden Herausforderungen bewältigen zu können, fordern Politiker und – nicht ganz überraschend – die Anbieter von Gesundheitsleistungen ziemlich fantasielos, einfach (noch) mehr Geld ins System zu pumpen bzw. dieses auf höchstem Niveau zu harmonisieren.

## Sozialstaatslüge Nr. 2

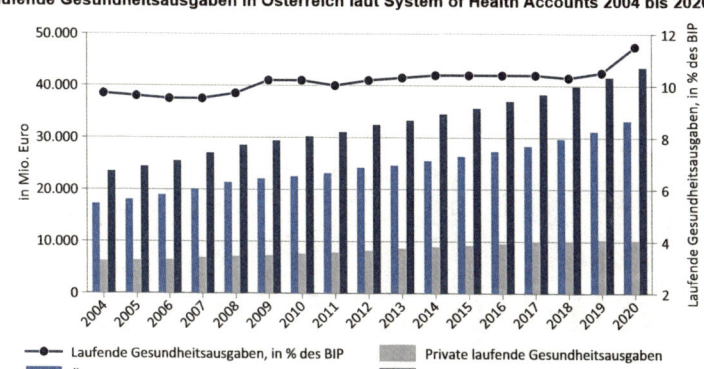

Quelle: Statistik Austria: „Jahrbuch der Gesundheitsstatistik 2020". Wien 2022, S. 41

Geld allein sowie die bloße Ausweitung des Leistungskataloges machen aber nicht gesünder, wie das Beispiel USA zeigt: Dort wird pro Person doppelt so viel für Gesundheit ausgegeben als hierzulande – dennoch ist die Lebenserwartung der US-Amerikaner niedriger als jene der Österreicher.[71] Zudem zirkuliert mehr als genug Geld im österreichischen Gesundheitssystem: Seit 2013 sind die Gesundheitsausgaben um 41 % gestiegen – vom Kaputtsparen kann also keine Rede sein.[72] Dazu kommt, dass zusätzliche Mittel allein den Personalmangel im Gesundheitsbereich nicht beheben können. Die eingenommenen Steuern und Beiträge zielgerichteter einzusetzen bzw. die gewachsenen Strukturen auf den Prüfstand zu stellen, wäre dringend notwendig, steht aber in Österreich traditionell nicht wirklich zur Diskussion.

Das Gesundheitssystem ist natürlich nicht nur ein Kostenfaktor, sondern auch ein wichtiger Wirtschaftsfaktor und Wachstumsmarkt – die Wertschöpfung geht 40 % über den eigenen Kernbereich hinaus bzw. betragen die öffentlichen und privaten Gesundheitsausgaben satte 16,5 % des BIP. Rund 870.000 Menschen finden österreichweit Beschäftigung im Gesundheitswesen, was Kaufkraft schafft und vielen regionalen Betrieben zu einer guten Auftragslage verhilft.[73]

## OECD-Studie: Gesundheitswesen im europäischen Vergleich (Daten 2020)

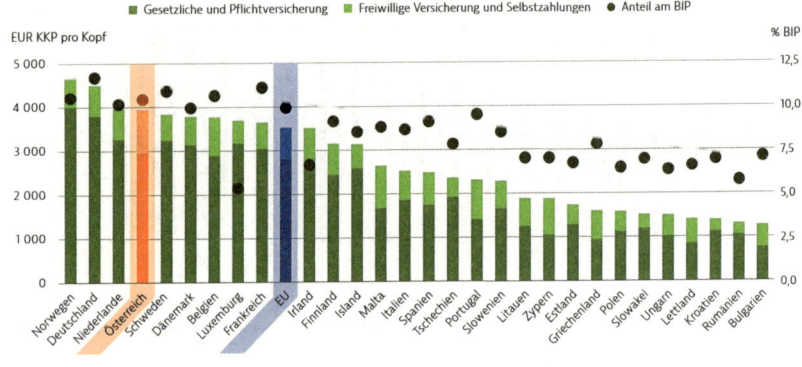

Hinweis: Der EU-Durchschnitt wurde gewichtet.
Quelle: OECD-Gesundheitsstatistik 2021 (die Daten beziehen sich auf 2019, mit Ausnahme der Daten für Malta, die sich auf 2018 beziehen).

*Quelle: OECD/European Observatory on Health Systems and Policies:
„Österreich. Länderprofil Gesundheit 2021. State of Health in the EU."
OECD Publishing, Paris/European Observatory on Health Systems and Policies.
Brüssel 2021, S. 9*

Auch das österreichische Sozialversicherungssystem ist international durchaus konkurrenzfähig: Das System der „Pflichtversicherung" scheint jenem der „Versicherungspflicht" (wie man sie beim Kfz kennt) überlegen. Da das Marketing zur Kundenakquisition wegfällt, ist es klar günstiger, aber auch gerechter, da „Risikopersonen" nicht „aussortiert" werden. Der Netto-Verwaltungsaufwand in der Krankenversicherung beläuft sich in Österreich auf rund 500 Mio. Euro – in der in etwa gleich großen Schweiz sind es bei ungleich mehr Anbietern 1,1 Mrd. Euro.[74] Marktwirtschaftliche Gesetze gelten im Gesundheitsbereich somit eingeschränkt. Das Prinzip der Selbstverwaltung im Bereich der Sozialversicherung ist der staatlichen Verwaltung vorzuziehen, da die Vertreter von Versicherten und Beitragszahlern näher an ihrer Klientel sind und deren Bedürfnisse bzw. finanzielle Möglichkeiten aus erster Hand kennen.

Sozialstaatslüge Nr. 2

## *Viele Baustellen und weiße Flecken im Gesundheitssystem*

Also alles paletti mit der Gesundheit in Österreich? Auf den zweiten Blick bzw. im Vergleich mit anderen europäischen Ländern ist plötzlich nicht mehr alles Gold, was glänzt: Deutlich weniger „gesunde Lebensjahre" im Alter bzw. ein schlechterer Gesundheitszustand der Gesamtbevölkerung als in Resteuropa (zwei von fünf Österreichern leiden an mindestens einer chronischen Erkrankung), lange Wartezeiten bei bestimmten Fachärzten, auf OPs und Reha-Plätze und zu wenige niedergelassene Ärzte auf dem Land, der weitgehende Verzicht auf Eigenvorsorge (mit allen negativen Folgen) sowie nicht notwendige teure Spitalsaufenthalte sind alles andere denn vernachlässigbare Schwachstellen im System.

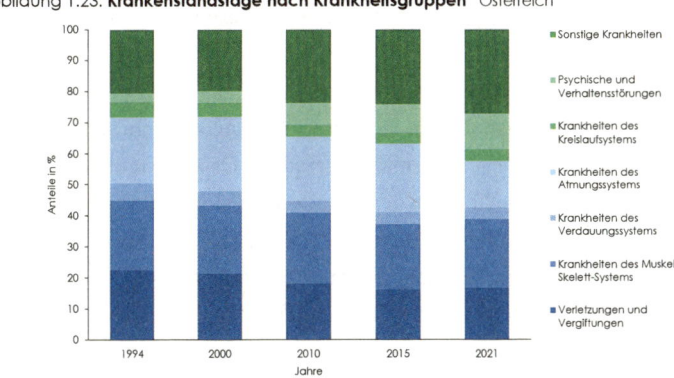

Abbildung 1.23: **Krankenstandstage nach Krankheitsgruppen** Österreich

Q: Dachverband der Sozialversicherungsträger, WIFO-Berechnungen.

*Quelle: Christine Mayrhuber, Benjamin Bittschi: „Fehlzeitenreport 2022. Krankheits- und unfallbedingte Fehlzeiten in Österreich. Frühintervention, Wiedereingliederung und mentale Gesundheit." WIFO, November 2022, S. 52*

Unser Gesundheitswesen hängt schon länger bedenklich „in den Seilen", was auch der aktuelle zuständige Bundesminister (die Halbwertzeit dieses Postens ist in Österreich traditionell kurz) Johannes Rauch eingesteht: „Wenn wir noch fünf Jahre so weitermachen wie jetzt und keine Reformen schaffen, fahren wir das System an die Wand, weil es zu teuer und ineffizient ist!"[75] Auch die Zwei-Klassen-Medizin wird immer mehr zur Realität: Klasse-Patienten scheinen im Spital gerade in Zeiten der Angebotsverknappung andere Möglichkeiten zu haben, was auch für Wahlarztpatienten gilt – nur dass sich das nicht jeder leisten kann oder will.

Hier handelt es sich um veritable „Großbaustellen", die viel Geld verschlingen und oft nur „zweitbeste" Behandlungserfolge bringen. Der IHS-Gesundheitsökonom Thomas Czypionka spricht dem österreichischen Gesundheitswesen mittlerweile die Fähigkeit zur Selbstreform ab und hält es für nicht zukunftsfit. Hauptgrund dafür seien die vielen „Veto-Player" in Österreich: Das sind jene, die wirksam Einspruch gegen geplante Reformen erheben können und dies auch tun, was nötige Anpassungen in weiterer Folge verhindert.[76] Der erfreuliche medizinische Fortschritt treibt die Kosten zusätzlich in die Höhe: Das derzeit teuerste Medikament heißt Hemgenix, hilft verlässlich gegen die Bluterkrankheit, kostet 3,5 Mio. Dollar pro Infusion, erspart aber die ebenfalls sehr teure lebenslange Therapie.[77] Ein anderes Beispiel: Gedankengesteuerte Prothesen, die man keinem Betroffenen als optimale Unterstützung verweigern möchte, kosten in der Regel 100.000 Euro aufwärts.[78]

Diese Defizite und ungenützten Verbesserungspotenziale im Gesundheitssystem spüren auch die – zugegebenermaßen gerade in Österreich überaus verwöhnten – Menschen immer mehr: 61 % der Österreicher sind mittlerweile der Meinung, dass sich unser Gesundheitswesen in die falsche Richtung entwickelt. Zwei Reformen in den Jahren 2012 und 2017 brachten Fortschritte (wie z. B. die Einführung des partnerschaftlichen „Zielsteuerungsmodells"), gehen aber definitiv zu wenig weit.[79] Es braucht daher einen umfassenden Reformansatz, um vom „Gesundheitstriple B" (Bremser, Blockierer und Befindlichkeiten – © Hans Jörg Schelling, Finanzminister a. D.) – wegzukommen.

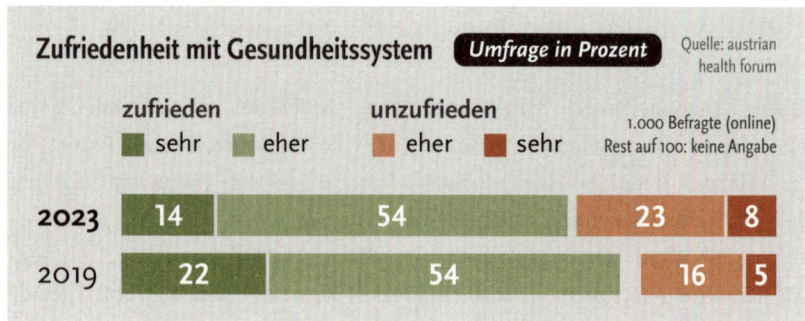

Quelle: Grafik TRAUNER Verlag, Daten austrian health forum

Mehr Effizienz heißt vor allem mehr Leistung für die Patienten bei gleichbleibenden Preisen. Gebot der Stunde ist daher, markante Effizienzschwächen auszumerzen und so qualitativ höherwertige und treffsichere Leistungen für gleich viel (oder sogar weniger) Beiträge anzustreben. Dafür braucht es eine überparteiliche Expertenkommission, da die Politik gerade beim Gesundheitsthema befangen ist. Wir müssen endlich auf die sich ändernden Rahmenbedingungen – wie etwa die Zunahme der Anzahl älterer Menschen – reagieren und das System an die neuen Herausforderungen anpassen. Die UNIQA hat errechnet, dass Erwachsene bis 39 Jahre im Durchschnitt pro Jahr 1.800 Euro für ihre Gesundheit ausgeben. Für Menschen zwischen 50 und 59 Jahren sind die Ausgaben schon doppelt so hoch. Und bis zum 75. Lebensjahr verfünffachen sie sich. Für die Gesundheit der über 90-Jährigen werden jährlich im Schnitt 27.000 Euro aufgewendet.[80] Das dicke Ende wird angesichts der Explosion der Anzahl der über 80-Jährigen somit erst kommen.

Unser Gesundheitssystem ist nicht ausreichend auf die Herausforderungen der Zukunft vorbereitet: Die onkologischen Krankheitsfälle werden sich in den nächsten Jahrzehnten vermutlich verdoppeln, die psychischen Probleme zunehmen, der Zuwachs der Singlehaushalte wird den Pflegebedarf explodieren lassen und Alzheimer bzw. Demenz werden zu „Flächenkrankheiten" werden. Verbesserte Behandlungsmethoden, neue medizinische Hightech-Geräte sowie auch wirksamere Medikamente, die niemandem vorenthalten werden sollen, werden die Kosten weiter nach oben treiben. Dazu kommen – wie Covid-19 – immer neue Krankheitsbilder, die kurzfristig besondere Gegenmaßnahmen und eine Intensivierung der medizinischen Forschung verlangen.[81] Bleibt am Ende die Frage: Wer soll das alles bezahlen?

### „Land der Dicken, Land der Trinker, Land der Raucher zukunftsarm"

Ist dieses Zitat zu böse? Mitnichten: In den vergangenen 20 Jahren ist das durchschnittliche Gewicht der Österreicher um ganze sechs Kilogramm gestiegen, weil wir konstant zu viel Schnitzel und Schweinsbraten essen bzw. uns – außerhalb der eigenen vier Wände – kaum bewegen.[82] Übergewicht und die damit verbundenen Krankheitsfolgen sind das Ergebnis, das aber nicht unbeeinflussbar scheint:

Gibt es doch im Burgenland 54 % Übergewichtige, in Tirol aber nur 39 %.[83] Die – klassisch österreichische – Neigung zu geschönter Darstellung negativer Fakten schlägt bei Gesundheitsfragen offenbar besonders durch. Während sich Herr und Frau Österreicher für grundsätzlich recht gesund halten und ihren Lebensstil als durchaus „ausgewogen" empfinden (71 % meinen, dass sie bei guter Gesundheit sind[84]), sprechen die nackten Zahlen eine andere Sprache:

- Bereits 28 % der 5- bis 9-Jährigen und 26 % der 10- bis 19-Jährigen sind hierzulande übergewichtig oder adipös (Buben und der Osten Österreichs sind tendenziell mehr betroffen). Covid beschleunigte diese negative Entwicklung durch vermehrten Fast-Food-Konsum und noch weniger Bewegung aufgrund stundenlangen Internetsurfens.[85] Dicke Kinder sind häufig Außenseiter, leiden oft an Hypertonie und haben ein deutlich höheres Risiko, als Erwachsene etwa an Diabetes zu erkranken. 80 % der übergewichtigen Kinder werden laut österreichischer Adipositasgesellschaft zu übergewichtigen Erwachsenen mit allen negativen Folgen.[86]

Bei Familien mit niedrigem Bildungsgrad ist die Wahrscheinlichkeit, an Fettsucht zu erkranken, ungleich größer, was einmal mehr den Zusammenhang von Bildung und Gesundheit dokumentiert. Dass dieser körperliche Verfall bereits in jungen Jahren ein idealer Nährboden für psychische Erkrankungen ist, liegt auf der Hand.[87] 70 % des Körpergewichts sind laut einschlägiger Studien im Übrigen genetisch bedingt, 30 % vom Lebensstil abhängig[88]: Man kann also etwas machen, wenn man nur will!

- Jeder zweite Erwachsene (54 %) ist in Österreich übergewichtig bzw. gelten 16,6 % sogar als fettleibig. Was nicht verwundert, bewegt sich doch nur jeder Zehnte regelmäßig.[89] Zugegebenermaßen kein rein österreichisches Problem: Weltweit werden 2060 drei von vier Erwachsenen übergewichtig bzw. fettleibig sein (besonders betroffen China, die USA und auch Indien), wodurch sich das BIP um 3,3 % verringern wird.[90] Reparaturmedizin ist teuer und kostet wirtschaftliches Wachstum, aus dem sich das Sozialsystem finanziert. Ein anderes Beispiel: 17,6 %

der 2002 geborenen Stellungspflichtigen waren untauglich – 30 Jahre vorher waren es nur 8,9 %. Ganze 88,4 % dieser Gruppe weisen schon in jungen Jahren zudem zumindest eine medizinische Diagnose auf.[91]

Die aus falschem Lebensstil resultierenden – oftmals chronischen – Zivilisationskrankheiten verkürzen das Leben signifikant und kosten die Versichertengemeinschaft viel Geld. So sind Normalgewichtige im Schnitt 1,5 Tage im Jahr im Spital, Übergewichtige 2,1 Tage und Adipöse 2,5 Tage. Wer übergewichtig ist, ist zudem jedes Jahr statistisch gesehen zumindest sechs Tage länger im Krankenstand als Normalgewichtige.[92] 40 % aller Todesfälle sind auf einen ungesunden Lebensstil zurückzuführen, was die Alarmglocken läuten lassen müsste.[93] Es entsteht der Eindruck, dass für viele primär der Staat und das Gesundheitssystem und nicht sie selbst für ihre Gesundheit verantwortlich sind. Schließlich zahle man ja regelmäßig hohe Krankenversicherungsbeiträge – eine bequeme Abgabe der Eigenverantwortung mit schlimmen Auswirkungen.

- Österreich belegt auch „traurige Spitzenplätze", wenn es um die Gesundheitskiller Alkohol und Rauchen geht: Laut OECD liegt unser Land mit 21 % regelmäßigen Rauchern über dem EU-Schnitt. Bei den Jüngeren hat sich der Raucheranteil in den letzten Jahren etwas verringert, wobei die durchaus nicht ungefährlichen E-Zigaretten und Nikotinbeutel stark im Kommen sind.[94] Ca. 2,4 Mrd. Euro betragen die volkswirtschaftlichen Kosten des Rauchens bzw. ist dieses für 16 % der Sterbefälle in Österreich verantwortlich.[95]

Pro Person konsumieren die Österreicher 11,9 Liter reinen Alkohol jährlich – damit liegt man im europäischen Spitzenfeld und belegt weltweit Platz 17. Die Konsumausgaben der Haushalte für alkoholische Getränke beliefen sich 2022 auf 3,2 Mrd. Euro jährlich – für Alkohol scheint immer genug Geld da zu sein. 14 %, das heißt 1 Mio. Österreicher, sind alkoholabhängig oder konsumieren Alkohol in einem gesundheitsgefährdenden Ausmaß.[96] 740 Mio. Euro verursacht der Alkoholkonsum an Folgekosten bzw. sind

6 % aller Todesfälle auf Alkoholmissbrauch zurückzuführen.[97] Auch bei jedem vierten Arbeitsunfall ist Alkohol im Spiel. Nur beim Drogenmissbrauch – rund 5 % der Jugendlichen konsumieren illegale Drogen – liegt Österreich etwas unter dem EU-Schnitt von 6 %.[98] Aber 235 Drogentote im Jahr 2021 (der höchste je gemessene Wert) lassen Böses ahnen.[99]

## *Was wirklich für unseren Gesundheitszustand verantwortlich ist*

Die Ursachen für schlechte Gesundheit werden in Österreich gerne anderswo gesucht: Die Umweltverschmutzung, die schlechten Gene der Eltern und Großeltern, der Stress in der Arbeit, das suboptimale Gesundheitssystem – sie alle scheinen primär dafür verantwortlich, wenn es wo zwickt bzw. man krank ist. Die Wahrheit ist freilich eine andere: Das persönliche Verhalten, das heißt Ernährung, ausreichende Bewegung sowie das Nichteingehen von Gesundheitsrisiken (Rauchen etc.), hat mit knapp 38 % den stärksten Einfluss auf die Gesundheit. Erst deutlich danach folgen die Lebensumstände bzw. die genetische Disposition. Abgeschlagen am Ende rangieren die Umweltbedingungen und das staatliche Gesundheitssystem.

**Der Einfluss von verschiedenen Determinanten auf die Gesundheit**

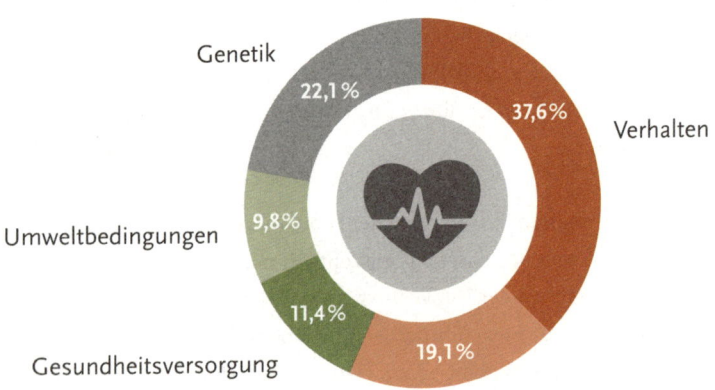

*Quelle: Grafik TRAUNER Verlag, Daten Synthese aus verschiedenen Metastudien*

Nicht eine Verhältnisänderung, sondern vielmehr eine Verhaltensänderung ist daher der Schlüssel zu einem Mehr an persönlicher Gesundheit. So wichtig das staatliche Gesundheitsangebot auch sein mag, so entscheidend ist es letztlich, dieses im persönlichen Leben fix zu verankern. Gerade daran krankt es in Österreich besonders.

## *Ungesunder Lebensstil kostet Männer mehr als 20 Jahre Lebenserwartung*

Ein falscher Lebensstil plus ungünstige Blutwerte kosten Männer fast 23 Lebensjahre (bei Frauen beträgt der Unterschied ca. zehn Jahre).[100] Diese erschreckenden Zahlen stehen in einem engen Zusammenhang mit der auffallend schlechten Gesundheitskompetenz der Österreicher: Dabei geht es um das Wissen, die Motivation und die Fähigkeit, gesundheitsbezogene Informationen zu finden, zu verstehen, zu bewerten und für sich anzuwenden. Je bildungsferner bzw. armutsgefährdeter ein Haushalt ist, desto geringer sind etwa die Kenntnisse hinsichtlich der Risikofaktoren für die Entstehung von Krebs sowie darüber, wie man sich ausgewogen ernährt oder vor Ansteckungen schützt. 56 % der in Österreich lebenden Menschen haben eine zu geringe Gesundheitskompetenz, was sich in einem deutlich schlechteren Gesundheitszustand niederschlägt.[101] Gerade Randgruppen brauchen deshalb Unterstützung, um zukünftig öfter die richtige Entscheidung für die eigene Gesundheit treffen zu können.

(Noch) Mehr Geld ins System zu pumpen bzw. eine bloße Ausweitung der Reparaturmedizin wären hingegen eine Einladung, den ungesunden Lebensstil fortzusetzen. Denn vier von zehn Österreichern haben ein chronisches Gesundheitsproblem, was häufig mit dem persönlichen Lebensstil in engem Zusammenhang steht.[102] Es braucht Aufklärung, Prävention und die Vermittlung von Werten von Kindesbeinen an, um diesem Teufelskreislauf zu entkommen. Mehr Bewegung, bessere Ernährung und weniger ungesunder Stress sind der Schlüssel zu einem gesünderen und damit glücklicheren Leben. Belohnungssysteme für gesundes Verhalten ist dabei der Vorzug gegenüber Verboten oder Strafen zu geben. Durch sozial gestaffelte Selbstbehalte können das Kostenbewusstsein und die Selbstverantwortung für die Gesundheit positiv beeinflusst werden.

## Prävention – das vernachlässigte Stiefkind im österreichischen Gesundheitssystem

Dass „Vorbeugen besser als Bohren" ist, wissen die älteren Österreicher aus der Zahnpasta-Werbung. Praktisch täglich fordern Politiker die tägliche Turnstunde, die es demnach noch immer nicht gibt. „Die Hälfte der durch Krebs verursachten Todesfälle wäre durch bessere Vorsorge vermeidbar", betont der Präsident der Österreichischen Krebshilfe die Wichtigkeit der Gesundheitsvorsorge.[103] Dennoch fristet diese gerade bei uns ein Schattendasein, was sich in zahlreichen vermeidbaren Erkrankungen bzw. hohen Behandlungskosten niederschlägt: Nur 2,1 % der Gesundheitsausgaben fließen in Österreich in die Gesundheitsvorsorge:

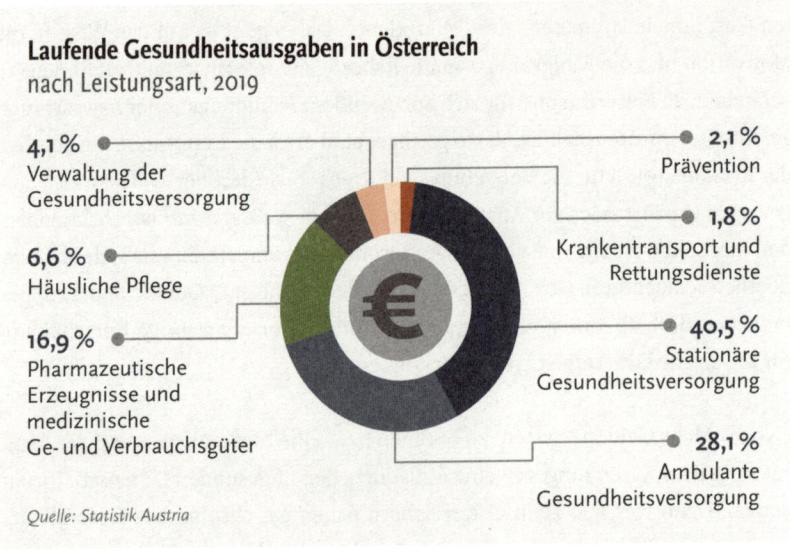

Quelle: Grafik TRAUNER Verlag, Daten Statistik Austria

Während die Sozialversicherung hierzulande 98 Euro je Versicherten (bei einer durchschnittlichen Leistung von 5.130 Euro pro Person) jährlich in die medizinische Prävention investiert, sind es in Deutschland 162 Euro und in Schweden sogar 185 Euro.[104] Wer die empfohlene Gesundheitsprävention wie Vorsorgeuntersuchungen etc. beherzigt, zieht daraus Vorteile: Er lebt bis zu 17 Jahre länger als Zeitgenossen, die Präventionsangebote beharrlich ignorieren.[105]

## Sozialstaatslüge Nr. 2

Auch der sozioökonomische Status spielt eine große Rolle: Ein 35-jähriger Akademiker lebt durchschnittlich fünf Jahre länger als ein gleichaltriger ungelernter Arbeiter. Höhere Raucherquoten, schlechtere Ernährungsgewohnheiten und eine geringere Gesundheitskompetenz sind die Hauptursachen für diese inakzeptable Differenz.[106] Ärzte sollten daher zukünftig nicht nur für die erfolgreiche Behandlung von Krankheiten, sondern vielmehr für das Erhalten der Gesundheit ihrer Patienten bezahlt werden.

### *Die wahren Kostentreiber im System sind die Spitäler*

Die österreichweit 264 Spitäler arbeiten nicht nur auf hohem Niveau, sondern verursachen auch immense Kosten. Denn in Österreich setzt man seit jeher auf die Behandlung im Spital, was zu einer Krankenhausdichte führte, die im europäischen Vergleich hoch ist. Mit 7,2 Spitalsbetten pro 1.000 Einwohner liegt Österreich an zweiter Stelle im OECD-Vergleich (5,3),[107] Finnland, Dänemark und Schweden kommen – bei gleich guter Versorgung – mit nicht einmal drei Betten pro 1.000 Einwohner aus.[108]

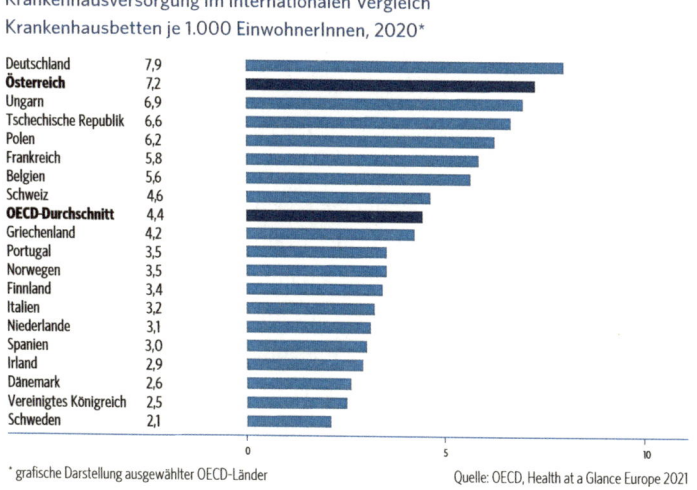

Quelle: PHARMIG – Verband der pharmazeutischen Industrie Österreichs: „Daten & Fakten 2022. Arzneimittel und Gesundheitswesen in Österreich." Wien 2022, S. 18
www.pharmig.at/mediathek/publikationen/daten-fakten-2022

Das ist gut in Coronazeiten, aber sonst ein teurer Luxus. Der Belagstag im Spital kommt auf durchschnittlich 1.210 Euro – im Vergleich dazu kostet eine Behandlung beim praktischen Arzt im Schnitt nur rund 60 Euro.[109] 21,8 Intensivbetten stehen in Österreich pro 100.000 Einwohner zur Verfügung – das wird von nur vier Ländern in Europa getoppt.[110] Die Ausgaben für die stationäre Versorgung pro Patient waren mit 1.287 Euro je Person für 2020 die höchsten in der EU.[111] Das Krankenhaus ist somit der teuerste Platz der Patientenbehandlung.

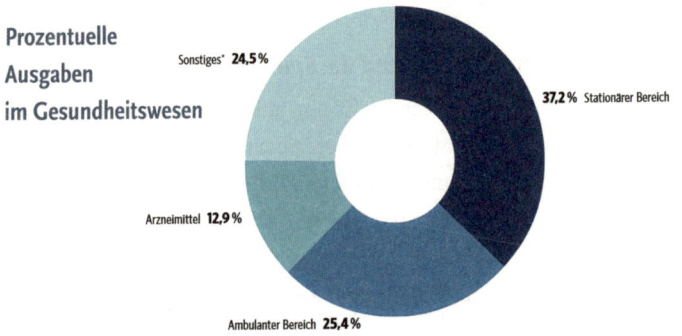

Quelle: berechnet durch das Institut für pharmaökonomische Forschung (IPF) unter Verwendung folgender Quellen: IQVIA, Statistik Austria, SV

* Ausgaben für Langzeitpflege, Krankentransporte, öffentlichen Gesundheitsdienst und Prävention, Verwaltung, medizinische Geräte und Ausrüstungen, private Versicherung

Quelle: PHARMIG – Verband der pharmazeutischen Industrie Österreichs: „Daten & Fakten 2022. Arzneimittel und Gesundheitswesen in Österreich." Wien 2022, S. 7
www.pharmig.at/mediathek/publikationen/daten-fakten-2022

Angebot schafft – speziell im Gesundheitsbereich bzw. in den Spitälern – garantierte Nachfrage, zumal das leere Bett gleichzeitig das teuerste ist. Auch findet jeder neue Arzt im Ort sehr rasch „seine" Patienten, sodass es letztlich nie genug Ärzte geben kann. Die bloße Ausdehnung des Angebots ist somit keine nachhaltige Lösung. Jedes Krankenhaus will dazu technisch am letzten Stand sein und möglichst alles anbieten. Notorisch unausgelastete CTs und MRTs sind die teure Folge dieses Prestigewettbewerbs mancher Bürgermeister und Landespolitiker.

Beinahe niemand in Europa geht öfter ins Krankenhaus als die Österreicher: Mit 243 Spitalsentlassungen pro 1.000 Einwohner belegen wir im OECD-Vergleich den unrühmlichen zweiten Platz.

* grafische Darstellung ausgewählter EU-Länder
¹ ohne rehabilitative Pflege, Langzeitpflege und Palliativpflege

Quelle: OECD, Health at a Glance Europe 2021

*Quelle: PHARMIG – Verband der pharmazeutischen Industrie Österreichs: „Daten & Fakten 2022. Arzneimittel und Gesundheitswesen in Österreich." Wien 2022, S. 19*
*www.pharmig.at/mediathek/publikationen/daten-fakten-2022*

Wenig nachvollziehbar ist auch die unterschiedliche Dauer der Spitalsaufenthalte: Während man in NÖ im Schnitt 10,2 Tage im Krankenhaus liegt, sind es in Tirol nur 6,6.[112] Noch immer werden in Spitälern Operationen und Behandlungen vorgenommen, die – tagesklinisch behandelt – weitaus billiger und für den Patienten (und dessen Arbeitgeber) weniger zeitraubend wären. Spitalsambulanzen behandeln Patienten, die beim Haus- oder Facharzt besser und günstiger versorgt werden könnten – so diese entsprechende Öffnungszeiten hätten.

Nicht zuletzt aus Kostengründen – die Länder finanzieren großteils die Spitäler, die Sozialversicherung die niedergelassenen Ärzte – werden die Patienten gerne zum „anderen" geschickt, um damit dem eigenen Haus Kosten zu sparen. Oder die ÖGK zahlt – so die Erfahrung aus der Praxis – dem Arzt für bestimmte Leistungen zu wenig, sodass dieser die Behandlung als „nicht kostendeckend" verweigert und sich somit der Patient etwa für einen Verbandwechsel auf eine längere Reise ins weit entfernte Unfallkrankenhaus begeben muss. Aber auch Rehas erfolgen in Österreich viel zu oft stationär, weshalb die Möglichkeit zur ambulanten Reha überall auszubauen ist.

Die unnötige Überbeanspruchung der Spitäler hinterlässt auch bei den dort tätigen Mitarbeitern immer tiefere Spuren: Ärzte und Pflegepersonal senden mittlerweile täglich Notrufe ab, weil sie am oder über dem Limit sind. Eingeschränkter Betrieb und geschlossene Abteilungen, Betten auf dem Gang und Triagen sind die Folgen fehlender Personalressourcen und falscher Patientenzuweisungen. Aus der permanenten Überbelastung resultieren erfahrungsgemäß mehr Fehler, Demotivation und die Flucht des Gesundheitspersonals in weniger stressige Berufe. Auch sinkt dadurch die Qualität im Gesundheitssystem, wenn aufgrund fehlender Mitarbeiter die aus gesundheitlicher Sicht besten Behandlungsoptionen für den Patienten schlicht nicht mehr möglich sind („Triage light"). In diesem Zusammenhang rät die deutsche Bertelsmann-Stiftung sogar, jedes zweite Spital zu schließen und dafür die „großen und besseren Kliniken" auszubauen – das verbessere die Versorgung, spare Kosten und entlaste die Mitarbeiter.[113]

### *Der Arzneimittelmarkt und die Pharmaindustrie – Ziel vieler Angriffe, aber ein wichtiger Faktor im Gesundheitswesen*

Wie wichtig eine ausreichende Versorgung mit Medikamenten ist, erleben wir gerade jetzt, da besorgte Eltern für ein dringend benötigtes Kinder-Antibiotikum häufig mehrere Apotheken abklappern müssen. Österreich zählt zu den EU-Ländern, in denen die Kosten für ärztlich verschriebene erstattungsfähige Arzneimittel zur Gänze übernommen werden – zu zahlen ist nur eine Rezeptgebühr. Einer der großen sozialen Benefits, die uns – so wie viele Gesundheitsleistungen – überhaupt nicht mehr bewusst sind. Rund 12,9 % der Gesundheitsausgaben entfielen 2020 auf Arzneimittel – Tendenz steigend.[114]

Die Preise für die in Österreich am Markt befindlichen Medikamente sind – im Gegensatz zum Verbraucherpreisindex – seit 1996 jedes Jahr gefallen: Von z. B. 10 Euro für ein Medikament im Jahr 1996 auf 6,17 Euro im Jahr 2022, während der Verbraucherpreisindex um fast 57 % zugelegt hat.[115] Viel Sparpotenzial liegt nach wie vor in der Verwendung von Generika (günstige Nachahmerprodukte mit gleicher Wirkung): Österreich hat mit bloß 39 % an verschriebenen Generika noch viel Luft nach oben – in Deutschland beträgt der Anteil bereits 76 %.[116]

## Sozialstaatslüge Nr. 2

Und viel zu viele Medikamentenpackungen werden, obwohl noch halbvoll, von den Haushalten achtlos entsorgt – „Vollkasko-Mentalität" in Reinkultur.

Sorgen machen Arzneimittelengpässe – etwa bei Antibiotika, Blutdrucksenkern oder Hustenpräparaten. Die schleichende Deindustrialisierung Europas wirkt sich gerade im Pharmabereich fatal aus. Um die Abhängigkeit von China oder Indien zu reduzieren, muss die EU durch den Bau von Produktionsstätten, Lagern oder einen gemeinsamen Einkauf gegensteuern. Außerdem ist die Pharmaindustrie ein bedeutender Wirtschaftsfaktor:

Die pharmazeutische Industrie – viel gescholten und oft zu Unrecht diskreditiert – versorgt uns nicht nur mit lebenswichtigen Medikamenten, sondern beschäftigt österreichweit in 150 Unternehmen rund 18.000 Mitarbeiter, die – zusammen mit 63.000 „indirekt" Beschäftigten – rund 2,8 % des BIP erwirtschaften.[117]

*Durch eine bessere Patientensteuerung zukünftig viele leere Kilometer vermeiden*

In Österreich steigt der Patient relativ willkürlich ins Gesundheitssystem ein, indem er wahlweise zum Hausarzt, Facharzt, in die Ambulanz oder gleich ins Spital geht. Er kann die Gesundheitsdienstleister nach eigenem Gutdünken wechseln, was teure Doppelbefundungen, Mehrfachuntersuchungen und Behandlungen auf der „falschen" Ebene verursacht. Durch viele leere Kilometer wird auch die jeweilige gesundheitliche Beeinträchtigung suboptimal behandelt bzw. geht unter Umständen viel wertvolle Zeit verloren. Es fehlt der sogenannte „Gatekeeper", der die Patienten „an der Hand nimmt" und – bereits vor der ersten Behandlung – den für sie besten „Ort der Versorgung" festlegt: eine Person – so der Gesundheitsökonom Thomas Czypionka –, die als Stakeholder die Behandlungsprozesse vom Anfang bis zum Ende plant und kontrolliert.[118]

Allgemeinmediziner oder die neuen Präventionsversorgungszentren wären dafür prädestiniert, in dieser Funktion die Nachfrage zu steuern und die Patientenströme besser als bisher zu lenken. Sie sind aufzuwerten und von überbordender „Gesundheitsbürokratie" freizuspielen – mit dem Ziel, dass man mit

Schnupfen/Fieber/Lungenentzündung tatsächlich an dem Ort behandelt wird, wo man medizinisch am besten aufgehoben ist. 60 % der derzeitigen Spitalspatienten gehören – so der Chef der Vinzenz Gruppe Michael Heinisch – eigentlich zum Hausarzt bzw. in die Primärversorgungszentren und nicht ins Spital.[119] Das wäre billiger und auch für den Patienten weniger aufwändig.

Durch (noch) mehr Spezialisierung der Krankenhäuser würde zudem ein Qualitätszuwachs entstehen bzw. könnte durch verpflichtende Kooperationen zwischen den Spitälern viel Geld eingespart werden, ohne dass dies zulasten der Patienten ginge. Hier passiert – etwa beim gemeinsamen Einkauf, bei der Verpflegung, der gegenseitigen Aushilfe mit Konsiliarärzten etc. – auf Bundesländerebene schon einiges, es ist aber durchaus noch mehr möglich.

## *Digitalisierung in der Medizin –*
## *einer der größten „Hebel" zu mehr Qualität und weniger Kosten*

Die Digitalisierung hat das Potenzial, die medizinische Versorgung auf ein völlig neues Niveau zu heben und für den behandelnden Arzt bzw. den Patienten noch bessere Heilungs- und Behandlungsmöglichkeiten zu eröffnen. Beim Digital-Health-Index liegt Österreich jedoch nur auf Platz 10 (von 17), bei der Nutzung der erfassten Daten auf Platz 11.[120] Wir sammeln also viele Informationen, gewinnen aber daraus zu wenig Wissen. Die Chancen der Digitalisierung gilt es gerade im Gesundheitsbereich daher noch besser zu nützen: Telemedizin, der Austausch von Patientendaten, Gesundheitsapps (wie es sie in Israel bereits gibt), die Nutzung von Biosensoren oder 3D-Druckern ermöglichen medizinisch effizientere und kostengünstigere Behandlungen. Durch künstliche Intelligenz werden Tools entstehen, die zwar den Menschen nicht ersetzen, aber die Behandlungs- und Versorgungsmöglichkeiten auf eine neue Ebene heben werden.

Ganz generell kann eine konsequentere Nutzung der digitalen Möglichkeiten ein Königsweg zur Effizienz- und Qualitätssteigerung, aber auch zur Kostendämpfung sein. Schon längst geht es im Gesundheitsbereich nicht mehr ums „Sparen", sondern um die Dämpfung des massiven Kostenanstiegs. Denn die künftigen Ausgaben werden sich angesichts der steigenden Überalterung der Bevölkerung und des rasanten medizinischen Fortschritts schon in naher Zukunft weiter massiv erhöhen.

Die Option, sich von ELGA abmelden zu können, wäre allein aus diesem Grund zu überdenken. Wer mit fehlendem Datenschutz bzw. Angst vor dem „gläsernen Menschen" argumentiert, sollte gleich auch seine anderen „Servicekarten" abgeben und sich nirgendwo mehr registrieren lassen. Dreimal das gleiche Röntgen bei ein und derselben Krankheit – weil Spitäler und Fachärzte sich offenbar nicht gegenseitig trauen oder nicht extra nachfragen wollen – würden dann der Vergangenheit angehören. Und wenn der Arzt auf Knopfdruck weiß, wann wir warum welche Medikamente genommen bzw. Krankheiten gehabt haben, ist das unserer Gesundheit ebenfalls zuträglich. Das elektronische Rezept oder der elektronische Mutter-Kind-Pass weist bereits den Weg in die Zukunft.

## *Ärztemangel – Hysterie oder Realität?*

2021 gab es in Österreich knapp 49.000 praktizierende Ärzte (+ 60 % gegenüber 2003). Dieser Anstieg war deutlich höher als in Deutschland oder der Schweiz.[121] Mit 5,3 Ärzten pro 1.000 Einwohnern (EU-Schnitt: 3,9) belegt Österreich Platz drei in der EU (das gilt nicht für die Anzahl der Allgemeinmediziner, die unter dem EU-Schnitt liegt). Auch die Anzahl der Pflegekräfte pro 1.000 Einwohner liegt mit 10,5 deutlich über dem EU-Schnitt von 8,4.[122] Laut ÖGK sind derzeit 97 % der Kassenstellen in Österreich besetzt.[123]

Von einem generellen Ärztemangel kann in Österreich deshalb überhaupt keine Rede sein. Vielmehr fehlen in einzelnen Disziplinen Fachärzte, wie etwa Kinder- und Augenärzte, bzw. wollen einfach viele junge Ärzte – so sie überhaupt in Österreich bleiben – nicht mehr als Allgemeinmediziner am Land arbeiten.[124] Damit einher geht ein auffälliger Anstieg der Wahlarztstellen, weil man bei einem solchen noch einen (zeitnahen) Termin bekommt bzw. sich der Wahlarzt tendenziell mehr Zeit für den Patienten nimmt.[125] Wahlärzte sind als „Puffer" unverzichtbar, sollten aber das kassenärztliche System nicht schleichend ablösen. Über eine Neugestaltung der Vergütung – praktische Ärzte mit einem Kassenvertrag verdienen derzeit z. B. in Oberösterreich rund 156.000 Euro brutto jährlich – kann man diskutieren.[126]

## Österreich hat mehr Ärzte und Pflegekräfte als die EU im Durchschnitt

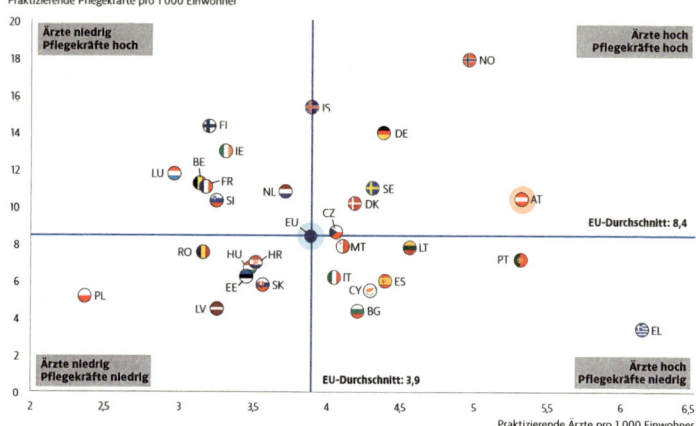

Quelle: OECD/European Observatory on Health Systems and Policies:
„Österreich. Länderprofil Gesundheit 2021. State of Health in the EU."
OECD Publishing, Paris/European Observatory on Health Systems and Policies. Brüssel 2021, S. 11

Primärversorgungszentren (Zentren bzw. Netzwerke, in denen multiprofessionelle Teams gemeinsam und aufeinander abgestimmt Patienten behandeln) sind eine zeitgemäße Antwort, um Spitalsambulanzen bzw. Fachärzte zu entlasten. Sie haben patientengerechtere Öffnungszeiten und verkürzen die Wege für Hilfesuchende. Gerade junge Ärzte wollen nicht mehr allein in der Praxis sitzen, sondern lieber in Teams arbeiten. Die Ausstellung sogenannter „sozialer Rezepte" (Lösung sozialer Probleme durch Verbesserung der Lebensumstände), wie sie der Chef der Armutskonferenz Martin Schenk vorschlägt, wäre in Primärversorgungszentren einfacher durchführbar. Primärversorgungszentren gehört die Zukunft, wobei der niedergelassene Arzt gerade am Land seine wichtige Funktion weiterhin behalten wird.

Zweifellos eine Herausforderung ist das fortgeschrittene Alter vieler Ärzte, was aber kein spezifisch österreichisches Problem darstellt (wenngleich interessant ist, dass in Österreich nur 32 % der Ärzte über das gesetzliche Pensionsantrittsalter hinaus arbeiten – in der Schweiz sind es 37 %, in Deutschland sogar 45 %).[127]

## Sozialstaatslüge Nr. 2

Weiters muss es zu denken geben, dass 31 % der Absolventen eines Medizinstudiums an einer österreichischen Universität den Arztberuf nicht in Österreich ausüben (bei durchschnittlichen Ausbildungskosten von ca. 542.000 Euro pro Student).[128] Angehende Mediziner könnten dazu verpflichtet werden, ihren Beruf zumindest für eine gewisse Zeit in Österreich auszuüben. Der oberösterreichische FPÖ-Chef Manfred Haimbuchner fordert in diesem Zusammenhang, 75 % der Medizin-Studienplätze für Österreicher zu reservieren bzw. „Heimatstipendien" einzuführen.[129]

Ende 2020 waren in österreichischen Spitälern ca. 123.000 Personen beschäftigt – das sind 15,6 % mehr als zehn Jahre zuvor.[130] Insbesondere in größeren Städten wird das umfangreiche Ärzteangebot gerne und ausgiebig von den Bürgern genützt. So sind die Österreicher im Schnitt 6,6-mal im Jahr beim Arzt, die Schweizer 4,3-mal und die Schweden sogar nur 2,6-mal – ohne dass sie deswegen kränker wären.[131] Dass neue Angebote im Gesundheitssystem stets die entsprechende Nachfrage schaffen, sieht man am Beispiel des „reichen" Bezirks Mödling: Dort gibt es 330 Wahlärzte, 55 Fachärzte für innere Medizin und 30 Orthopäden für die rund 120.000 Einwohner.[132] In Bezirken mit weniger kaufkräftigem Publikum ist diese Dichte an ärztlichen Angeboten hingegen nicht festzustellen, was nicht wirklich überrascht.

Auch wäre es hoch an der Zeit, dass sich Ärzte von nichtmedizinischen Gesundheitsberufen mehr als bisher unterstützen bzw. entlasten lassen. Bisher wusste das die Ärztekammer zu verhindern, was etwa von der Präsidentin der Apothekerkammer, Ulrike Mursch-Edlmayr, als „Blockade" empfunden wird.[133] In den Spitälern wäre zu prüfen, ob diplomiertes Krankenhaus-Personal nicht noch mehr Aufgaben von Ärzten übernehmen könnte.

Freie Arztwahl, das neue „Wellnessbewusstsein" der Bevölkerung, das Wartezimmer als „Kommunikationszentrum der Ortsgemeinde (insbesondere für ältere Semester)" und eine der dienstnehmerfreundlichsten Entgeltfortzahlungsregelungen Europas (samt den damit verbundenen Krankenständen) sollten den „Run zum Doktor oder in die Ambulanz" auch zukünftig sicherstellen bzw. das Geschäft der Ärzte bzw. Spitäler beleben. Was aber nichts anderes heißt, als dass auch in Hinkunft weniger der objektive Bedarf als vielmehr vor allem das jeweilige

Angebot vor Ort bzw. lieb gewonnene Patientengewohnheiten die Inanspruchnahme von Gesundheitsleistungen bestimmen. Dies gilt es – etwa über klare Patientenzuweisungen und Selbstbehalte – rasch zu ändern.

## *Alt, aber krank –*
## *warum die „gesunden Lebensjahre" der wahre Elchtest sind*

Ende 2021 lag in Österreich die durchschnittliche Lebenserwartung der Männer bei 78,8 Jahren und der Frauen bei 83,8 Jahren – ein im internationalen Vergleich guter Wert.[134] Entscheidend für die Güte eines Gesundheitssystems ist nach Meinung der Experten aber die Anzahl der sogenannten „gesunden Lebensjahre", die man noch erleben darf: Das sind jene Jahre, die frei von (chronischen) Erkrankungen oder körperlichen Einschränkungen verbracht werden können. Sie sind die wahre Messlatte für Reformerfolge. Hier schneidet Österreich im internationalen Vergleich denkbar schlecht ab.

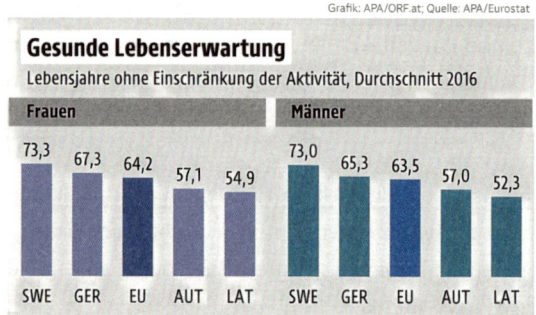

Quelle: ORF.at Onlineartikel „Gesunde Lebensjahre in EU: 64,2 bei Frauen und 63,5 bei Männern", 4.2.2019

Frauen erleben im Schnitt 57,1 „gesunde Jahre" (viertletzter Platz unter den EU-28), Männer nur 57 (fünftletzter Platz unter den EU-28) – das Ergebnis eines ungesunden Lebensstils bzw. der in Österreich – als klassischem Land der „Reparaturmedizin" – häufig fehlenden systematischen Gesundheitsvorsorge. Diese Versäumnisse verursachen menschliches Leid, kosten das System Geld und erhöhen später den Pflegebedarf. Schweden liegt bei der Erwartung „gesunder Lebensjahre" mit durchschnittlich 73,1 Jahren einsam an der Spitze.[135]

Ein negativer „Marker" ist in diesem Zusammenhang etwa die österreichische Diabetes-Bilanz: 800.000 Diabetiker haben nicht nur deutlich weniger Lebensqualität, sondern verursachen Gesundheitskosten von rund 4 Mrd. Euro jährlich – ein europäischer Spitzenwert.[136] Diese „Hard Facts" relativieren die Effizienz und Wirksamkeit des hochgelobten österreichischen Gesundheitswesens doch beträchtlich. Wir sind also nicht so gut, wie wir immer glauben. Folgerichtig drängt der Rechnungshof die Politik, die „gesunden Lebensjahre" durch entsprechende Maßnahmen endlich zu steigern, was von dieser bereits 2012 (!) zugesagt wurde.[137]

Völlig inakzeptabel und aus der Zeit gefallen ist es im Übrigen, dass das Leistungsspektrum der Krankenversicherung davon abhängt, bei welcher Anstalt jemand aufgrund seiner beruflichen Tätigkeit pflichtversichert ist. Die Gesundheitsleistungen für Arbeiter, Angestellte, Selbstständige, Lehrer, Beamte etc. müssen zumindest mittelfristig angeglichen bzw. alle berufsständisch begründeten Privilegien eliminiert werden. *Ein Krankenversicherungsträger für alle Versicherten* (vielleicht sogar auf regionaler Ebene) würde eine Ausweitung der Solidargemeinschaft, mehr soziale Gerechtigkeit und Einsparungen, insbesondere in der Verwaltung, bewirken.

## *Österreich, ein Land der psychisch Kranken? – Freud lässt grüßen*

Wenn man der veröffentlichten Meinung bzw. einschlägigen Studien glauben darf, leiden wir Österreicher vergleichsweise häufig an psychischen Erkrankungen. Rund 900.000 Menschen nehmen im Laufe eines Jahres medizinische Expertise wegen einer psychischen Erkrankung in Anspruch.[138] Immer öfter liegen einer Arbeitsunfähigkeit psychische Erkrankungen zugrunde bzw. schlittern offenbar immer mehr Menschen in ein Burnout. Krankenstände aus psychischen Gründen dauern länger und sind schwerer überprüfbar. Erfahrungsgemäß werden sie häufig von Ärzten diagnostiziert, denen die Expertise in diesem Bereich fehlt. Auch ist nicht alles ein Burnout, was als solches bezeichnet bzw. empfunden wird.

Die Politik reagiert darauf und nimmt – wieder einmal – vor allem die Arbeitgeber in die Pflicht, indem diese etwa die mit dem Arbeitsplatz verbundenen „psychischen Belastungen" evaluieren müssen. Eine eher „bürokratische" Übung, die zwar den Arbeitsinspektor zufriedenstellen mag, aber für die Gesundheit nur wenig bringen dürfte. Häufig sind es nämlich private Probleme, die Mitarbeiter in den Job „mitnehmen" und die ihnen den Schlaf rauben bzw. sie krank machen. Selten ist es die Arbeit „an sich", sondern vielmehr ein „Mix" aus verschiedenen Problemen oder aber der Chef und die Kollegen, die einem zusetzen.

Auch bei den Jugendlichen schlagen die Experten Alarm: Vor allem pandemiebedingt explodierte die Zahl depressiver Kinder. 80.000 Kinder waren 2020 wegen psychischer Probleme in Behandlung und mussten im Schnitt vier Monate auf ihren Termin warten.[139] Gleichzeitig fehlen für Menschen mit Depressionen und Burnout(-Symptomen) Reha-Plätze.

Studien scheinen zu belegen, dass die statistische Zunahme psychischer Erkrankungen vor allem auch mit dem vermehrten Wissen um die Krankheitsbilder bzw. die Behandlungsmöglichkeiten in Zusammenhang steht. So gängig es ist, psychische Erkrankungen primär dem „Stress am Arbeitsplatz" zuzuschreiben, so falsch scheint diese Aussage in ihrer Allgemeinheit zu sein. Nach Meinung der Experten sind die Ursachen für ein Burnout eigentlich immer „multikausal".[140]

Eine Studie des Max-Planck-Instituts kam zu dem bemerkenswerten Ergebnis, dass „Arbeit kein besonderer Risikofaktor für psychisches Leid ist".[141] Vielmehr dürfte der immer größer werdende Freizeit- und Digitalisierungsstress (der durchschnittliche Österreicher ist jeden Tag fünf Stunden und 42 Minuten online) mittlerweile eine der Hauptursachen für psychische Probleme und das „Ausbrennen" von Menschen sein. Der Burnout-Forscher Gordon Parker betont, dass beim Entstehen einer Erschöpfungsdepression „prädisponierende Persönlichkeitsmerkmale" – insbesondere Perfektionismus – eine besondere Rolle spielen.[142] Der populäre und vielgepflegte Vorwurf, dass „Arbeit krank mache" ist daher wissenschaftlich nicht haltbar – vielmehr ist davon auszugehen, dass es eher krank macht, keine Arbeit zu haben. Auch wäre in diesem Zusammenhang vorurteilsfrei zu prüfen, ob nicht auch der allgemeine Werteverlust bzw. eine große Orientierungslosigkeit vieler Menschen – in Verbindung mit der materiellen Übersättigung – einen fruchtbaren Nährboden für psychische Erkrankungen und Depressionen bildet. Viel deutet darauf hin, zumal unter den 14- bis

20-Jährigen Suizid die zweithäufigste Todesursache ist.[143] Auch die steigende Kriminalität unter Jugendlichen kann ein Hinweis auf ein wenig sinnerfülltes Leben mit zu viel Langeweile sein.

**Anzahl unmündiger Tatverdächtiger**

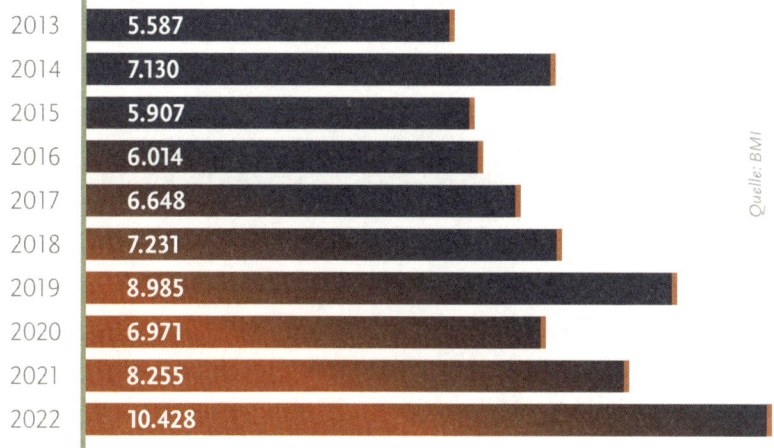

Quelle: Grafik TRAUNER Verlag, Daten BMI

## Wenn ein Schatten auf die Kur fällt

Kuren (und damit verbundene Bekanntschaften) sind in Österreich schon seit den Zeiten Kaiser Franz Josephs (und Katharina Schratts) überaus beliebt. Wer heutzutage während seiner aktiven Berufslaufbahn nicht wenigstens einmal auf Kur war, muss gute Argumente auf die Frage der Kollegen haben, „warum er auf die zustehenden zwei Kuraufenthalte in fünf Jahren freiwillig verzichtet". So mancher „Kurprofi" nutzt – ganz legal – das gerade in Österreich breite und hochwertige Kurangebot perfekt und schafft es immer wieder, dass auch der Ehe- oder Lebensabschnittspartner zur selben Zeit im gleichen Haus kuren darf.

Beamte gehen fast doppelt so oft auf Kur wie Selbstständige, was interessante Rückschlüsse auf die jeweilige berufliche Belastung zulassen könnte.[144] Auch die Bewilligungspraxis ist bei Kuren sehr unterschiedlich, ohne dass man die genauen

Gründe dafür weiß: In Oberösterreich bewilligte die Kasse 100 % der Kuranträge, in Tirol sind es nur 54,11 %. Oberösterreich ist überhaupt bundesweiter „Kurkaiser": 2021 ging man dort – umgelegt auf 100.000 Einwohner – mehr als doppelt so oft auf Kur wie etwa die Steirer oder Kärtner.[145]

Von den 75 Kurorten in Österreich mit seinen Kureinrichtungen profitiert nicht nur die jeweilige Region, sondern auch die arbeitende Bevölkerung, die sich eine Kur verschreiben lässt. Wobei eine Kur – glaubt man den Aussagen vieler Kurgäste – ein Stück weit immer auch Urlaub und Erholung ist. Trotzdem wird diese in Österreich zu 100 % als Krankenstand gewertet. Die Grenzen sind sicher fließend, wenngleich die medizinischen Standards in den Häusern hoch und das jeweilige Programm durchaus dicht sind.

Die 240 Mio. Euro, die das Kurwesen der Versicherungsgemeinschaft in Österreich jährlich kostet, haben oftmals nicht die gewünschte Nachhaltigkeit: Während der Kur wird noch alles brav befolgt, fleißig geturnt und gesund gegessen, wodurch sich erste kleine Erfolge einstellen. Wieder zu Hause wird nach wenigen Tagen in den früheren ungesunden Modus umgeschaltet – der Nutzen der Kur verpufft rasch. Die Gesundheitsökonomin Maria Holzhacker spricht deshalb bei Kuren von „mangelnder Transparenz und dem fehlenden Überblick hinsichtlich der medizinischen Erfolge".[146] Die 2018 eingeleitete Weiterentwicklung der Kuren zur „Gesundheitsvorsorge aktiv" ist begrüßenswert, aber wohl nur ein erster kleiner Schritt in die richtige Richtung.

*So wird das Gesundheitssystem wirkungsvoller, leistungsstärker, gerechter und langfristig finanzierbar:*

> ■ **Bessere Koordinierung der Prozesse und Schnittstellen – Finanzierung aus einer Hand anstreben**
> Die derzeit aufgesplittete Aufgaben-, Ausgaben- und Finanzierungsverantwortung ist durch eine gemeinsame und transparente Finanzierung und Steuerung aus einer Hand zu ersetzen. Das beseitigt viele Schnittstellen-

und Effizienzprobleme bzw. führt dies zu einer sauberen Trennung von Leistungserbringung und Finanzierung. Erst dann wird – so der Gesundheitsökonom Ernest Pichlbauer – die „Fragmentierung" des Gesundheitswesens ein Ende haben bzw. die sinnvolle Strategie „ambulant vor stationär" umsetzbar sein.[147] Das spart Geld und Zeit, optimiert die Patientenversorgung und stellt eine bessere Auslastung von teuren Geräten sicher.

- **Strukturelle Veränderungen bei den Gesundheitsanbietern**
Zentral sind der weitere zügige Ausbau der Primärversorgungszentren („Alles unter einem Dach" als Alternative zu den Spitalsambulanzen) sowie die fortgesetzte Umstellung auf Schwerpunktkrankenhäuser bzw. Fachkliniken (statt unspezifischer Basis-Krankenhäuser), die miteinander kooperieren (müssen). Die Zusammenarbeit zwischen Spitälern und niedergelassenen Ärzten ist zu optimieren, da Patienten aus Kostengründen zu oft „hin und her geschoben" werden. Ambulante und tagesklinische Eingriffe in den Spitälern sind radikal auszubauen – das Ordensklinikum Linz Elisabethinen steht hier für Best Practice. Neue Medizinberufe sind – ebenso wie die Apotheker – als Entlastung der Ärzteschaft zu forcieren.

- **Stärkung der Gesundheitskompetenz der Bevölkerung**
Die schwache Gesundheitskompetenz der Österreicher ist durch geeignete Informations- und Schulungsmaßnahmen zu stärken: Damit sollte schon im Kindergarten und in der Grundschule – am besten mit einem eigenen Unterrichtsgegenstand „Gesundheitsvorsorge" – gestartet werden. Die tägliche Bewegungseinheit in Kindergärten und Schulen wäre endlich flächendeckend umzusetzen.

- **Bessere Navigation der Patienten durch das Gesundheitssystem**
Der praktische Arzt soll als „Gatekeeper" die Menschen von Anfang an begleiten, sie umfassend beraten bzw. aufklären und den entsprechenden Behandlungspfad festlegen. Der Allgemeinmediziner ist generell aufzuwerten und dem Facharzt gleichzustellen, da das Wissen „in die Breite" des Ersteren ebenso anspruchsvoll wie das Wissen „in die Tiefe" des Zweiteren ist.

Damit würden endlich Gesundheitsleistungen auf der jeweils richtigen Versorgungsebene erbracht werden – weniger „leere Kilometer" für den Patienten und Kosteneinsparungen wären die Folgen.

- **Einführung eines generellen Selbstbehaltes**
Wer Gesundheitsleistungen in Anspruch nimmt, sollte – mit Ausnahme von chronisch Kranken und Geringverdienern – für die Inanspruchnahme ärztlicher Leistungen zukünftig generell einen Selbstbehalt von 5 % entrichten. Dieser sollte entfallen, wenn der Versicherte – angelehnt an das SVS-Modell „Nachhaltig gesund" – mit seinem Arzt individuelle Gesundheitsziele vereinbart und erreicht. Auch eine Ambulanzgebühr NEU würde eine zweite Chance verdienen – genauso wie eine quartalsweise einzuhebende Ordinationsgebühr.

- **Ausbau der Digitalisierung**
Eine umfassende Digitalisierung reduziert den Verwaltungsaufwand, erhöht die Qualität bzw. Inanspruchnahmemöglichkeit von medizinischen Leistungen (Austausch von Patientendaten etc.), ermöglicht eine „personalisierte" Medizin und stellt eine evidenzbasierte Gesundheitspolitik sicher. Allein 4,7 Mrd. Euro könnten durch eine kluge Vernetzung der Gesundheitsdaten eingespart werden. Dazu ist ELGA – wie in Finnland – zu einer „elektronischen Gesundheitsakte" auszubauen.[148] Die e-card muss aufs Handy kommen und mit ELGA bestmöglich verknüpft werden.

- **Ausbau und Sicherung der Qualität der Gesundheitsleistungen**
Durch österreichweite Qualitätsstandards, Vorschreibung von zu erreichenden Fallzahlen, wertschätzenden und professionellen Umgang mit Patienten sowie eine regelmäßige Veröffentlichung von Qualitätskennzahlen kann und muss die Qualität der medizinischen Leistungen erhöht bzw. österreichweit auf den gleichen Level gebracht werden. Der Vergleich von Qualitätskennzahlen schafft Transparenz und könnte den notwendigen Druck zur Qualitätssteigerung erzeugen. Darüber hinaus sind auch die Kosten der erbrachten Leistungen gegenüberzustellen und mögliche

Einsparungspotenziale auszuschöpfen. Eine verpflichtende Patientenbefragung könnte den Leistungserbringern im Gesundheitssystem mögliche Verbesserungspotenziale plakativ aufzeigen.

- **Weg von der Reparaturmedizin, hin zur professionellen Vorsorge**
Hier braucht es einen Paradigmenwechsel mit neuen Anreizen: So könnte der Eltern-Kind-Pass zu einem „Kind- und Jugendlichen-Pass" umgestaltet und bis zum 18. Lebensjahr ausgeweitet werden. Regelmäßige Untersuchungen, Beratungsmodule zu den Themen „Ernährung", „Bewegung" und „Sexualität" bzw. verpflichtende zielgruppenspezifische Präventionsprogramme, die – bei sonstigem Entfall der Kinderbeihilfe – verpflichtend zu konsumieren sind, wären eine gute Investition in eine bessere Gesundheit. Schulen müssen – wie jetzt schon Betriebe – der neue Hotspot für Prävention werden. Vorsorgeprogramme sind auf die frühzeitige Erkennung von psychischen Problemen auszuweiten. Für Ältere könnte es – einem Vorschlag Alexander Biachs folgend – einen „Best-Ager-Bonus-Pass" geben:[149] Wer Vorsorge betreibt und vereinbarte Ziele erreicht, wird beim Krankenversicherungsbeitrag entlastet oder erhält Gesundheitsgutscheine. Endziel ist ein lebensbegleitender Präventionspass, der permanente Vorsorge sichert und honoriert.

- **Neue Strategien für Kuren**
Kuren brauchen einen klaren Fokus auf Gesundheitsvorsorge zwecks Erhaltung der Arbeitsfähigkeit bzw. Verlängerung der gesunden Lebensjahre. Die Zielerreichung sollte zwölf Monate nach Kurende ärztlich überprüft werden – bei Zielverfehlung könnte ein nachträglicher Selbstbehalt überlegt werden. Generell sollte aufgrund des teilweisen Erholungscharakters zumindest ein Drittel der Kur fix auf den Urlaub angerechnet werden.

- **Mittelfristige Zusammenlegung sämtlicher Krankenversicherungs-, Unfallversicherungs- und Pensionsversicherungsträger** (**inklusive der Krankenfürsorgeanstalten**)
Dadurch können bestehende Ungerechtigkeiten bzw. Privilegien beseitigt, Beiträge vereinheitlicht und gleiche Leistungen für alle – etwa auf

ASVG-Niveau – sichergestellt werden. Mehr soziale Gerechtigkeit sowie massive Kosteneinsparungen wären die Folge, ohne dass die derzeitige erstklassige medizinische Grundversorgung der Menschen infrage gestellt wäre.

- **Weiterer Ausbau der betrieblichen Gesundheitsförderung**
Die Gesundheitsförderung in den Unternehmen ist zu forcieren, da sie dem Erhalt der Arbeitsfähigkeit dient und so das faktische Pensionsantrittsalter erhöhen kann. Da Gesundheit(svorsorge) nicht teilbar ist, wäre dafür zu sorgen, dass das Wissen mehr als bisher in den Privatbereich „mitgenommen" und dort auch angewandt wird. Die diesbezüglichen Programme der ÖGK-Landesstelle Linz haben Best-Practice-Charakter.[150] Es bedarf zusätzlicher finanzieller Anreize – wie z. B. steuer- und sozialversicherungsrechtliche Befreiungen von gesundheitsfördernden Maßnahmen –, um die betriebliche Gesundheitsvorsorge vor allem auch für kleinere Unternehmen zu attraktivieren.

# 3

## Sozialstaatslüge Nr. 3:
## „Es gibt keine Arbeitskräfte mehr." bzw.
## „Der Arbeitskräftemangel ist allein ein Problem der Wirtschaft."

*Viele Räder stehen still in Österreich –*
*ohne zusätzliche Fach- und Arbeitskräfte*

Noch vor einigen Jahren befürchtete man, dass uns aufgrund der Digitalisierung und Automatisierung sukzessive „die Arbeit ausgeht". So legte die Universität Oxford eine Studie vor, nach der knapp die Hälfte aller Jobs durch Automatisierung ersetzt wird.[151] Um Massenarbeitslosigkeit zu vermeiden, plädierten viele für eine signifikante Verkürzung der Arbeitszeit bzw. für ein bedingungsloses Grundeinkommen. Gekommen ist es – wie die Entwicklung der offenen Stellen beweist – ganz anders:

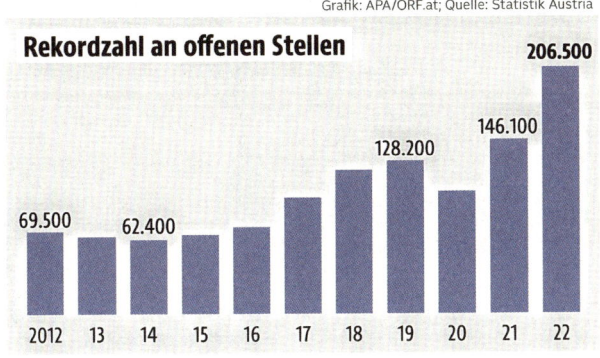

Quelle: ORF.at Onlineartikel „2022 Rekordjahr bei offenen Stellen", 10.2.2023

## Sozialfall Sozialstaat

Heute fehlen in fast allen Branchen Fach- und Arbeitskräfte, was Unternehmen, Staat und Gesellschaft gleichermaßen fordert. Gingen 2022 206.000 Fach- und Arbeitskräfte (+ 41,4 % gegenüber 2021) ab, werden es – so WK-Präsident Harald Mahrer – bis 2040 363.000 sein. Mit schwerwiegenden Folgen: Das BIP würde um 9 % sinken bzw. der öffentlichen Hand 150 Mrd. Euro weniger Einnahmen zur Verfügung stehen.[152] Dieses Minus würde gerade das Sozialsystem und damit jeden Österreicher ins Mark treffen. Sollte es nicht gelingen, diesen eklatanten Mangel zu lindern, werden alle Österreicher ein Stück weit ärmer werden und sozial schlechter versorgt sein.

Weder die Corona-Pandemie noch der Ukraine-Krieg oder die Megainflation haben etwas daran geändert, dass der Arbeitskräftemangel die größte Bedrohung für Wohlstand und Sozialsystem in den nächsten Jahren sein wird. Besonders schwierig ist es für Betriebe derzeit, geeignete Fachkräfte in Handwerks- oder Dienstleistungsberufen, in allen Bereichen der Technik und IT, in der Transportwirtschaft oder im Tourismus zu finden. Pflegekräfte fehlen an allen Ecken und Enden – die Personalnot in den Spitälern wächst bedrohlich (im Mai 2023 waren 2.775 Spitalsbetten gesperrt)[153]. Und selbst die öffentliche Hand kann offene Stellen nicht mehr zur Gänze nachbesetzen.[154] Nirgendwo sonst in Europa ist der Arbeitskräftemangel so groß wie in Österreich: Mit 4,6 % gibt es hierzulande den höchsten Anteil an offenen Stellen; EU-weit sind es im Schnitt nur 2,8 %.[155]

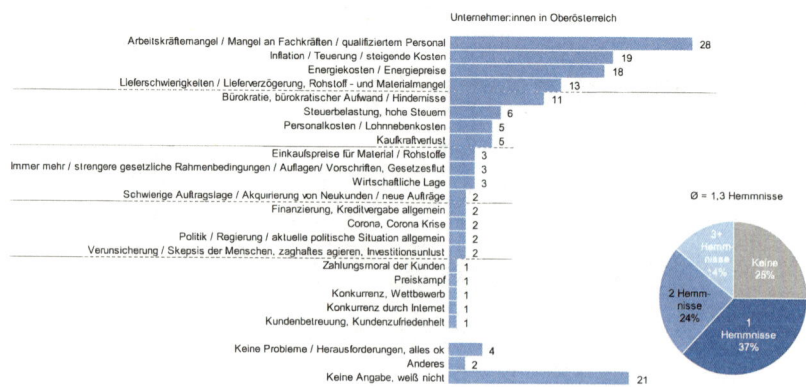

Quelle: OÖ. Wirtschaftsbund: Wirtschaft im Blick 1/2023, S. 5

## Sozialstaatslüge Nr. 3

Eine von der WKOÖ 2022 in Auftrag gegebene Umfrage bestätigt die Dimension dieses Problems:[156] Als mit Abstand größte Herausforderung wird von den Betrieben der Arbeitskräftemangel genannt, wobei drei von fünf der befragten Unternehmen „extreme Schwierigkeiten haben, die gesuchten Mitarbeiter zu finden". 84 % der Unternehmen mit mehr als zehn Mitarbeitern suchen aktuell zusätzliche Fach- und Arbeitskräfte und finden diese häufig nicht, obwohl sie viel in die Ausbildung investieren, über Kollektivvertrag zahlen und attraktive Arbeitsbedingungen bieten. 77 % der Wirtschaftstreibenden sind jederzeit bereit, zusätzliche Lehrlinge auszubilden – aber die Bewerber fehlen. Allein in Oberösterreich kommen auf einen potenziellen Lehrling vier freie Lehrstellen. Und: 79 % der Unternehmen befürchten eine weitere Verschärfung des Fach- und Arbeitskräftemangels, was angesichts der bevorstehenden Pensionierungen bei den Babyboomern eine berechtigte Sorge ist.

Auch die Industriellenvereinigung kommt in einer Befragung ihrer Mitglieder zu einem ähnlichen Ergebnis:

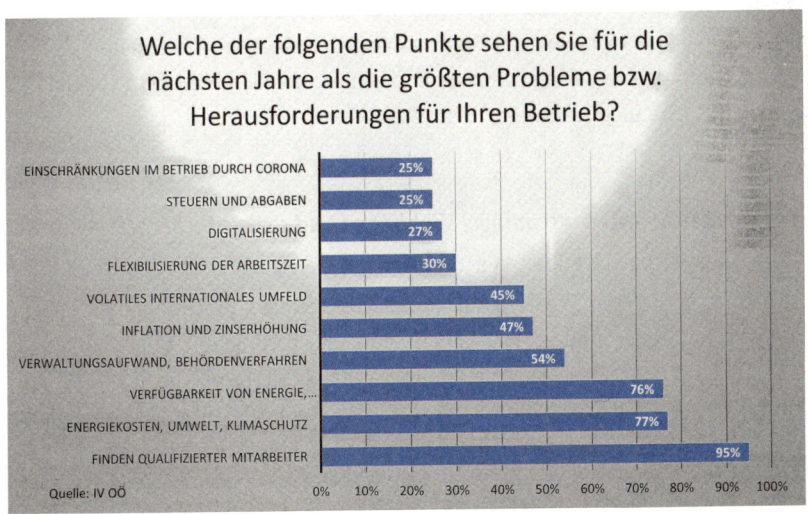

Quelle: Grafik WKOÖ, Daten IV OÖ,
Live-Befragung von rund 200 Firmenchefs der Leitbetriebe Oberösterreichs
im Rahmen der ordentlichen Vollversammlung der IV OÖ am 14.6.2022

### Katastrophale Auswirkungen des Personalmangels auf Betriebe, Mitarbeiter und Kunden

Naturgemäß spüren die Betriebe die negativen Auswirkungen des Arbeitskräftemangels selbst am meisten: Immer öfter müssen Aufträge abgelehnt bzw. storniert werden, was zu entsprechenden Umsatzeinbußen bzw. enttäuschten Kunden führt. Aber auch Qualität, Forschung und Innovation leiden, wenn Fachkräfte fehlen. Dazu kommen – gerade in kleinen und mittleren Familienunternehmen – die Zusatzbelastung für die Selbstständigen und deren Familien sowie der zusätzliche finanzielle Aufwand für die notwendige Mehrarbeit der Belegschaft (Überstunden sind in Österreich besonders teuer) bzw. für die Einstellung von Ersatzarbeitskräften.

Aber auch die „bestehende" Mannschaft gehört zu den Leidtragenden: Die Steigerung der Arbeitsintensität führt erfahrungsgemäß zu einer Arbeitsverdichtung, die ungesunden Stress verursacht, Fehler (und damit mehr Unfälle) nach sich zieht und die Work-Life-Balance empfindlich stört. Die aktive Bekämpfung des Fach- und Arbeitskräftemangels sollte schon allein deswegen auch ein Thema für die Interessensvertreter der Arbeitnehmer werden. Auch die Kunden spüren die Folgen des Personalmangels immer deutlicher: Längere Wartezeiten, höhere Preise oder aufgrund Personalmangels geschlossene Geschäfte und Gasthäuser sind keine Seltenheit mehr.

### Warum der Arbeitskräftemangel Wohlstand und soziale Sicherheit gefährdet

Das dadurch „verschenkte" Wirtschaftswachstum trifft auch den Staat hart: Aus einer geringeren Wirtschaftsleistung und weniger Beschäftigung resultieren weniger Steuer- und Sozialabgaben und damit niedrigere Einnahmen für die öffentliche Hand. Deren Haushalt ist aufgrund hoher krisenbedingter Unterstützungsleistungen, der ungeklärten Finanzierung der Pflege und der anstehenden Kosten zur Bewältigung der digitalen und ökonomischen Transformation ohnehin mehr als angespannt.

Jeder Einzelne wird die Auswirkungen des Fach- und Arbeitskräftemangels immer öfter am eigenen Leib verspüren: So ist die Finanzierung des – gerade in Österreich gut ausgebauten – sozialen Netzes akut gefährdet, zumal die Mittel hierfür fast ausschließlich über den „Faktor Arbeit" aufgebracht werden. Das bedeutet schlechtere Gesundheitsleistungen, niedrigere Pensionen und geringere Leistungen für Familien und sozial Schwache. Inwieweit die Künstliche Intelligenz (KI) das Problem des Fach- und Arbeitskräftemangels entschärfen kann, ist noch offen. Gewisse Branchen wie die IT, Übersetzungsbüros oder Medien könnten durch KI deutlich weniger Personal als derzeit benötigen, wobei aber auch neue Jobs entstehen werden.

„Weniger arbeiten wird zum massiven Problem für das Sozial- und Pensionssystem, zumal die Österreicher im internationalen Vergleich ohnehin schon kurz arbeiten!", sagt die Direktorin von EcoAustria Monika Köppl-Turyna.[157] Eine von vielen, die deutlich zum Ausdruck bringt, dass es ohne persönlichen Einsatz und vermehrte Anstrengung keinen funktionierenden Sozialstaat geben wird. Schärfer formuliert es der Pensionsexperte Bernd Marin: „Es gibt ein Recht auf Faulheit, aber nur auf eigene Kosten!"[158] Mehr und mehr erkennen die Österreicher, dass der grassierende Personalmangel nicht nur ein Problem der Wirtschaft ist, sondern auch sie selbst in den nächsten Jahren massiv betreffen wird.

Auch ausländische Investoren werden reagieren und anderswo ihre Zelte aufschlagen – sind sie doch in der Vergangenheit vor allem wegen der gut ausgebildeten Mitarbeiter nach Österreich gekommen. Daneben braucht es auch für die Bewältigung der Klimawende die richtigen Fachkräfte: 200.000 Green Jobs gibt es derzeit – 2030 werden 100.000 zusätzliche Umweltfachkräfte benötigt werden, die beispielsweise PV-Anlagen montieren und warten, Heizungen austauschen oder Gebäude sanieren. Wirtschaftswachstum aus dem Lehrbuch könnte versäumt und die Energiewende mangels Personals nicht geschafft werden.

## *Glauben Sie denen nicht, die einfache Lösungen haben!*

Niemand hat *die* Lösung für die Bekämpfung des Fach- und Arbeitskräftemangels auf Knopfdruck parat – weil es sie einfach nicht gibt. Es sind viele kleine und größere Stellschrauben, an denen zu drehen sein wird, damit das Problem zumindest entschärft werden kann. Die Jagd nach den besten Köpfen ist eine europa- und weltweite, weshalb wir über die Grenzen blicken und von den Besten lernen müssen. Die Rahmenbedingungen für Beschäftigung – klassisch österreichisch – nur etwas „rundzuerneuern", wird nicht reichen. So braucht es etwa eine umfassende Arbeitsmarktreform abseits der „Social Correctness", die auch mit Tabubrüchen und schmerzhaften Einschnitten einhergehen wird. „Mehr Zuwanderung" und „höhere Produktivität" als relativ schmerzfreie und schnell dahingesagte Lösungsansätze werden den Fach- und Arbeitskräftemangel nicht einmal annäherungsweise ausgleichen können.

Aufschlussreich sind in diesem Zusammenhang die „Rezepte" des durchschnittlichen Österreichers gegen den Arbeitskräftemangel:

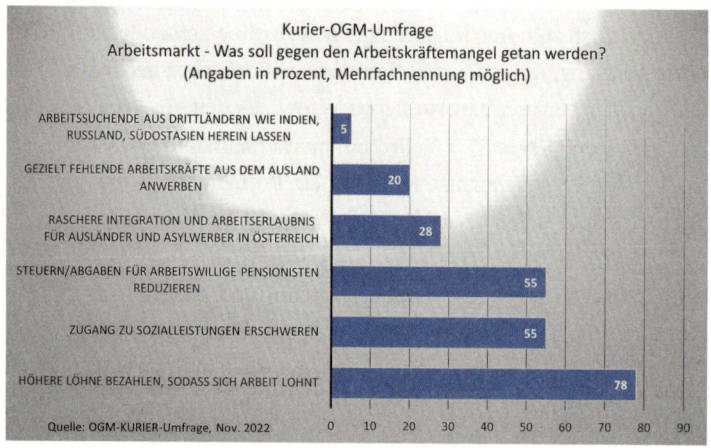

*Quelle: Grafik WKOÖ, Daten OGM-Kurier-Umfrage 8.—10.11.2022*

Mehr „Netto von Brutto" hat eine klare Mehrheit, während man bei ausländischen Arbeitskräften eher auf der Bremse steht. Hingegen greift der Ruf nach höheren Löhnen viel zu kurz, da die fachlichen Qualifikationen weiterhin fehlen. Stattdessen verteuern überproportionale Lohnerhöhungen die Waren und Dienstleistungen und befeuern aufgrund der entstehenden Lohn-Preis-Spirale die ohnehin hohe Inflation. In das gleiche Horn stößt IHS-Chef Holger Bonin, wenn er Lohnzurückhaltung einfordert, um aus der Stagflation herauszukommen.[159]

Nur den Staat in die Verantwortung zu nehmen, greift ebenfalls zu kurz: Arbeitnehmer, Arbeitssuchende und genauso (potenzielle) Arbeitgeber werden sich

## Sozialstaatslüge Nr. 3

mehr als bisher bewegen und anstrengen müssen: Arbeitssuche wird nicht länger ein „Wunschkonzert" bleiben können und mancher Jobsuchende wird erkennen müssen, dass er nicht nur Rechte, sondern auch Pflichten hat. So mangelt es immer wieder an der Mobilität der Arbeitslosen: Ist der neue Arbeitsplatz nicht im Wohnbezirk, wird er schnell einmal als „unzumutbar" abgelehnt. 40 % der Arbeitslosen wohnen in Wien – 85 % der gemeldeten offenen Stellen sind aber in anderen Bundesländern.[160]

Aber auch die Betriebe müssen sich neu erfinden bzw. aufstellen und sich bei der Einstellung neuer Mitarbeiter von bisherigen „Idealvorstellungen" lösen. Die Unternehmen müssen selbst als Arbeitgeber attraktiver werden, statt nur darüber zu klagen, dass der umworbene Facharbeiter leider bei der Konkurrenz anfängt. Den Mitarbeitern geht es heutzutage um Zielklarheit und gelebte Wertschätzung. Gute Arbeitgeber können einen „Arbeitssinn" vermitteln, pflegen eine Feedbackkultur und versuchen, mit dem Mitarbeiter in eine persönliche Beziehung zu treten. Man wird es öfter als bisher „miteinander versuchen" bzw. beiderseits bereit sein müssen, da und dort auch Abstriche zu machen. Von der bisherigen Idealvorstellung – der Bewerber muss jung, männlich, kerngesund, Österreicher und Deutsch sprechend sein – sollten sich Betriebe rasch verabschieden. Für die Sozialpartner ist das Thema wiederum eine gemeinsame Herausforderung, bei der sie ihre Zukunftsfähigkeit unter Beweis stellen können.

Jetzt gilt es, sich auf jene Potenziale zu konzentrieren, die im Land noch verfügbar sind. Denn es gibt erhebliche „Beschäftigungsreserven" in Österreich, die aus verschiedensten Gründen dem Arbeitsmarkt nicht zur Verfügung stehen. Rund 400.000 Menschen – vor allem Frauen, Ältere, Arbeitslose und Personen mit Migrationshintergrund – könnten mit den richtigen Maßnahmen zur Jobaufnahme aktiviert werden.[161]

### „It's the demographics, stupid!"

Die Ursachen für den sich ständig verschärfenden Fach- und Arbeitskräftemangel sind vielfältig und – wie etwa der demografische Wandel – nicht immer unmittelbar beeinflussbar. So wird die Bevölkerung im Erwerbsalter zwischen 15 und 64

Jahren in Österreich bis 2050 auf 47,3 % zurückgehen – im Jahr 2021 lag dieser Anteil noch bei 51,3 %. Hauptgrund für diese Entwicklung ist die vergleichsweise niedrige Fertilitätsrate von 1,48 Kinder pro Frau.[162] Auf der anderen Seite steigt die Anzahl der über 60-Jährigen massiv: Waren 2022 ca. 1,8 Mio. Österreicher über 65, werden es 2040 schon 2,7 Mio. und 2080 knapp 3,1 Mio sein.[163]

Der immer wieder erhobene Vorwurf, dass die Betriebe selbst zu wenig ausbilden, geht gerade in Oberösterreich ins Leere: Im Lehrlingsbundesland Nummer 1 absolvierten im Jahre 2021 22.473 Lehrlinge eine duale Ausbildung. Fast jeder zweite Jugendliche (48 %) setzt somit zumindest in Oberösterreich erfreulicherweise noch immer auf die Lehre und hat damit alle Chancen auf eine erfolgreiche Zukunft.[164]

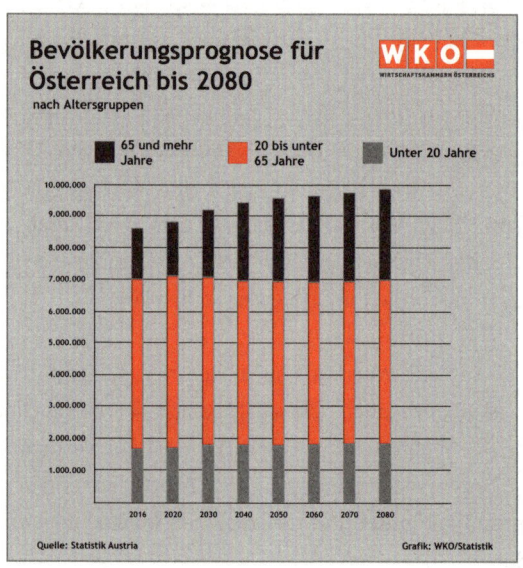

Quelle: WKO Infoblatt: „Bevölkerungsprognose für Österreich bis 2080", Dezember 2018
http://wko.at/statistik/wgraf/2018_47_Bevölkerungsprognose_2080.pdf

Auch wenn die Gesamtbevölkerung bis 2060 aufgrund der Zuwanderung nicht wirklich schrumpfen wird, wird die Anzahl der Erwerbstätigen aufgrund der demografischen Entwicklung voraussichtlich massiv zurückgehen.

Auch haben sich die Werte und Erwartungshaltungen vor allem des beruflichen Nachwuchses geändert – junge Menschen sind bei der Jobsuche wählerisch geworden: Ortsungebunden und flexibel möchte man arbeiten – und der Job muss jedenfalls sinnstiftend sein. Mehr als die Hälfte der unter 35-Jährigen würde eher kündigen, als einer Arbeit nachzugehen, die sie unglücklich macht.[165] Der Arbeitgeber sollte soziale und ökologische Werte pflegen und Diversität und Gleichberechtigung fördern. „Vor allem aber muss die Work-Life-Balance stimmen", fordern die Millennials als klassische Erbengeneration selbstbewusst und liebäugeln ganz offensichtlich mit einer „Life-Life-Balance".

Der Wert „Freizeit" schlägt dabei schon längst „Geld", was auch die Kollektivvertragsparteien bald verinnerlichen sollten. Die entscheidenden Faktoren für die Berufs- und Arbeitgeberwahl sind weich: Agieren auf Augenhöhe, Eingehen auf die persönlichen Bedürfnisse und gelebte Anerkennung für die erbrachte Leistung müssen zu den Basics jedes guten Arbeitgebers gehören und entscheiden letztendlich darüber, welchem Betrieb der Bewerber sein „Jawort" gibt. Die wahren Bewerber sind heute schon längst die Betriebe, die sich rasch auf die veränderten Erwartungshaltungen der Menschen einstellen und ihre Vorzüge als Arbeitgeber herausstellen sollten.

Heute scheint es immer mehr „gute Gründe" zu geben, weniger oder gar nicht mehr zu arbeiten: Der schlichte Wunsch nach mehr Freizeit oder Familienleben, die Raubrittermentalität des Staates, der auf dem Lohnzettel „netto" immer weniger übrig lässt und immer öfter auch die fehlende Bereitschaft, sich anzustrengen und um sieben Uhr aufstehen zu wollen. Natürlich muss man sich „Soft Working" auch leisten können. Ein Wertewandel im Sinne eines bewussten Verzichts auf Auto, Einfamilienhaus, Traumreisen, Familie oder berufliche Anerkennung „erleichtert" manchen offenbar die Reduktion der Arbeitszeit auf das zum Leben notwendige Minimum. Teilzeitbeschäftigung scheint der neue Standard zu sein – und das nicht nur als temporäres Arbeitszeitmodell für Personen mit Betreuungspflichten. Immer mehr Berufseinsteiger, aber auch langjährige Beschäftigte wollen ganz einfach „weniger arbeiten und mehr leben". Sie alle wissen zudem, dass das aktuelle Steuerrecht Teilzeitbeschäftigte bevorzugt und eine doppelt so lange Arbeitszeit leider nicht zweimal so viel Verdienst bringt.[166]

Sozialfall Sozialstaat

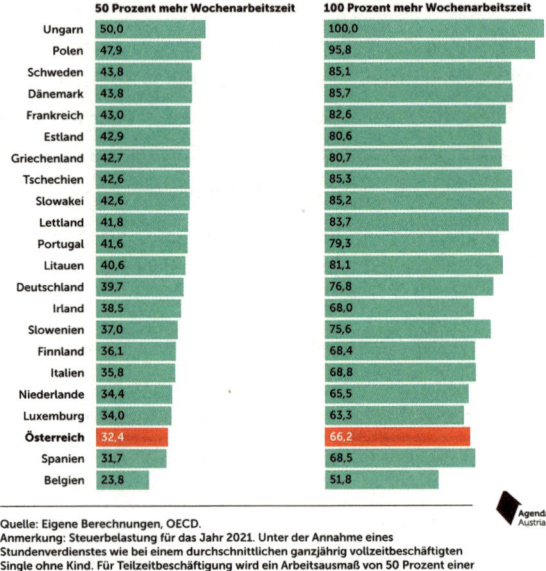

Quelle: Agenda Austria, Grafik „Macht es Sinn, mehr zu arbeiten?"
www.agenda-austria.at/grafiken/warum-menschen-nicht-mehr-arbeiten/

## *Arbeitskräfte – woher nehmen, wenn nicht stehlen?*

Niemand kann neue Fach- und Arbeitskräfte so einfach aus dem Hut zaubern. Im Wesentlichen gibt es zwei Strategien, um den Fach- und Arbeitskräftemangel zumindest zu lindern: Die – etwa bei Frauen, älteren Arbeitnehmern oder Migranten – bestehenden „freien Reserven" können durch optimierte Rahmenbedingungen und konkrete Arbeitsanreize gehoben werden. Gleichzeitig müssen Betriebe und Mitarbeiter effizienter und produktiver werden, was freilich ohne den Gesetzgeber nicht gehen wird: Mehr Netto von Brutto, flexiblere Arbeitszeiten, eine größere Bereitschaft zu Mobilität und ein beschäftigungsfreundlicheres Arbeitsrecht dürfen – neben einer groß angelegten Entbürokratisierung – nicht mehr länger nur Schlagworte bleiben. Dass die regelmäßig abgefeierten „Beschäftigungsrekorde" relativ sind und es bei der Beschäftigung in Österreich noch viel Luft nach oben gibt, zeigt der von WIFO-Chef Gabriel Felbermayr durchgeführte

Vergleich mit der Situation im EU-Ausland.[167] Ganz generell wird die Anzahl der Erwerbstätigen 2028 erstmals die Vier-Millionen-Grenze überschreiten. Haupttreiber ist der Dienstleistungssektor, wobei 63 % der zusätzlichen Beschäftigungsverhältnisse auf Frauen und Teilzeit entfallen.[168]

## *Jetzt erst recht: Arbeitssuchende zu Mitarbeitern machen*

„ArbeitsLos" ist ein hartes Los, in aller Regel unverschuldet und bedeutet viel Leid für die Betroffenen und ihre Familien. Neben der Existenzsicherung ist der optimalen Unterstützung zur raschen Wiederaufnahme einer Beschäftigung alles unterzuordnen. „Fördern und fordern" muss gerade in Zeiten des Fach- und Arbeitskräftemangels die Devise bleiben, wobei Arbeitssuchende, Betriebe und AMS zur erfolgreichen Jobsuche jeweils ihren Teil beizutragen haben. Immer wieder werden – so der Tenor vieler Arbeitgeberbetriebe – zumutbare Jobs grundlos abgelehnt, weil man die persönliche Komfortzone nicht verlassen will. Solange die Aufnahme eines neuen Jobs zu wenig lukrativ und allfällige Sanktionen aus der Portokasse bezahlt werden können, wird sich an dieser Situation nichts ändern.

Die in Österreich vergleichsweise noch immer hohe Anzahl an Langzeitarbeitslosen ist vor allem das logische Ergebnis einer überzogenen sozialen Absicherung, die oft nicht wirklich zur Jobsuche motiviert. Österreich liegt bei den Leistungen für Arbeitslose nach fünf Jahren international auf Platz eins.[169] Insbesondere die Notstandshilfe (immerhin rund 95 % des Arbeitslosengeldes), die – und das ist ein österreichisches Unikum – Jahr für Jahr auf Antrag bis zur Pension bezogen werden kann, dürfte ein besonderes Wiedereingliederungshindernis für viele Langzeitarbeitslose darstellen. Freilich gibt es gerade bei Langzeitarbeitslosen nicht wenige Menschen mit physischen und psychischen Handicaps. Für diese muss es zukünftig Modelle geben, die einen schrittweisen Wiedereinstieg in den Job ermöglichen. Weiters dürfte ein gut gemeinter, aber letztlich kontraproduktiver „Berufsschutz" verhindern, dass Arbeitslose in den besonders erfolgsträchtigen ersten drei Monaten – wie etwa ein gelernter Fotograf in den Fotohandel – in verwandte oder andere Berufe vermittelt werden können. Nur ein „Arbeitslosengeld NEU", das zum Wiedereinstieg motiviert und mehr auf die Versicherungsdauer und damit das Alter der Arbeitslosen Rücksicht nimmt, wird zu zusätzlichen Vermittlungserfolgen führen.

## Arbeitssuchende bestmöglich unterstützen, Sozialakrobaten das Handwerk legen

Bisweilen zahlt es sich in Österreich schlicht und einfach nicht aus, (wieder) arbeiten zu gehen. AMS-Chef Johannes Kopf spricht vornehm von einer „Inaktivitätsfalle" und führt folgendes Beispiel an: Ein Ehepaar mit drei kleinen Kindern kommt mit Mindestsicherung und Familienzuschlägen auf ca. 1.800 Euro im Monat (exklusive zahlreicher anderer Vergünstigungen). So viel würde der Mann nie verdienen, wenn er regulär arbeiten ginge.[170]

Jene, die es sich mit dem Arbeitslosengeld, einer Nebenbeschäftigung (samt Schwarzzahlungen) und ein bisserl Pfusch besonders gemütlich eingerichtet haben, müssen schärfere Sanktionen als bisher erfahren – unabhängig davon, in welchem Bundesland oder Bezirk sie wohnen. Vorstellungstermine zu ignorieren, Bewerbungsgespräche bewusst destruktiv zu führen sowie sich bloß den berühmten „Stempel" abholen zu wollen, sind keine Kavaliersdelikte und daher entsprechend zu ahnden. Warum AMS-Geschäftsstellen die Sanktionspraxis innerhalb eines Bundeslandes oftmals so unterschiedlich handhaben, wissen wahrscheinlich nur diese selbst. Die überregionale Vermittlung muss allgemeiner Standard werden, unabhängig davon, ob die zu besetzende Arbeitsstelle in einem anderen Bezirk oder in einem anderen Bundesland liegt.

Aber auch die Betriebe müssen ihren Teil leisten, Defizite beim Arbeitssuchenden als Herausforderung annehmen und diesen Menschen eine faire „zweite" Chance geben. Einen wertvollen Beitrag dazu kann eine vermehrte Inanspruchnahme der „Arbeitserprobungen" leisten. 58 % der Arbeitssuchenden bleiben danach auf Dauer im Betrieb.[171] Und wenn gar nicht so wenige Unternehmen auf Bewerbungsschreiben nicht einmal antworten, ist auch hier die „Kulturfrage" zu stellen.

Die Arbeit geht uns also keineswegs aus, sondern ist in Hülle und Fülle da. Sonst würden zahlreiche Betriebe nicht händeringend neue Mitarbeiter zu besten Konditionen suchen. Noch nie war der bekannte Satz „Wer wirklich arbeiten will, findet auch eine Arbeit" so wahr und gültig wie heute. Das beweist allein die von Monat zu Monat steigende Anzahl der gemeldeten offenen Stellen, wobei die Dunkelziffer doppelt so hoch sein dürfte.[172]

## Sozialstaatslüge Nr. 3

Dass sich Angebot und Nachfrage am Arbeitsmarkt oft nicht treffen, liegt vor allem daran, dass viele Arbeitslose keine bzw. die „falschen" Qualifikationen haben (fast jeder zweite beim AMS Vorgemerkte verfügt nur über einen Pflichtschulabschluss). Zieht man jene ab, die nicht ausbildungsfähig oder -willig sind (ja, auch die gibt es), bleiben jene übrig, deren Defizite – möglichst an der konkreten vakanten Arbeitsstelle – durch gezielte betriebsinterne Aufqualifizierung behoben werden müssen. Das AMS-Angebot der arbeitsplatznahen Qualifizierung (AQUA) ist daher weiter auszubauen, „Training on the Job" statt „Weiterbildung ins Blaue" muss das neue Motto sein.

Statt in Zeiten wie diesen möglichst umgehend vermittelt zu werden, belegen Arbeitslose noch immer Kurse, die eher unter „Beschäftigungstherapie" einzuordnen sind. Was auch damit zusammenhängen könnte, dass „Arbeitslose in Schulung" die Statistik schönen – denn sie gelten offiziell nicht als „arbeitslos". Auch die fehlende Mobilität mancher Arbeitssuchender verhindert immer wieder mögliche Jobaufnahmen: 15 % der Arbeitslosen könnten sofort einen Job in einem Mangelberuf finden, wenn sie bereit wären, dafür in ein anderes Bundesland zu ziehen. Häufig würde es aber schon genügen, bereit zu sein, auch in andere Bezirke auszupendeln.[173]

### *Vom Fluch der falschen Berufswahl*

Der professionellen Berufsorientierung sollte im Zusammenhang mit der Bekämpfung des Fach- und Arbeitskräftemangels zukünftig eine besondere Bedeutung zukommen. Heute wählen junge Menschen ihren Beruf fast ausschließlich nach „persönlicher Neigung" und sind verwundert, wenn man später – z. B. als Psychologe, Energetiker oder Designer – am Arbeitsmarkt schlechte Chancen vorfindet. Und nach wie vor ist die Berufsentscheidung viel zu oft von den Eltern oder den besten Freunden sowie von einem falschen Prestigedenken bestimmt: Anwalt oder Arzt soll der Sohn/die Tochter unbedingt werden und damit eine Karriere hinlegen, die einem als Vater oder Mutter immer verwehrt blieb.

Wer eine Lehre oder Fachausbildung macht, gilt oft noch immer als „zu dumm für die Schule oder Uni". Auch wer sich für die Selbstständigkeit entscheidet, erntet hierzulande für seine Risikobereitschaft in der Regel wenig Anerkennung. Ein nachweislich falsches Denken, da etwa das Handwerk schon längst wieder den sprichwörtlichen „goldenen Boden" hat und Akademiker in Hinsicht auf das Gehalt gegenüber Facharbeitern und innovativen Jungunternehmern bereits oft das Nachsehen haben. Die vergeigte Berufswahl – jeder Dritte arbeitet nach eigenen Angaben im falschen Job – macht zutiefst unglücklich, kostet den Staat viel Geld, begünstigt ein Burnout und verschärft den Fach- und Arbeitskräftemangel.[174]

### *Bislang weitestgehend unentdeckt – Goldschatz „Silberhaar"*

Der Personalmangel in vielen Betrieben steht in einem direkten Zusammenhang mit dem in Österreich besonders frühen Pensionsantrittsalter. Nur 760.000 der insgesamt 4,3 Mio. Beschäftigten gehören der Altersgruppe 55+ an – das ist einer der schlechtesten Werte im europäischen Vergleich. Besonders deutlich wird die klassisch-österreichische „Pensionitis" im Vergleich zu Deutschland.

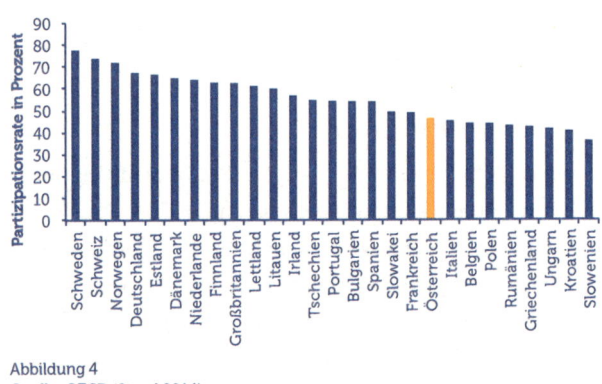

Abbildung 4
Quelle: OECD (Stand 2014).

*Quelle: Agenda Austria-Studie von Michael Christl, Dénes Kucsera und Hanno Lorenz: „Jung, älter, arbeitslos?" Wien, Juni 2015, S. 15*

Das Pensionsantrittsalter hat sich gegenüber den 1970er-Jahren kaum verändert, obwohl die Lebenserwartung massiv gestiegen ist.[175] Die „neuen Alten" – „70 ist

## Sozialstaatslüge Nr. 3

(angeblich) das neue 60" – sind kaufkräftig sowie aufgrund ihrer steigenden Zahl bei Wahlen heftig umworben. Viele von ihnen haben die Möglichkeit genutzt, ab 62 in die Korridorpension zu gehen. Die derzeit mit einem früheren Pensionsantritt vorgesehenen finanziellen Einbußen ändern daran sichtlich nichts. Die offensichtliche Flucht in den – vom Gesetzgeber angebotenen – Ruhestand ist auch nicht vorwerfbar, wenngleich es sich letztlich um „Verträge zulasten Dritter" handelt: Betriebe müssen frühzeitig auf erfahrene Mitarbeiter verzichten, die Belastung des bestehenden Personals steigt und die Sozialversicherung verliert Pensionsbeiträge bei gleichzeitig höheren Pensionsauszahlungen.

Anreize für Arbeitgeber und Arbeitnehmer, das Arbeitsverhältnis zu verlängern und sich dadurch endlich mehr dem gesetzlichen Pensionsantrittsalter anzunähern, fehlen im System fast völlig. Länger als notwendig zu arbeiten, scheint in diesem Land komplett out und nur ein Thema für eine Minderheit zu sein. Hohe Lohn- und Lohnnebenkosten machen ältere Mitarbeiter im europäischen Vergleich dazu besonders teuer.

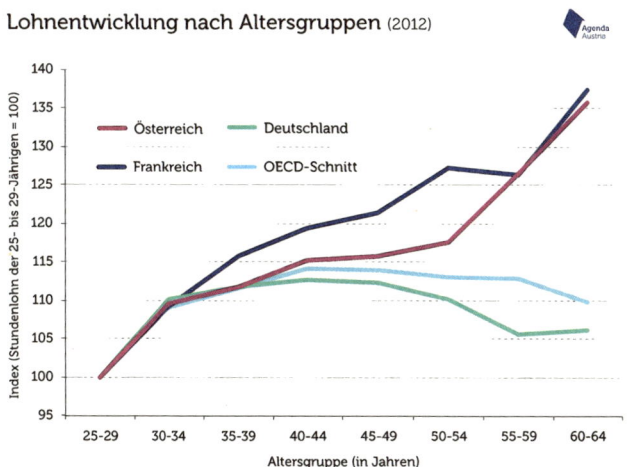

Quelle: OECD Social, Employment and Migration Working Papers, T. Manfredi und A. Saint-Martin (2015)
Anmerkung: Das Diagramm veranschaulicht den Zusammenhang zwischen Alter und Stundenlohn, unter Berücksichtigung von u.a. Geschlecht, Migrationshintergrund, Branchen, Teilzeit und Bildung.

Quelle: Agenda Austria: Onlineartikel
„Warum jüngere Arbeitnehmer mehr verdienen sollten", 1.12.2016
www.agenda-austria.at/juengere-mehr-verdienen-arbeitslosigkeit/

„One Year More" muss das neue Ziel lauten, von dessen Umsetzung nicht nur der Betrieb, sondern auch der Pensionist bzw. der Staat profitieren würden: Das Budget würde massiv entlastet und das Arbeitskräftepotenzial spürbar steigen. Die längere Beschäftigung älterer Arbeitnehmer ist wahrscheinlich der größte Hebel, wenn es um eine wirksame Bekämpfung des Fach- und Arbeitskräftemangels geht – zumal Österreich hier im europäischen Vergleich im Niemandsland liegt.

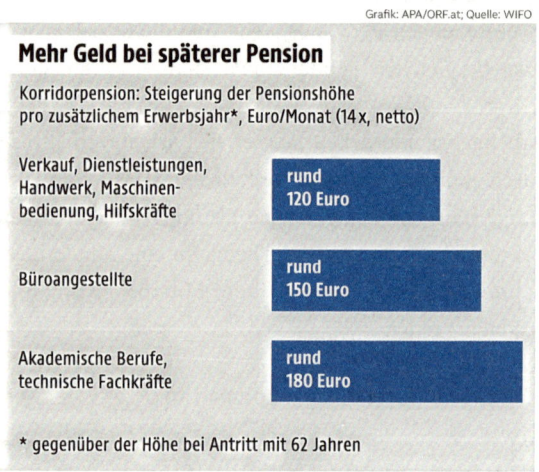

Quelle: ORF.at Onlineartikel „Pension: Was ein Jahr länger arbeiten bringt", 28.11.2022

Jeder zweite Pensionist engagiert sich in der Freiwilligenarbeit, zwei Drittel der Pflegeleistungen werden von pensionierten Frauen erbracht.[176] Wollen Pensionisten aber wieder für das ehemalige Unternehmen tätig werden, wird ihnen das in Österreich oft vergällt: Sie müssen weiter Pensionsversicherungsbeiträge zahlen bzw. ist freiwilliges Weiterarbeiten über das reguläre Pensionsalter hinaus nur wenig lukrativ. Andere Länder haben dieses brachliegende Arbeitspotenzial der älteren Mitarbeiter und Pensionisten schon längst erkannt und nutzen es viel besser als wir.

Die Rolle der „neuen Alten" in unserer Gesellschaft, die im Schnitt dreimal so lange wie ihre Eltern im Ruhestand verbringen werden, muss schleunigst neu definiert werden: Wer in der Pension arbeiten will, soll es zu besten Bedingungen auch können. Der Übergang in die Pension sollte weniger abrupt, sondern fließend erfolgen. Auf die noch rüstigen Senioren warten nach der Erwerbsarbeit – etwa in der Altenpflege oder Kinderbetreuung – neue spannende Aufgaben. Dass sie dafür mehr als genug Zeit und Muße haben, beweist eine aktuelle Sora-Umfrage: Drei Viertel der Befragten haben für ihre Pension keine wirklichen Pläne und damit mehr als genug Zeit für einen fortgesetzten Dienst an Familie und Gesellschaft.[177]

Der längere Verbleib im Arbeitsleben sowie eine zeitweise Erwerbstätigkeit während der Pension kommen auch den Senioren selbst zugute: Die Pensionen werden höher, man wird „gebraucht" und vereinsamt nicht. Auch der „geistige Abbau" verlangsamt sich statistisch gesehen um 50 %, wenn man den Pensionsantritt hinausschiebt.[178] Arbeit kann also auch gesund erhalten. Für die Unternehmen, die natürlich ihrerseits für altersadäquate Rahmenbedingungen und ein Klima der Wertschätzung zu sorgen haben, sind die Älteren ein „Geschenk des Himmels", das aber bislang von manchen noch nicht als solches erkannt wird.

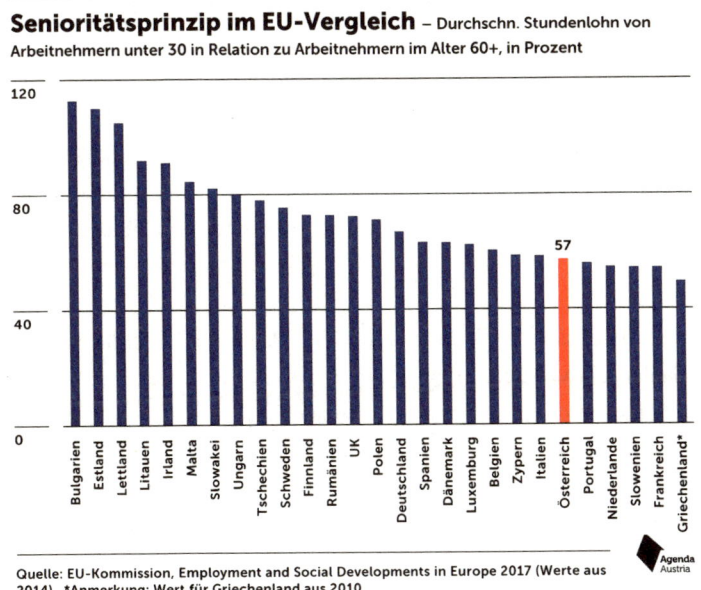

Quelle: Agenda Austria: Onlineartikel „Flachere Lohnkurve statt teures Job-Programm", 2.11.2017

## Sozialfall Sozialstaat

*Ohne Ausländer geht gar nichts mehr – wenn es die „richtigen" sind*
Beinahe jede vierte – das sind aktuell 2,2 Mio. Menschen – in Österreich lebende Person hat Migrationshintergrund. Die meisten „Gastarbeiter" kommen aus Deutschland.[179] Viele Menschen mit nichtösterreichischen Wurzeln gehören schon längst zum unverzichtbaren Stammpersonal österreichischer Betriebe, ohne die etwa beim Bau, in der Gastronomie/Hotellerie oder im Gesundheits- und Pflegebereich nichts mehr ginge. Satte 950.000 Menschen ohne österreichischen Pass sind hierzulande unselbstständig beschäftigt[180] – mittlerweile auch in Positionen mit höherer Verantwortung. Sie gelten als verlässlich und besonders motiviert und sind ein wesentlicher Faktor für unseren Wohlstand und das Funktionieren des Sozialsystems.

Nicht immer gehen wir mit diesen Menschen so um, wie sie es sich eigentlich verdienen. Bei den Aufstiegs- und Karrieremöglichkeiten der Beschäftigten mit Migrationshintergrund liegt Österreich weit hinten.[181] Manche Migranten erledigen – man denke an die „Gurkerlpflücker" oder das Reinigungspersonal – zudem eine Reihe von Arbeiten, für die sich viele Österreicher ganz offensichtlich zu schade sind. Oft sind es drittklassige Jobs, auf die österreichische Arbeitslose offenbar ganz bewusst nicht vermittelt werden, da sie scheinbar nur Ausländern „zumutbar" sind. Allerdings ist es sozial nicht korrekt, das auch laut zu sagen. Wie tüchtig und innovativ Personen mit Migrationshintergrund sein können, zeigt sich etwa im Bereich der Selbstständigkeit, wo sie – mit neuen Arbeitsplätzen – dafür sorgen, dass den Menschen ein breites und buntes Angebot zur Verfügung steht.

Von internationalen Fachkräften profitiert Österreich überdurchschnittlich: Deren Zahl wuchs von 2010 bis 2019 um satte 89 %. 10 % unserer Wirtschaftsleistung entfallen auf diese Arbeitskräfte, und auch die viel kritisierten „seelenlosen internationalen Konzerne" sind ein Segen für Österreichs Wirtschaft: Sie haben in der vergangenen Dekade 1,7 Millionen Arbeitsplätze geschaffen oder gesichert, das sind 26 % aller Jobs. Mehr als 50 % aller Forschungstätigkeiten fallen exakt auf diese Unternehmen.[182] Konzern-Bashing ist zwar modern, aber in Zeiten akuten Fachkräftemangels wenig intelligent.

Dazu kommt, dass die innereuropäische Migration permanent abnimmt, da die Länder Osteuropas dieselben demografischen Probleme haben und auch dort das Lohnniveau steigt. Trotzdem erwecken Arbeitnehmer-Interessenvertretungen bei der Beschäftigung von Ausländern noch immer den Eindruck, auf der Bremse zu stehen – gefangen in der falschen Urangst, diese könnten Österreichern „den Job wegnehmen" bzw. das Lohniveau drücken. Es ist längst überfällig, gut integrierten und fleißig arbeitenden Migranten jene Anerkennung zu geben, die sie verdienen. Wer gut in die Gesellschaft integriert bzw. unbescholten sowie über Jahre erwerbstätig ist und Abgaben leistet, könnte früher als bisher mit der Staatsbürgerschaft bzw. dem Wahlrecht belohnt werden.

## Systemumstellung auf „qualifizierte Zuwanderung" ist alternativlos

Die Ereignisse von 2015 zeigen, dass Österreich zum Thema Zuwanderung keinen wirklichen Plan hat(te) und vor allem arbeitsmarktpolitische Herausforderungen völlig außer Acht gelassen wurden. Viele Immigranten scheinen schlecht qualifiziert, sprechen wenig oder kein Deutsch und dürften vor allem deswegen nach Österreich und Deutschland kommen, weil es hier die attraktivsten Sozialleistungen bzw. besten Lebensbedingungen gibt. Bedauerlicherweise haben wir wenig daraus gelernt, zumal sich die Ereignisse zu wiederholen scheinen.

So sind allein in Oberösterreich noch immer 1.800 Asylberechtigte als arbeitslos vorgemerkt, die jederzeit legal arbeiten dürften.[183] Sie leben vorzugsweise in den Ballungszentren, weil es dort schon „Communitys" gibt, und werden weitestgehend in „Ruhe gelassen". Auch mit den jedes Jahr bewilligten Saisonniers kann erfahrungsgemäß nicht einmal annäherungsweise das Auslangen gefunden werden, zumal der heimische Arbeitsmarkt völlig ausgetrocknet ist. Asylwerbern verwehrt man – mit einigen wenigen Ausnahmen – den Arbeitsmarktzutritt und ausgelernte Asylwerberlehrlinge schiebt man ab. Auch wenn die Rot-Weiß-Rot-Card endlich etwas praxisgerechter geregelt wurde, ist Österreich – anders als etwa Kanada oder Australien – meilenweit vom System einer „qualifizierten Zuwanderung" entfernt.

Es braucht daher einen Paradigmenwechsel: Neben der selbstverständlichen Aufnahme von Flüchtlingen aus humanitären Gründen sollten zukünftig nur mehr jene Menschen nach Österreich einwandern dürfen, die aufgrund ihrer Qualifikation am inländischen Arbeitsmarkt tatsächlich gebraucht werden. Dazu muss natürlich vorher das Asylrecht angepasst werden. Das ist keineswegs unsozial, sondern ein fairer Deal, da diese Menschen dann ein eigenes Einkommen beziehen, selbstbestimmt leben und sich dadurch wirklich integrieren können. Auch WIFO-Chef Gabriel Felbermayr empfiehlt, „sich zukünftig viel genauer anzusehen, wer da zu uns kommt".[184] Gleichzeitig würde sich so der Fach- und Arbeitskräftemangel im Aufnahmeland reduzieren, wobei das noch freie inländische Potenzial stets prioritär zu nutzen ist.

## Was Frauen wirklich wollen bzw. brauchen

Frauen werden – völlig zu Recht – als das eigentliche Rückgrat der österreichischen Wirtschaft bezeichnet: 72,3 % sind außer Haus erwerbstätig, womit Österreich im europäischen Mittelfeld liegt. Beinahe jede zweite berufstätige Frau arbeitet Teilzeit, weil sich Familie und Beruf oft nicht anders vereinbaren lassen.[185] Daneben leisten viele Frauen unbezahlte Arbeit – etwa in der Kindererziehung, bei der Pflege von Familienangehörigen oder im Ehrenamt. 47,7 % der oberösterreichischen Unternehmen werden mittlerweile von Frauen geführt und auch in den Tausenden Familienbetrieben, die besonders für nachhaltiges Wirtschaften stehen, erfüllen sie zentrale Aufgaben.[186]

Frauen, die arbeiten oder aber ihre Stunden aufstocken wollen, erhalten jedoch noch immer nicht jene Unterstützung, die sie brauchen. Beim Thema Kinderbetreuung hat sich viel Positives getan bzw. konnten Fortschritte erzielt werden: 94,1 % der Drei- bis Fünfjährigen werden mittlerweile in Kindergärten betreut. Trotzdem lassen sich in jedem zweiten Fall die Öffnungszeiten der Kinderbetreuungseinrichtungen mit einer Vollzeitbeschäftigung nicht vereinbaren.[187] Die notwendige Ausweitung des Angebots wird aber schwierig, da bereits 2030 in den Kindergärten 13.700 Fachkräfte fehlen werden, obwohl die Kindergärten heute sechsmal so viele Mitarbeiter wie 1970 haben.[188] Ebenso gibt es zu wenige Ganztagschulen mit passgenauen Angeboten für die jeweilige familiäre Situation.

Sozialstaatslüge Nr. 3

Frauen sehen sich im Arbeitsleben gleich mit mehreren Herausforderungen konfrontiert. Nach wie vor sind sie vorzugsweise in Berufen tätig, die tendenziell niedriger entlohnt werden. Ein Job im gut bezahlten Technikbereich ist noch immer eher die Ausnahme, wobei in den letzten Jahren – etwa durch die Aktion „Mädchen in die Technik" – Fortschritte erzielt werden konnten. Die – karenz- oder pflegebedingte – Unterbrechung der Erwerbsbiografie von Frauen führt dazu, dass diese weniger verdienen bzw. seltener in Führungspositionen tätig sind. Aber auch hier stimmt die Richtung, wie der Anteil von Frauen in den Aufsichts- und Verwaltungsräten in den großen börsennotierten Unternehmen zeigt:

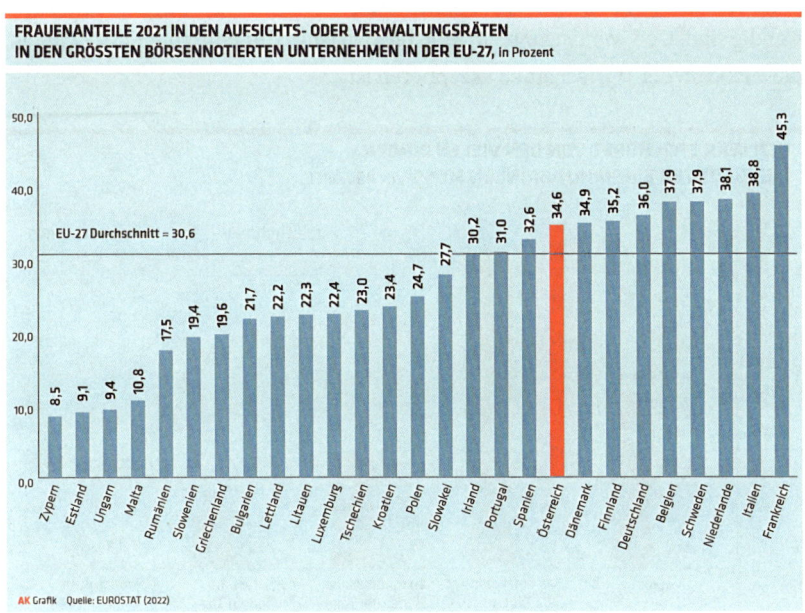

Quelle: AK: Informationsblatt 46/2022
„Frauenmonitor 2022. Arbeiterkammer OÖ. Die Lage der Frauen in Oberösterreich",
November 2022, S. 23

Auch wenn eine Erhöhung der Frauenbeschäftigungsquote bzw. eine Verlängerung der Arbeitszeit in Zeiten des Fach- und Arbeitskräftemangels wünschenswert ist, sollte nicht vergessen werden, dass schon jetzt viele Frauen unter einer Mehrfachbelastung leiden und besonders unter Druck stehen. Es gibt offenbar natürliche Grenzen der Vereinbarkeit von Familie und Beruf – ignoriert man diese, geht dies vor allem zulasten der Frauen und Mütter und auch der Kinder. „Eltern leisten einen Dienst an der Gesellschaft, weshalb Care-Arbeit bezahlt gehört. Kinder sind kein Hobby, sondern sichern den Fortbestand der Menschheit. Elternschaft und Vollzeit sind praktisch nicht vereinbar, jedenfalls nicht für beide Elternteile", sagt Mari Lang, die sich als Journalistin intensiv mit Vereinbarkeitsfragen auseinandergesetzt hat.[189] In letzter Konsequenz müssen die Familien frei entscheiden können, was für sie bzw. ihre Kinder in einer bestimmten Lebenslage das jeweils Beste ist. Alle gut gemeinten Angebote müssen daher freiwillig sein, da die Lebensumstände jeder Frau unterschiedlich und individuelle Lösungen notwendig sind. Und wer länger beim Kind bleiben will, trifft eine gute Entscheidung, die auch von der Wirtschaft zu akzeptieren ist.

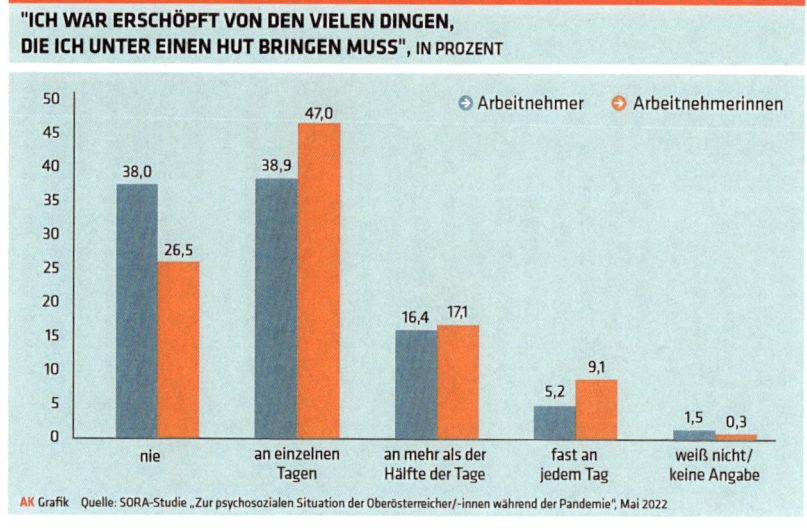

Quelle: AK: Informationsblatt 46/2022
„Frauenmonitor 2022. Arbeiterkammer OÖ. Die Lage der Frauen in Oberösterreich",
November 2022, S. 47

Die Erfahrung zeigt, dass flexiblere Arbeitszeiten, d. h. individuelle Arbeitszeitmodelle, die unbürokratisch auf Betriebsebene vereinbart werden können, von Frauen und Müttern besonders geschätzt werden. Da die letzte Arbeitszeitnovelle trotz aller Unkenrufe eine Win-win-Situation für alle Betroffenen brachte, sollte einer weiteren Etappe einer Arbeitszeitflexibilisierung eigentlich nichts im Wege stehen.

## *Österreich in der Teilzeitfalle?*

Der stete Beschäftigungszuwachs in Österreich ist vor allem auf die Zunahme von Teilzeitbeschäftigung zurückzuführen: 50,7 % der Frauen und 12,6 % der Männer arbeiten in Österreich Teilzeit. In der EU gingen durchschnittlich rund 18,6 % der Erwerbstätigen einer Teilzeitbeschäftigung nach.[190]

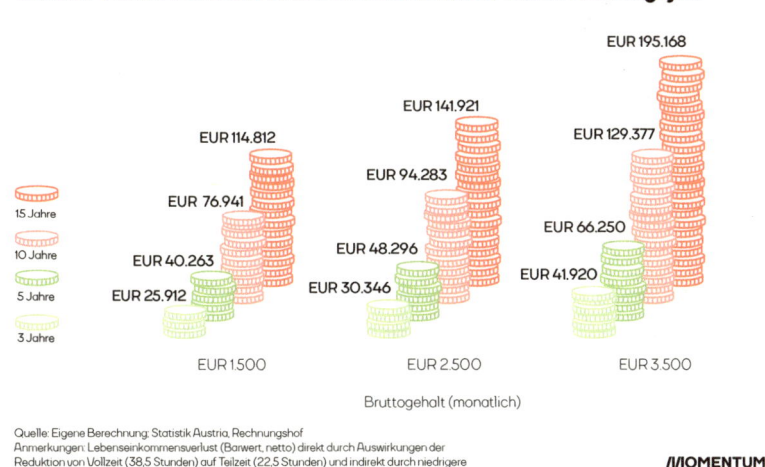

*Quelle: Momentum Institut: Grafik „Teilzeit-Falle: Verlorenes Lebenseinkommen durch Halbtagsjob"*
*www.momentum-institut.at/grafik/teilzeitfalle-auswirkungen-auf-lebenseinkommen*

Hauptgrund, aber keineswegs alleinige Ursache für den Teilzeitboom sind nach wie vor Betreuungspflichten – immer öfter ist Teilzeit aber „freiwillig", was vor allem für Besserverdienende gilt:

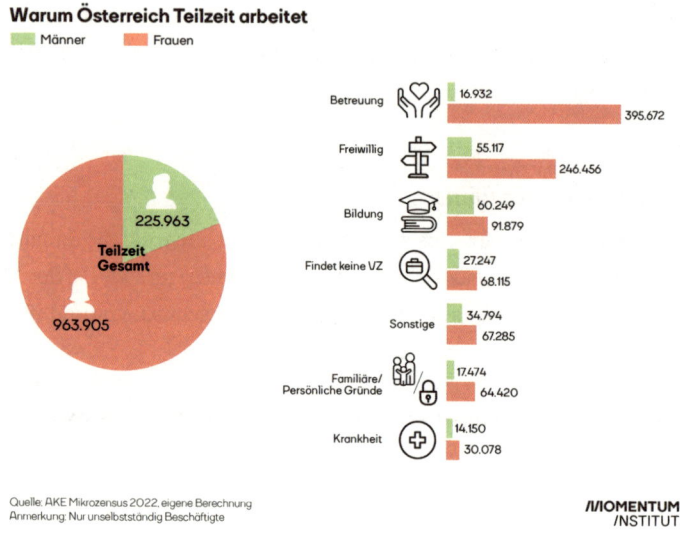

Quelle: Momentum Institut: Onlineartikel
*„Arbeitszeitreport: Arbeitszeit in der Verteilungsanalyse", 9.3.2023*
www.momentum-institut.at/news/arbeitszeitreport-2023

Teilzeitbeschäftigung wegen Kinderbetreuung dauert in Österreich besonders lange: Im Europavergleich liegt man auf Platz zwei, auch wenn das Stundenmaß ansteigt, je älter das Kind ist. Aber selbst bei einem Ausbau der Betreuungsmöglichkeiten würden neun von zehn Frauen mit Kindern unter 15 Jahren nicht auf eine Vollzeitstelle wechseln wollen.[191] Der nachvollziehbare Wunsch nach mehr Selbstbetreuung der Kinder sollte jedenfalls mitgedacht werden, wenn man – wie von vielen gefordert – die außerhäusliche Kinderbetreuung kräftig ausbauen will.

Würde in Oberösterreich jeder Teilzeitbeschäftigte nur eine Stunde länger arbeiten, würden auf einen Schlag 26.000 zusätzliche Vollzeitäquivalente entstehen.[192] Ein Hauptgrund, warum Arbeitnehmer ihre Arbeitszeit nicht erhöhen, ist das leistungsfeindliche Steuersystem: Zu viel des zusätzlichen Verdienstes bleibt – etwa bei einer Aufstockung von 20 auf 30 Stunden – beim Finanzminister hängen bzw. geht der „Mehrverdienst" häufig für die zusätzlich notwendige Kinderbetreuung drauf. Immer öfter entscheiden sich Menschen, die es sich leisten können, dazu, ihre Lebensqualität durch eine bewusste Reduktion der Arbeitszeit zu erhöhen.

Sozialstaatslüge Nr. 3

So arbeiten nur noch 51,5 % aller unselbstständig Beschäftigten aus den verschiedensten Gründen ganzjährig Vollzeit, weshalb Vollzeitarbeit durch eine gezielte Senkung der Abgaben attraktiver werden muss.[193]

Wer über Teilzeitbeschäftigung diskutiert, sollte auch darüber nachdenken, ob die in Österreich überaus beliebte „geringfügige Beschäftigung" nicht ebenfalls Mehrarbeit verhindert. Eine generelle Staffelung der Sozialversicherungsbeiträge würde dazu führen, dass die Beitragspflicht bei einem Euro Mehrverdienst über der Geringfügigkeitsgrenze nicht sofort zu 100 % entsteht.

## Und was ist mit den Jungen?

Die Jugendarbeitslosigkeit ist in Österreich im europäischen Vergleich erfreulich niedrig – mit ein Verdienst des konkurrenzlosen Systems der dualen Ausbildung, um das uns die ganze Welt beneidet.

Quelle: WKO Infoblatt: „Arbeitslose Jugendliche in der EU 27", Juni 2021

Dennoch gibt es immer mehr Jugendliche, die – zumeist im Hotel Mama wohnhaft – weder als beschäftigt oder in Ausbildung noch als arbeitslos gemeldet sind. Gleichzeitig steigt die Anzahl jener, die nicht ordentlich lesen, schreiben, rechnen und grüßen können, wie viele Dienstgeber unisono beklagen. Bummelstudenten und Dauerjobwechsler (mit gut getimten Phasen der Arbeitslosigkeit) runden das unerfreuliche Bild ab. Dazu kommt die steigende Anzahl Jugendlicher mit psychischen Problemen und daraus resultierenden Verhaltensauffälligkeiten, die sie trotz akuten Arbeitskräftemangels am Arbeitsmarkt schwer vermittelbar machen. „Junge Menschen und Berufsanfänger in permanenter Online-Umgebung verpassen wichtige Fähigkeiten für Verhalten, Zusammenarbeit und Vernetzung", weiß Helen Hughes, Professorin an der Leeds University Business School.[194]

Aber auch der Arbeitsethos ist ein anderer geworden: Gerade bei der jüngeren Generation steigt die Bedeutung der Freizeit. Der Wunsch nach einer 30-Stunden-Woche ist bei Bewerbungsgesprächen immer öfter zu hören. „Die eigene Freizeit zu idealisieren und die Arbeit zu diskriminieren, ist äußerst problematisch. Man kann in seinem Job nur besser werden, wenn man möglichst viel arbeitet", meint der Bildungsexperte Andreas Salcher dazu.[195] Auch Homeoffice ist mittlerweile ein „Must", wobei zwei von drei Beschäftigten rein technisch gar nicht von zu Hause aus arbeiten können. Auch stellt sich beim Homeoffice die – sozial natürlich nicht korrekte – Frage, ob diese für manche nicht auch ein Instrument zur „individuellen Verkürzung" der Arbeitszeit ist.

Zwei Drittel der unter 30-Jährigen plädieren – mit dem Hauptmotiv „mehr Freizeit" – für eine Vier-Tage-Woche (bei unveränderter Gesamtarbeitszeit).[196] Der Vier-Tage-Woche werden dabei Wunderdinge zugeschrieben: ein Tag länger frei, kürzere Arbeitszeiten, voller Lohnausgleich, trotzdem eine höhere Produktivität und weniger Krankenstände (sagt eine britische Studie, aber anscheinend nur diese). Wer die Vier-Tage-Woche will, darf am freien Freitag nicht staunen, wenn die frequentierten Geschäfte – wegen der Vier-Tage-Woche – geschlossen sind. Experten – wie etwa AMS-Chef Johannes Kopf – zeigen sich skeptisch, zumal „etwa ein Taxi nicht schneller fahren und den verlorenen Tag so hereinholen kann". Die so beliebte Mär vom „weniger Arbeiten und gleich viel oder mehr vom Arbeitgeber bzw. Sozialsystem bekommen" treibt bisweilen seltsame Blüten.

## Sozialstaatslüge Nr. 3

Aufstiegschancen und Karrieremöglichkeiten spielen für viele Junge oft nur noch eine untergeordnete Rolle. Werte wie „Betriebstreue" werden zum Minderheitenprogramm, da man „mehr von der (Arbeits-)Welt sehen will". Mehr denn je scheint eine Beschäftigung im öffentlichen Dienst der Traum vieler junger Menschen zu sein: Bietet er doch Sicherheit, gute Bezahlung und offenbar die gewünschte Work-Life-Balance.

Von falschen Berufsentscheidungen mit den entsprechenden Folgen war bereits an anderer Stelle die Rede. Letztlich ist es die Mühe wert, um jeden jungen Menschen zu kämpfen und ihm durch eine passende Beschäftigung eine Zukunftsperspektive zu geben. Es macht Hoffnung, dass immer wieder Unternehmen davon berichten, dass sich „schwierige Jugendliche" zu tollen Mitarbeitern entwickelt haben. Wie die Erfahrung zeigt, ist hier eine individuelle Betreuung das Um und Auf, die zwar nicht billig, aber oft erfolgreich ist. Gleichzeitig muss der Druck auf die vielen NEETs („Not in Education, Employment or Training") steigen, die zwar auf die Leistungen des Sozialstaates bei Bedarf gerne zurückgreifen, aber selbst jede Erwerbsarbeit verweigern.

*So wird Beschäftigung angekurbelt, Wohlstand und soziale Sicherheit gefestigt und Arbeitslosigkeit reduziert:*

- **Langzeitarbeitslosigkeit an der Wurzel bekämpfen**
Neben der Einführung eines „Arbeitslosengeldes NEU", das auch die unbeschränkte Notstandshilfe ablösen sollte, könnte die von der WKOÖ entwickelte „Wiedereingliederungsteilzeit für Langzeitarbeitslose" große Fortschritte bringen: Entsprechend dem persönlichen Leistungsvermögen würden Langzeitarbeitslose anfangs z. B. nur 20 Stunden arbeiten, die der Betrieb zu entlohnen hat. Das AMS gewährt gleichzeitig ein Wiedereingliederungsgeld, sodass das Einkommen rund 80 % eines Vollzeitjobs beträgt. Das rechnet sich auch für die öffentliche Hand und jene Betriebe, die insbesondere Hilfs- und Anlernkräfte suchen.[197]

- **Frauen entlasten und ihnen damit das gewünschte Ausmaß an Erwerbsarbeit ermöglichen**
Kinderbetreuungsmöglichkeiten sind bedarfsgerecht auszubauen, was vor allem weniger Schließtage und längere Öffnungszeiten bedeutet. Gleiches gilt für die Betreuungsmöglichkeit von Kindern unter drei Jahren: Wo diese gewünscht wird, muss es auch ein entsprechendes Angebot geben. Wer während der Karenz mehr arbeiten will, sollte dies auch tun können: Dafür sind die „Zuverdienstgrenzen" anzuheben bzw. die Möglichkeit, über der Geringfügigkeitsgrenze zu arbeiten, auszubauen. Die von den Betrieben und den betroffenen Mitarbeitern schon jetzt massiv genutzte Möglichkeit, je nach persönlicher Lebensphase flexibel arbeiten zu können, ist nach dem Vorbild anderer Länder auf betrieblicher Ebene zu forcieren. Durch „mehr Netto von Brutto" muss es für Teilzeitbeschäftigte attraktiver werden, das Stundenausmaß in Richtung Vollzeit zu erhöhen.

- **Ältere länger in Beschäftigung halten und arbeitswillige Pensionisten nicht weiter schikanieren**
Durch eine sukzessive Anhebung des Antrittsalters für die Korridorpension nach deutschem Vorbild sowie eine Erhöhung der Abschläge auf 6 % kann das in Österreich besonders niedrige faktische Pensionsantrittsalter effektiv erhöht werden. Gleichzeitig sind die Lohnnebenkosten für Personen 55+ und deren Arbeitgeber radikal zu senken, was diese leistbarer macht bzw. „mehr Netto von Brutto" beschert. Arbeitswilligen Pensionisten darf ein freiwilliges Weiterarbeiten nicht durch weiterlaufende Pensionsbeiträge madig gemacht werden. Wer nach Erreichen der Pension weiterarbeitet, sollte daher – wie auch sein Arbeitgeber – z. B. nur noch die halben Abgaben leisten müssen oder einen „Pensionistenfreibetrag" erhalten.

- **Arbeitssuchende durch echte Arbeitsanreize und Eliminierung von „Beschäftigungsbremsen" rasch in neue Jobs bringen**
Ein gestaffeltes Arbeitslosengeld, das zu Beginn höher, nach einer gewissen Zeit niedriger, aber unterm Strich gleich hoch ist, erhöht – in Verbindung mit der Abschaffung der derzeit möglichen Nebenjobs – die Differenz

zu einem am Markt erzielbaren Einkommen. Dann zahlt es sich für viele wieder aus, in einen regulären Job zu wechseln. Gut gemeinte Erhöhungen des Arbeitslosengeldes sind hingegen kontraproduktiv und verfestigen die Arbeitslosigkeit, wobei eine Valorisierung des Arbeitslosengeldes aufgrund der hohen Inflation geboten ist. Die bewährte Arbeitserprobung sollte auf vier Wochen verlängert werden bzw. für Langzeitarbeitslose und gering Qualifizierte verpflichtend sein.

Der Berufsschutz für unter 30-Jährige ist nach Schweizer Vorbild zu streichen, der Entgeltschutz von 120 auf 100 Tage zu verkürzen. Die Eliminierung der Blockvariante bei der Altersteilzeit ist zu begrüßen. Konsequente Sanktionen bei grundloser Arbeitsverweigerung sowie eine Steigerung der in Österreich traditionellen niedrigen Mobilität – in Tiroler Tourismusbetrieben findet man Hunderte Mitarbeiter aus Norddeutschland, aber kaum welche aus Wien – wie die Anhebung der zumutbaren Wegzeit auf drei Stunden (hin und zurück) würden ebenso einen wirksamen Beitrag zur Bekämpfung der Arbeitslosigkeit bzw. des Fach- und Arbeitskräftemangels leisten.

Durch eine „Early Intervention" ist der Zeitraum zwischen der Arbeitslosigkeit und einem Jobantritt kürzer als bisher zu halten. Die Beendigung von Dienstverhältnissen wäre dem AMS sofort zu melden, damit dieses unverzüglich mit der Jobsuche beginnen kann. Das AMS könnte mit Speed Recruiting, Online-Jobbörsen und einer höheren Eingliederungsbeihilfe noch dynamischer agieren. Ganz nach dem Motto: statt Arbeitslosigkeit besser Jobaufnahmen finanzieren.

- **Asylberechtigte fordern und Grundstein für qualifizierte Zuwanderung legen**
Ausländische Fachkräfte, aber auch Asylwerberlehrlinge müssen unbürokratisch eine Zukunftsperspektive in Österreichs Betrieben bekommen. Die Rot-Weiß-Rot-Karte muss auch für Lehrlinge 18+ aus Drittstaaten bzw. für Fachkräfte mit niedrigeren Qualifikationen geöffnet werden.

Eine neue „Chancenkarte" soll qualifizierte Personen aus Drittstaaten ohne Arbeitsvertrag die Möglichkeit einräumen, sich bei österreichischen Betrieben aktiv zu bewerben. Das gilt umso mehr, als Österreich für qualifizierte Zuwanderer schon längst nicht mehr die erste Adresse ist.

Asylberechtigte sind durch ein engmaschiges Betreuungsnetz wie z. B. verpflichtende Jobbörsen sowie obligatorische Crash-Kurse in Deutsch konsequent zu aktivieren – 40 % der offenen Stellen sind Hilfs- und Anlernjobs, für die aus dieser Gruppe einfach mehr Bewerber rekrutiert werden müssen. Asylwerber, die eine hohe Bleibewahrscheinlichkeit haben, sind von Anfang an zu schulen und damit auf eine Jobaufnahme vorzubereiten.

■ **Arbeits- und Sozialrecht beschäftigungsfreundlicher gestalten**
Sämtliche arbeitsrechtliche Bestimmungen sind darauf zu prüfen, inwieweit sie die Begründung eines Dienstverhältnisses erschweren oder erleichtern. Auch sollten etwa Überstunden steuerlich mehr begünstigt und damit freiwillige Mehrarbeit belohnt werden. Sozialrechtliche Schutzbestimmungen müssen im Unternehmen lebbar sein, einer zeitgemäßen Interessensabwägung standhalten, keine Widersprüche aufweisen und eine vernünftige Kosten-Nutzen-Relation haben. Erst dann werden wieder mehr Menschen bereit sein, Arbeitsplätze zu schaffen und damit das Gemeinwohl zu sichern.

■ **Faktor Arbeit entlasten**
„Mehr und nicht weniger arbeiten" muss die Devise angesichts des Arbeitskräftemangels sein. Das ist wenig populär, wider den Zeitgeist, aber der einzige Weg, um insbesondere gegenüber Asien konkurrenzfähig zu bleiben. Zu diesem Zweck sind entsprechende Anreize zu setzen, indem etwa die Lohnnebenkosten für Arbeitgeber und -nehmer spürbar reduziert werden. Das Problem in Österreich sind nicht die Brutto- sondern die Nettolöhne.

## Sozialstaatslüge Nr. 3

- **Das Potenzial von Menschen mit Behinderung besser nutzen**
Jeder vierte Oberösterreicher lebt mit einer mehr oder weniger schweren Behinderung. Personen mit Handicaps leisten Großartiges, so sie im Unternehmen am richtigen Platz eingesetzt werden und alle Beteiligten ihren Teil zu einem konstruktiven Miteinander beitragen. Wie es gehen könnte, zeigt der Verein „Integratio": Seit 2003 konnten mehr als 1.200 beeinträchtigte Menschen auf den ersten Arbeitsmarkt vermittelt bzw. bestehende Dienstverhältnisse abgesichert werden.[198]

- **Bezahlte Fehlzeiten minimieren**
Durch eine optimierte Betriebsorganisation, ein neues Krankenstandsmanagement bzw. eine Anpassung der Entgeltfortzahlungs-Regeln (Beteiligung der Arbeitnehmer bei Freizeitunfällen) können die Nettoarbeitszeit erhöht und unnötige Leerläufe vermieden werden. Bildungskarenz und -teilzeit sollten Qualifikationen vermitteln, die im konkreten Job gebraucht werden.

# 4

# Sozialstaatslüge Nr. 4:
# „Es wird in Österreich sozial immer kälter."

*Noch nie ging es uns so gut wie heute*
Jammern auf hohem Niveau ist eine Spezialdisziplin von uns Österreichern, insbesondere wenn es um den Bereich der sozialen Sicherheit geht. Die Armut nehme massiv zu, die Arbeitsbedingungen in den Betrieben seien fürchterlich, jeder zweite Pensionist nage (bald) am Hungertuch und die angeblich „prekären" Jobs wie Teilzeitbeschäftigung oder befristete Dienstverhältnisse würden immer mehr. Es entsteht der Eindruck, dass fast die gesamte Bevölkerung bedürftig und das soziale Elend in diesem Land groß ist. Und das in einem Land, das einen freien Zugang zu Bildung und Medizin ermöglicht, eine der europaweit höchsten Familien- und Pensionsleistungen hat und flächendeckende Kollektivvertrags-Mindestlöhne ein gutes Leben ermöglichen. Ganz zu schweigen von jenen Leistungen wie dem Arbeitslosengeld oder der Mindestsicherung, die ein Abrutschen in die Armut verhindern.

Der von bestimmten Kreisen so gern gepflegte „Mythos vom Sozialabbau" gehört zu Österreich wie der Kaiserschmarrn, wird aber durch ständiges Wiederholen nicht richtiger. In Wirklichkeit geht es uns so gut wie keiner Generation vor uns. Daran können auch Corona-Pandemie, Ukraine-Krieg und Teuerungswelle nicht wirklich etwas ändern – auch wenn die Sicherheit von früher verloren gegangen ist und gerade Einkommensschwache gegenwärtig besonders gefordert sind. Was den Verdacht nahelegt, dass die professionellen „Klageweiber" ein politisches Geschäft betreiben: mit der Absicht, Unzufriedenheit und Anspruchsdenken zu schüren, den „totalen Sozialstaat" auszurufen und möglichst viele in eine ungesunde Abhängigkeit von diesem zu bringen.

## Sozialstaatslüge Nr. 4

Wer in Österreich wegen sozialer Kälte friert, war noch nie in einem wirklich kalten und unwirtlichen Land, wo man soziale Standards wie hierzulande nur vom Hörensagen kennt. Er dürfte zudem ein gestörtes Temperaturempfinden haben und sollte am besten rasch einen Arzt aufsuchen. Die soziale Wirklichkeit in einem der reichsten Länder der Welt ist nämlich eine ganz andere: Noch 1980 musste man für einen durchschnittlichen Supermarkteinkauf doppelt so lange arbeiten wie heute. Für ein Kilogramm Schweinefleisch hatte man damals durchschnittlich fast 1,5 Stunden zu werken – heute sind es 38 Minuten. Für einen Liter Vollmilch oder ein Kilogramm Mehl mühen wir uns heute nur mehr halb so lange ab wie vor 40 Jahren. Teurer wurden nur die Arbeitsstunden eines Kfz-Mechanikers oder Installateurs.[199] Die Kaufkraft – im Sinne des in privaten Haushalten verfügbaren Einkommens für Konsumzwecke – ist ein aussagekräftiger Wohlstandsindikator. Österreich liegt hier im europäischen Vergleich gut:

### Kaufkraftranking Europa (Top 10)

| Ranking 2022 (Vorjahr) | Staat | Einwohner | Kaufkraft 2022 pro Einwohner in € | Kaufkraftindex Europa* |
|---|---|---|---|---|
| 1 (1) | Liechtenstein | 39.055 | 66.204 | 405,1 |
| 2 (2) | Schweiz | 8.670.300 | 41.758 | 255,5 |
| 3 (3) | Luxemburg | 645.397 | 37.015 | 226,5 |
| 4 (5) | Norwegen | 5.425.270 | 33.959 | 207,8 |
| 5 (4) | Island | 376.248 | 31.191 | 190,8 |
| 6 (6) | Dänemark | 5.873.420 | 30.850 | 188,8 |
| 7 (10) | Vereinigtes Königreich | 66.980.572 | 26.061 | 159,5 |
| 8 (8) | Deutschland | 83.155.031 | 24.807 | 151,8 |
| 9 (7) | Österreich | 8.932.664 | 24.759 | 151,5 |
| 10 (12) | Irland | 5.123.536 | 24.052 | 147,2 |
| | Europa gesamt | 677.423.287 | 16.344 | 100,0 |

Quelle: © GfK Kaufkraft Europa 2022   * Index je Einwohner: Europadurchschnitt = 100
Wechselkurse der Nicht-Euro-Länder: Prognose der Europäischen Kommission für 2022 zum 16.05.2022

*Quelle: Growth from Knowledge: Pressemitteilung*
*„Die Kaufkraft der Europäer beträgt 2022 im Schnitt 16.344 Euro", 25.10.2022, S. 2*

Neun von zehn Österreicher haben ein Einkommen, das immerhin regelmäßiges Sparen ermöglicht.[200] Das Geldvermögen der privaten Haushalte ist 2020 um 5,3 % gestiegen bzw. beträgt das Netto-pro-Kopf-Vermögen durchschnittlich 67.930 Euro, womit Österreich weltweit auf dem guten 19. Platz liegt.[201] Der Kapitalmarkt ist schon längst kein Elitenprogramm mehr: Bis zu einem Einkommen von 3.000 Euro halten mittlerweile 1,3 Mio. Menschen in Österreich Wertpapiere

– das ist jeder vierte Österreicher ab 16 Jahren, wobei weitere 20 % an einem Kauf interessiert sind.[202] Die Bildungschancen haben sich in den letzten Jahrzehnten massiv verbessert, was die Teilhabe am Wohlstand weiter erhöht hat. Von den sozialstaatlichen Leistungen ganz zu schweigen: Wer in Österreich krank, arbeitslos oder alt ist, muss sich definitiv keine großen Sorgen machen. Der Staat verteilt einen Gutteil seiner Einnahmen – 2022 waren es sogar 105,2 Mrd. Euro – in Form von Zuschüssen, Sozialleistungen und Entlastungen großzügig an seine Untertanen. Besonders ergiebig gestaltete sich das aktuelle Steueraufkommen bei der Wirtschaft: Allein bei der Körperschaftssteuer waren es +45,2 %![203]

Statt 49 Stunden in der Woche wie im Jahr 1955 arbeiten wir heute nur mehr 40 Stunden (und darunter) – im gleichen Zeitraum wurde der Urlaub von zwei auf fünf Wochen (und darüber) erhöht.[204] Auch die durchschnittliche Lohnhöhe ist in Österreich – in Hinblick auf die Lebenshaltungskosten – im Europavergleich am oberen Ende der Skala:

### Durchschnittliche Jahreslöhne für Vollzeit- und Ganzjahresmitarbeiter in der Gesamtwirtschaft

*Daten: OECD*

| Land | 1990 | 2000 | 2010 | 2019 |
|---|---|---|---|---|
| Luxemburg | 49.163 | 58.863 | 65.956 | 68.681 |
| Island | 38.571 | 51.029 | 48.372 | 68.006 |
| Dänemark | 41.367 | 45.532 | 53.947 | 57.150 |
| Niederlande | 50.053 | 51.451 | 56.940 | 56.552 |
| Belgien | 42.574 | 51.083 | 53.341 | 55.590 |
| Norwegen | 31.089 | 37.616 | 49.248 | 54.027 |
| Australien | 40.717 | 46.156 | 53.055 | 54.401 |
| Österreich | 42.962 | 48.302 | 52.719 | 53.903 |
| Deutschland | ... | 45.310 | 46.772 | 53.638 |
| Kanada | 40.133 | 44.178 | 49.996 | 53.198 |
| Irland | 25.028 | 37.538 | 49.758 | 50.490 |
| Vereinigtes Königreich | 31.859 | 39.233 | 45.790 | 47.226 |
| Schweden | 28.916 | 34.486 | 41.550 | 46.695 |

| Land | 1990 | 2000 | 2010 | 2019 |
|---|---|---|---|---|
| Frankreich | 34.329 | 38.278 | 43.749 | 46.481 |
| Finnland | 34.539 | 38.361 | 44.507 | 45.698 |
| Slowenien | ... | 28.429 | 36.712 | 40.220 |
| Italien | 37.733 | 38.009 | 39.967 | 39.189 |
| Spanien | 35.883 | 37.933 | 41.036 | 38.758 |
| Polen | ... | 20.903 | 24.534 | 31.970 |
| Estland | ... | 12.735 | 21.971 | 30.297 |
| Tschechien | ... | 16.836 | 23.909 | 29.281 |
| Litauen | ... | 11.867 | 19.694 | 28.914 |
| Lettland | ... | 11 477 | 18.982 | 28.454 |
| Griechenland | ... | 28.158 | 32.582 | 27.459 |
| Portugal | ... | 27.515 | 28.064 | 26.634 |
| Ungarn | ... | 16.817 | 22.367 | 26.223 |
| Slowakei | ... | 15.378 | 21.256 | 25.452 |

Quelle: Wikipedia: Seite „Liste der Länder nach Durchschnittslohn",
in: Wikipedia – Die freie Enzyklopädie. Bearbeitungsstand: 19. März 2023
https://de.wikipedia.org/wiki/Liste_der_Länder_nach_Durchschnittslohn

## Sozialstaatslüge Nr. 4

Beim Urlaub sind die Österreicher außerordentlich spendabel: So geben wir EU-weit nach den Luxemburgern das meiste Geld für die schönste Zeit im Jahr aus.[205] Aber auch die hohe Inflation und die damit in Verbindung stehende gestiegene Armut haben die Reiselust unserer Landsleute nicht gedämpft: So planen auch 2023 vier von fünf einen Sommerurlaub, wobei das veranschlagte Urlaubsbudget pro Person auf 1.070 Euro gestiegen ist.[206] Das Glücksspiel steht ebenso hoch im Kurs: 99 Mio. Euro kosten Herrn und Frau Österreicher – quer über alle Haushalte – monatlich Lotto, Toto, Rubbellose oder Ähnliches.[207] Wer kann ausschließen, dass dafür auch Teile der Familienbeihilfe oder anderer Unterstützungsleistungen verwendet werden? Genug Geld scheint – unabhängig von den jeweiligen Einkommensverhältnissen – auch stets für das nötige Quantum an Alkoholika und Zigaretten bzw. für das jeweils neueste Handy da zu sein.

Möglich ist das unter anderem auch deswegen, weil Österreichs Privathaushalte über das zweithöchste verfügbare Haushaltseinkommen der EU verfügen.[208] Angesichts solcher Zahlen denkt man eher an „übersättigt, abgehoben und träge" als an „armutsgefährdet, unsozial und herzlos". Das in Österreich besonders dicht geknüpfte soziale Netz fängt Menschen in Not praktisch immer auf und versorgt sie auf vergleichsweise hohem Niveau. Im Grunde geht es den meisten von uns mehr als gut – das Ergebnis eines auf Leistung und Arbeit basierenden Wohlstands. Aber auch ein Stück weit unverdientes Glück, dass man gerade in diesem wunderbaren Land zum „richtigen" Zeitpunkt zur Welt kommen durfte.

### Die „gute alte Zeit" –
### eine Verklärung, die den Fakten nicht standhält

Sieht man sich die internationale Entwicklung an, muss man – wie die Datenanalystin Anna Rosling Rönnlund in ihrem Bestseller „Factfulness" – zum Ergebnis kommen, dass wir trotz aller Krisen und Herausforderungen heute „in der besten aller Zeiten leben".[209] Das verzerrte Bild, wonach überall das Negative zu dominieren scheint bzw. das Glas ständig als halb leer beklagt wird, „verdanken" wir misanthropen Politikern, einigen Medien („Only bad news are good news") sowie den unkritischen Konsumenten der veröffentlichten Meinung.

Vergegenwärtigt man sich, dass sich die Zahl der Kinder, die das fünfte Lebensjahr nicht erreichten, seit 1980 weltweit halbiert hat, merkt man, wie sich die Dinge ganz allgemein zum Besseren verändert haben. Die globale Armut konnte seit den 1980er-Jahren von 43 % auf unter 8,4 % der Weltbevölkerung gedrückt werden. Und dies, obwohl heute um 3,5 Mrd. mehr Menschen auf der Welt leben als damals.[210] Noch nie gab es weltweit so viele Bildungsangebote bzw. eine so hohe Lebenserwartung. Ohne die aktuellen Herausforderungen wie etwa Dürrekatastrophen oder Überflutungen infolge des Klimawandels kleinreden zu wollen, haben wir gute Gründe, mehr Zuversicht und Optimismus an den Tag zu legen. Das gilt speziell im Land der traditionellen „Jammerer und Grantler", wo man oft nur das sieht, was man selber nicht hat. Optimismus, gute Stimmung und Zuversicht sind nicht nur ein Treiber der Wirtschaft, sondern wichtige Voraussetzungen für ein gelingendes und zufriedenes Leben.

## *Von der Wohlstandsgesellschaft zur Überfluss- und Wegwerfgesellschaft*

Die Kritik nimmt zu, dass unsere Wohlstandsgesellschaft immer mehr zu einer überheblichen und – mitunter dekadenten – Überflussgesellschaft verkommt: Jedes Jahr entsorgt ein österreichischer Haushalt im Durchschnitt 130 Kilo an noch genießbaren Lebensmitteln. Am öftesten weggeworfen werden Brot, Backwaren, Obst, Gemüse, Milchprodukte und Eier, in der Regel deswegen, weil schlicht zu viel eingekauft wurde – von „arm" und „reich" gleichermaßen. So schlecht kann es uns also nicht gehen.

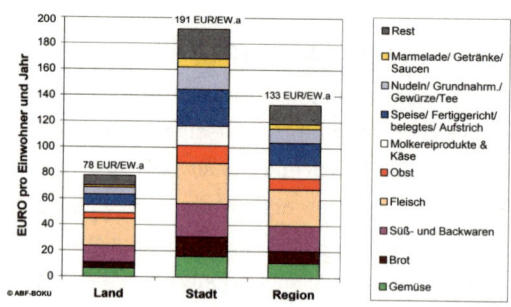

Quelle: Studie des Landes OÖ: „Untersuchung der Lebensmittel im Restmüll in einer oberösterreichischen Region", Oktober 2009, S. 34

Mehr als ein Viertel der eingekauften Lebensmittel wird – oft originalverpackt – zum Müll gegeben, was einem Gegenwert von ca. 800 Euro pro Haushalt und Jahr entspricht. Während der Corona-Pandemie ist die Lebensmittelverschwendung sogar noch einmal gestiegen.[211] Auch die Teuerungswelle hat – so eine Umfrage der Firma Iglo – nichts an der Lebensmittelverschwendung geändert: Wie vorher werfen sieben von zehn Personen regelmäßig Nahrungsmittel weg.[212] In Wien landen jeden Tag 20 % des Schulessens im Müll, was den sorglosen Umgang vieler Jugendlicher mit dem Essen belegt.[213] Würde man die allein in Oberösterreich jährlich weggeworfenen Lebensmittel in Lkws verladen, ergäbe das eine Strecke von Linz nach Salzburg.[214] Weltweit werden laut WWF – auf ein Jahr hochgerechnet – alle vom 1. Jänner bis zum 26. Mai hergestellten Lebensmittel im Müll entsorgt und nicht gegessen. Ein skandalöses Verhalten einer übersättigten Überflussgesellschaft, zumal alle 13 Sekunden irgendwo in der Welt ein Kind an Hunger stirbt.[215] Wer Armut nachhaltig bekämpfen will, muss vorher die Einstellung der Menschen zu Lebensmitteln ändern.

Rund die Hälfte der Kleidung, die in den Kästen der Österreicher liegt, wird kaum bis gar nicht getragen. „Die Trends von heute sind morgen schon wieder Müll", kritisiert Greenpeace-Expertin Lisa Panhuber und verweist darauf, dass jedes dritte Teil aufgrund der bestehenden Überproduktion weggeworfen wird.[216] Der Wert der unbenützten Kleidungsstücke beträgt rund 185 Mio. Euro, wobei jeder Österreicher im Schnitt jährlich 792 Euro für Klamotten ausgibt.[217] Auch das relativiert das Narrativ jener Parteien und NGOs, die Menschen sofort für armutsgefährdet halten, sobald sie sich auch einmal einschränken müssen.

## *Der österreichische Sozialstaat – „Goldstandards", wohin man schaut*

Rund 134 Mrd. Euro lassen wir uns das soziale Netz jedes Jahr kosten.[218] Wir haben uns daran gewöhnt und schätzen den bestens ausgebauten Sozialstaat österreichischer Prägung nicht mehr wirklich. Mit einer Sozialquote von 32,9 % – ca. jeder dritte Euro wird in Österreich für soziale Belange ausgegeben – erhalten wir Österreicher von der Wiege bis zur Bahre unsere maßgeschneiderte soziale Absicherung gegen fast alle Unwägbarkeiten des Lebens – sei es Krankheit, Unfall, Alter, Armut oder Arbeitslosigkeit.[219] 99,9 % der Bevölkerung sind durch die soziale Krankenversicherung geschützt, 28,6 % davon sogar beitragsfrei.[220] Wer einen Arbeitsunfall oder eine Berufskrankheit erleidet, wird – in speziellen Unfallkrankenhäusern (samt Reha bzw. einer Berufsunfähigkeitsrente) – auf Topniveau versorgt. Und auch im Alter ist man hierzulande – mit einer der höchsten Nettopensionen Europas zu einem vergleichsweisen frühen Pensionsantrittszeitpunkt – bestens abgesichert. Die bedarfsorientierte Mindestsicherung sorgt wiederum dafür, dass in diesem Land am Ende jeder aufgefangen wird.

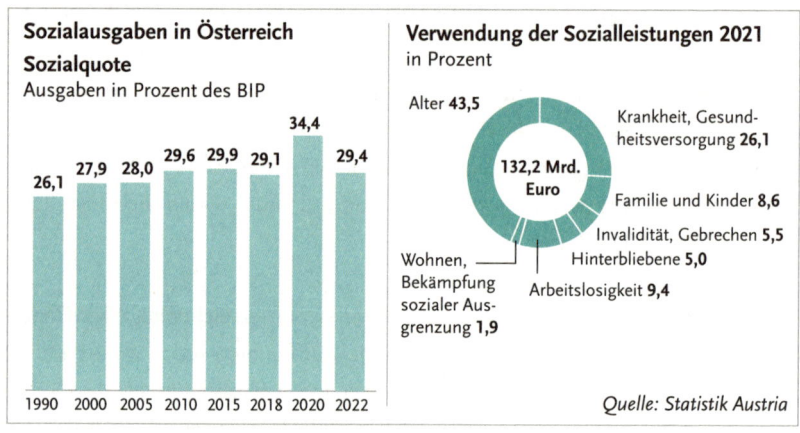

Quelle: Grafik TRAUNER Verlag, Daten Statistik Austria

Ein gut ausgebautes und vernünftig austariertes Sozialsystem ist von zentraler Bedeutung, weil es den sozialen Frieden sichert, den Wirtschaftsstandort stärkt und ein gutes Leben für viele ermöglicht. Darum geht es aber in Österreich schon lange nicht mehr: Schon längst herrscht ein hemmungsloser Wettbewerb um den Ausbau der Sozialleistungen: Politiker haben die grenzenlose Ausweitung des sozialen Netzes („Hol dir, was dir zusteht") als Wahlschlager entdeckt und lizitieren sich gegenseitig nach dem Motto „Wer bietet mehr?" seit Jahren nach oben. Folgende Zukunftsfragen bleiben dabei – unbeantwortet – im Raum stehen:

- Kommt es nur darauf an, welche sozialen Standards sich eine Gesellschaft „leisten will" oder gibt es auch für einen Sozialstaat natürliche bzw. vielleicht sogar gebotene Grenzen?

## Sozialstaatslüge Nr. 4

- Wie lange will man bei der Gestaltung der sozialen Systeme die – mitunter sehr teuren – Verwerfungen zulasten der nächsten Generationen, der Nettobeitragszahler, der öffentlichen Haushalte und der wirklich Bedürftigen und Notleidenden tolerieren?

- Zählt wirklich nur mehr die „Verteilungsgerechtigkeit", ohne dass vorher geklärt wird, wer zukünftig in welchem Ausmaß für das aufkommt, was Politiker so großzügig und mitunter leichtfertig unters Volk bringen und Menschen – oft gedankenlos und aus Gewohnheit – in Anspruch nehmen?

- Ist dieser Sozialstaat noch sozial gerecht und zeitgemäß bzw. stehen seine Angebote in einer vernünftigen Kosten-Nutzen-Relation oder zahlen wir schon längst viel zu viel für teilweise nur noch durchschnittliche Leistungen?

- Sind die sozialen Sicherungssysteme nachhaltig oder bedienen sie vor allem eine bestimmte Generation, die zufällig den richtigen Geburtsjahrgang hat, ständig auf ihre wohlerworbenen Rechte pocht und bei Wahlen bei der Partei ihr Kreuzerl macht, die das meiste verspricht?

- Brauchen wir vielleicht sogar eine neue Form der Genügsamkeit (im Sinne der Forderung von Bundespräsident Van der Bellen, den „Gürtel enger zu schnallen"), die uns vom erlernten Anspruchsdenken weg und hin zu mehr Eigenverantwortung, Subsidiarität und echter Solidarität mit den wirklich Bedürftigen führt?

Auf diese wichtigen Fragen gibt es keine oder nur wenig zufriedenstellende Antworten – vor allem, weil sie kaum einer stellt.

### Die Generation „Verzicht" und was sie dabei vergisst

Vorweg ist Entwarnung angebracht: Neun von zehn der Generation Z träumen wie ihre Eltern vom Eigenheim und mehr als zwei Drittel wollen eine feste

Partnerschaft und eigene Kinder. Fast jeder Zweite will flexible Arbeitszeiten und würde sogar am Wochenende arbeiten, solange der Job sinnvoll ist.[221]

Dennoch ist der Umbau des Sozialstaats in einen „All-inclusive-Versorgungsstaat" immer mehr jungen Menschen persönliches „Programm" – koste er, was er wolle. Auch entsteht der Eindruck, dass es häufig die Gleichen sind, die sich zwar für den ungebremsten Ausbau der Sozialleistungen, aber strikt gegen jedes weitere Wirtschaftswachstum aussprechen. Sie stehen für Deglobalisierung, Abschottung und nationale Autarkie und entziehen so mit ihrer wirtschaftsfeindlichen Einstellung dem Land die Mittel, die zur Aufrechterhaltung der sozialen Sicherheit notwendig sind.

Der Journalist Georg Vetter geht davon aus, dass etwa der „Klimakampf" der sozialen Marktwirtschaft und vor allem der Industrie gilt: „Mit quasireligiösen Eiferern und deren Glauben an die Allmacht des Staates sollen von Reißbrettbürokraten und Straßentruppen planwirtschaftliche Machtfantasien durchgesetzt werden. Allerdings erarbeitet sich das BIP nicht von selbst – ein industrieller Selbstmord verhindert keinen klimatischen Weltuntergang. Markwirtschaft und Industrie haben sich als überaus anpassungsfähig erwiesen. Neue Technologien und ständige Innovationen sind nicht die Feinde unseres Planeten, sondern die Schlüssel der Zukunft."[222] Und Hans-Werner Sinn ergänzt, dass „eine extremistische Klimapolitik die eigene Industrie in den Exodus treibt – irgendwohin, wo das Klima nicht ganz so bierernst genommen wird".[223]

Es ist chic geworden, gegen jedes weitere Wachstum zu sein und – vor allem von den anderen – einen „einfacheren" Lebensstil und freiwilligen Verzicht zu fordern. Dieser Wunsch nach einer neuen Bescheidenheit hat zweifellos eine gewisse Berechtigung: Konsum als Lebenssinn, nur noch Flug- und Fernreisen, die Vergötzung des privaten Pkw, die „Geiz-ist-geil-Mentalität" sowie die Unkultur des Wegwerfens sind keine gesunden Wohlstandsindikatoren, die es verdienen, geschützt zu werden. „Weglassen macht nicht ärmer, sondern bereichert das Dasein und schärft die Sinne. Allerdings lässt sich das vermeintlich einfachere Leben auch trefflich als Lifestyle inszenieren", hält die Journalistin Susanne Dickstein in diesem Zusammenhang fest.[224] Die Konsequenzen eines naiven

## Sozialstaatslüge Nr. 4

„Zurück auf die Bäume" mit einer entsprechenden Verbotspolitik – nämlich schlechtere Gesundheits- und Pensionsleistungen, mehr Arbeitslose und der Bildungsabstieg der weniger Vermögenden – darf man dabei nicht übersehen.

Wirtschaftswachstum und Nachhaltigkeit sind keine Gegensätze, wie uns die Wachstumsskeptiker weismachen wollen, sondern bedingen einander. Und man vergisst, dass es – wie in der Vergangenheit – der technische Fortschritt und der Innovationsgeist des Menschen sein werden, die uns die großen Herausforderungen der Zukunft bewältigen lassen. Nicht der Verzicht aufs Auto, sondern die Erfindung des Katalysators hat das Waldsterben deutlich reduziert. Deshalb kann langfristig nur der technologische Fortschritt unseren Wohlstand sichern. Christian Keuschnigg fordert zudem eine inklusive Wachstumspolitik, die auf Chancengleichheit abzielt, Leistungsanreize für sozialen Aufstieg setzt und für Innovationen sorgt, welche das Ausmaß an Ungleichheit und Risiken von vornherein reduzieren und erst gar nicht entstehen lassen.[225]

Der Sozialstaat muss sich jedenfalls den neuen Herausforderungen stellen: Er ist keineswegs überholt, aber dringend überholungsbedürftig. Ziel muss es sein, den „Patienten" Sozialstaat mit den richtigen Maßnahmen so zu kurieren, dass auch zukünftige Generationen durch seine Leistungen ein sicheres Leben in Freiheit und Würde führen können. Denn bescheidener zu leben und aufgrund nicht mehr verfüg- bzw. finanzierbarer Operationen früher sterben zu müssen, relativiert den Traum von der „glücklichen Genügsamkeit" doch beträchtlich. „Weniger ist mehr" gilt oft auch für das Leben an sich, hat aber in der sozialen Diskussion zweifellos seine Grenzen.

### Und was ist mit der Armut?

Armut kann unverschuldetes Schicksal sein, aus dem es kein Entrinnen gibt. Hier kann und muss sich ein entwickelter Sozialstaat beweisen und seine Leistungen großzügig und rasch zur Verfügung stellen. Aber es gibt auch eine mitverschuldete Armut, die auf fehlende Leistungsbereitschaft bzw. falsche Sozialstaatsgläubigkeit zurückzuführen ist – hier sind andere Instrumente gefragt. Mitunter wird die Armutsdiskussion recht einseitig und ideologisch geführt, indem man Österreich bewusst als „Armenhaus Europas" darstellt und für das Entstehen von Armut ausschließlich die Gesellschaft bzw. die Politik verantwortlich macht. Aber auch in Österreich ist Armut noch immer ein Thema, obwohl die Einkommens- und Vermögensungleichheit hierzulande geringer als in anderen EU-Ländern ist.[226]

Will man Armut wirksam bekämpfen, muss man sich vorher darauf einigen, wer wirklich als arm(utsgefährdet) gelten soll: In Österreich ist man dann armutsgefährdet, wenn einem Haushalt weniger als 60 % des „mittleren Einkommens" der Gesamtbevölkerung zur Verfügung steht. Das waren 2021 für einen Einpersonenhaushalt 1.371 Euro, wovon konkret 14,7 % der Haushalte betroffen waren. 2,4 % der Bevölkerung sind manifest arm („erheblich materiell depriviert"), d. h. ihr Einkommen ist so gering, dass sie sich kein Handy, keine neue Waschmaschine oder keinen einmaligen Urlaub im Jahr leisten können.[227]

Diese Grenzwerte und „Must-haves" sind freilich willkürlich und sagen in Wirklichkeit wenig über die Lebenssituation des Einzelnen aus. So kann man – teilzeitbeschäftigt mit einem eher niedrigen Einkommen – rasch als armutsgefährdet gelten, obwohl man vielleicht von „Gutverdienern" umgeben ist. Naturgemäß differieren die Werte von Land zu Land erheblich und hängen auch stark von anderen Faktoren wie etwa den Kaufkraftparitäten ab. Wer in einem Land als „arm" gilt, gehört im Nachbarland vielleicht zur Mittelschicht. Oder wie es Hans Peter Haselsteiner formulierte: „Wer in Österreich arm ist, ist im Senegal reich!"[228] Würden in Österreich alle Menschen ab morgen ein doppelt so hohes Haushaltseinkommen haben oder vielleicht sogar Millionäre sein, würden weiterhin die gleichen 14,7 % wie jetzt als arm gelten, weil sie weniger als 60 % des Medianeinkommens zur Verfügung hätten. Somit kann auch die „Statistik" arm machen. Anders gesagt: Es geht oft weniger um absolute Armut als um eine Schlechterstellung im Vergleich zu jenen, die es besser haben. So relativiert sich der Aussagegehalt jeder Armutsstatistik, die in erster Linie auf das Medianeinkommen zurückgreift.

Eine von oben verordnete Gleichstellung kann niemals das Ziel der Armutsbekämpfung sein – vielmehr muss es um Armutsvermeidung, Mindeststandards und die Entwicklung von konkreten Zukunftschancen für die Betroffenen gehen. In Österreich ist man übrigens – statistisch gesehen – besonders schnell arm bzw.

## Sozialstaatslüge Nr. 4

armutsgefährdet: Unser Land hat kaufkraftbereinigt nach Luxemburg die höchste Armutsgefährdungsschwelle der EU. Trotz dieser wohl bewusst großzügigen „Armutseinstufung" hat unser Land EU-weit erfreulicherweise eine der niedrigsten Armutsgefährdungsquoten.

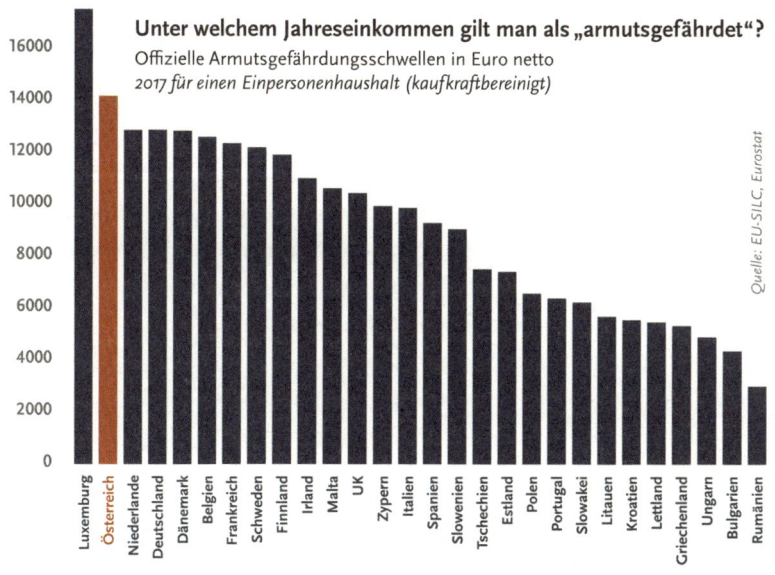

Quelle: IV-Positionen:
„Unter welchem Jahreseinkommen gilt man als ‚armutsgefährdet'?",Dezember 2018, S. 2

Bevor man den – in Österreich ohnehin nur mehr in homöopathischen Dosen wahrnehmbaren – Kapitalismus an den Pranger stellt und für die (Rest-)Armut im Land verantwortlich macht: Vor 1820 lebten 90 % der Weltbevölkerung permanent in extremer Armut – heute sind es weniger als 10 %.[229] Es ist u. a. die viel gescholtene Globalisierung, die über eine Intensivierung der internationalen Arbeitsteilung zu einem deutlichen Produktionswachstum in vielen ärmeren Ländern geführt hat. Freihandel und die gestiegene Möglichkeit, die im eigenen Land hergestellten Waren auf internationalen Märkten zu fairen Preisen anbieten zu können, haben die Lebenssituation vieler Menschen verbessert und dazu beigetragen, dass die Menschen gesünder als früher sind bzw. die durchschnittliche Lebenserwartung weltweit auf mittlerweile 72 Jahre gestiegen ist.[230]

Die vor Ort angebotene Hilfe zur Selbsthilfe, der Export der sozialen Marktwirtschaft bzw. der dualen Ausbildung in ärmere Länder sind – neben Akuthilfen – das tauglichste Mittel, die dortige Armut nachhaltig zu bekämpfen. Der Transfer ärmerer Menschen im großen Stil nach Europa verändert hingegen im Ursprungsland nichts zum Besseren, sondern führt im Gegenteil zum völligen Niedergang ganzer Landstriche.

Wir sollten daher unseren Reichtum mit den Hilfesuchenden nicht in Europa, sondern vor Ort mehr als bisher teilen. Arme gibt es nicht in erster Linie deshalb, weil andere reich sind. Auch geht es keinem Armen besser, wenn man Bessergestellte bekämpft und ärmer macht. Wir sind daher gut beraten, statt populistisch den Reichtum besser die Armut vor Ort entschlossener zu bekämpfen.

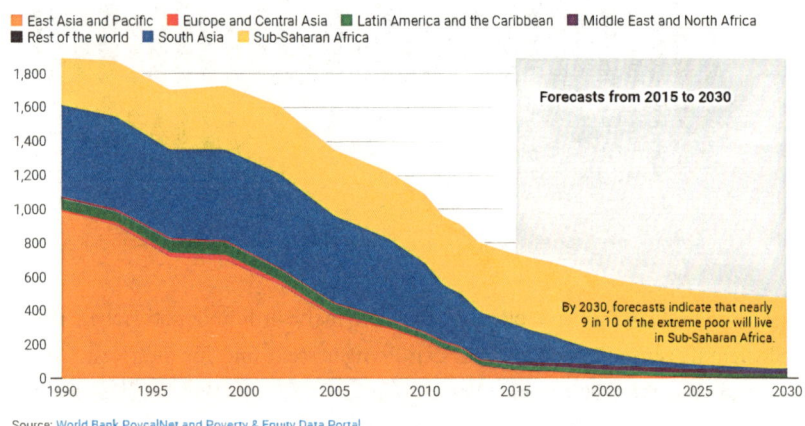

Quelle: World Bank PovcalNet and Poverty & Equity Data Portal

Es ist dem System der sozialen Marktwirtschaft und dem Fleiß der Nachkriegsgeneration zu verdanken, dass der Wohlstand in Österreich ab 1945 breite Bevölkerungsschichten erfasst hat und in allen Lebensbereichen dicht geknüpfte soziale Auffangnetze entstanden sind. Letztlich ist der Kapitalismus – natürlich mit den

## Sozialstaatslüge Nr. 4

notwendigen sozialen Korrekturen versehen – das einzige Wirtschaftssystem, das faktisch funktioniert und viele Menschen die Chance, der Armut zu entkommen, geboten hat. Die Elemente „sozial" und „Marktwirtschaft" bedingen einander freilich: Wo nur der Markt regiert, bleibt der Mensch auf der Strecke – und ohne funktionierenden Markt gibt es kein Wachstum, aus dem heraus man vernünftige Sozialleistungen finanzieren kann. Eine auf Ausgleich bedachte Sozialpartnerschaft hat ihren Teil dazu beigetragen, dass viele Menschen von den zahlreichen Angeboten des Sozialstaates profitieren können. Das sichert wiederum den sozialen Frieden – Streiks als Mittel der Konfliktaustragung sind in Österreich erfreulicherweise nach wie vor die Ausnahme.

Hingegen war und ist in sozialistischen Planwirtschaften das soziale Netz so rissig, dass in den egalitären „Arbeiterparadiesen" gerade die einfachen Menschen auf der Strecke blieben, während sich die Eliten in ihre Paläste zurückzogen und im verhassten Westen ihre Krankheiten behandeln ließen. Man wollte den „Himmel auf Erden" und schuf die Hölle. Tatsächlich ist es diese angeborene dynamische Ungleichheit und Verschiedenartigkeit von uns Menschen, die eine Gesellschaft nach vorne bringen und individuelle Bestleistungen in verschiedensten Sektoren ermöglichen. Nur fairer Wettbewerb unterschiedlich Begabter garantiert Höchstleistungen und Innovationen, die erst die notwendige „Manövriermasse" bilden, um die notwendigen sozialen Unterstützungen anbieten zu können. Venezuela und Kuba sind aktuelle Beispiele, dass krampfhafte Gleichmacherei und ungezügelte Staatswirtschaft letztlich nur alle gleich arm machen. Die Armutsrate im sozialistischen Paradies Venezuela beträgt sagenhafte 94,5 %; drei von vier Bürgern verdienen einen Euro pro Tag, wobei ein halbes Kilo Bohnen den halben Monatslohn kostet. Bei uns feiert man aktuell die Erfolge der Kommunisten, die zwar soziale Probleme vortrefflich benennen können, aber bei deren Lösung in die alte, gescheiterte sozialistische Trickkiste greifen. „Geschichtsvergessenheit ist nicht tolerabel, nur weil sie von links außen, statt von rechts außen kommt", warnt die Journalistin Andrea Schurian in diesem Zusammenhang.[231] Aber auch in Österreich hat die mündige Bürgergesellschaft seit den Kreisky-Jahren viel an Terrain verloren, was mit einer deutlichen Erhöhung der Staatsquote einherging:

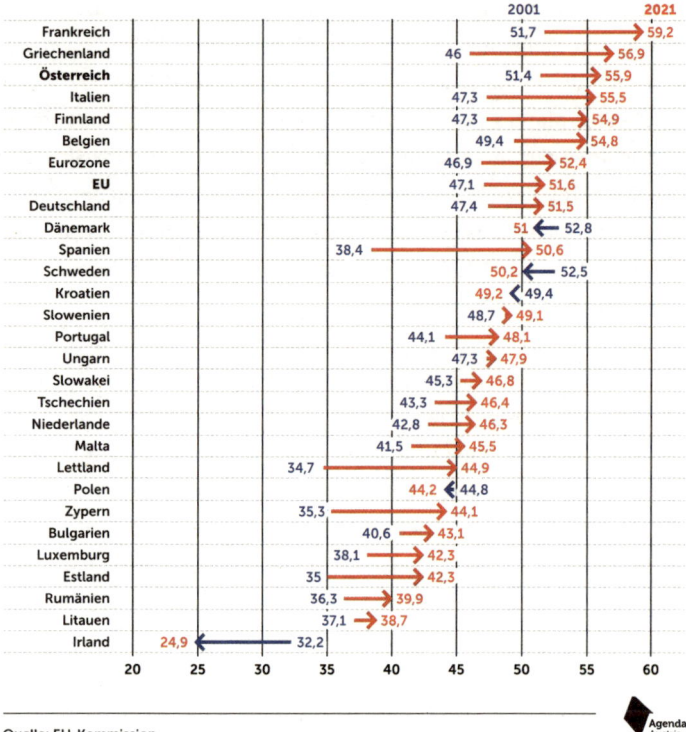

Quelle: Agenda Austria: „Österreich hat die dritthöchste Staatsquote in der EU", 15.8.2022

Auch werden die Reichen reicher, Arme aber keineswegs ärmer. Tatsächlich hat sich die Zahl der Millionäre seit dem Jahr 2000 verfünffacht (die meisten leben übrigens im kommunistischen China). Im gleichen Zeitraum ist die Anzahl jener, die in extremer Armut leben, von 24 % auf unter 10 % gesunken.[232] Dass sich auch reiche Menschen ihrer sozialen Verantwortung stellen, lebte etwa Red-Bull-Gründer Dietrich Mateschitz vor: Er investierte viel Geld in Projekte, Events und Infrastruktur, von denen Land und Leute bis heute gleichermaßen profitieren. Hans Peter Haselsteiner, der Gründer des Baukonzerns Strabag, hat wiederum sein Vermögen in eine Stiftung überführt – 51 % gehen seit zehn Jahren an gemeinnützige Zwecke. Das gilt freilich nicht für alle Vermögenden:

## Sozialstaatslüge Nr. 4

Man denke etwa an jene, die trotz ihres hohen Einkommens ohne schlechtes Gewissen weiter im geförderten Gemeindebau wohnen und dort für Sozialwohnungen skandalöse Billigmieten zahlen.

Auch die Anzahl der „Working Poor", deren Einkommen trotz Erwerbsarbeit unterhalb der Armutsgefährdungsschwelle liegt, hat abgenommen: Waren es 2016 noch 8,3 % der Erwerbstätigen, waren es 2021 nur noch 7,6 %.[233] Im Vergleich zu Deutschland und der Schweiz ist die Vermögensungleichheit in Österreich am geringsten ausgeprägt.[234] Trotzdem greift die Botschaft von der immer größer werdenden Schere zwischen Arm und Reich gerade in Österreich bestens: Für 52 % (= Platz 1) der Österreicher war das laut einer Umfrage die Hauptsorge für das Jahr 2023, was wohl mehr über die Befragten als über die Vermögenden aussagen dürfte.[235] Die Propaganda jener Organisationen, die ihre Existenzberechtigung aus der – angeblichen massiven – Zunahme sozialer Verwerfungen beziehen, scheint zu greifen. Womit nicht Volkshilfe, Hilfswerk oder Caritas gemeint sind, die jeden Tag unverzichtbare Dienste für die Allgemeinheit leisten.

Wenig ist hingegen davon zu hören, dass Österreich bei der Bekämpfung der Armut(sgefährdung) vergleichsweise erfolgreich ist:

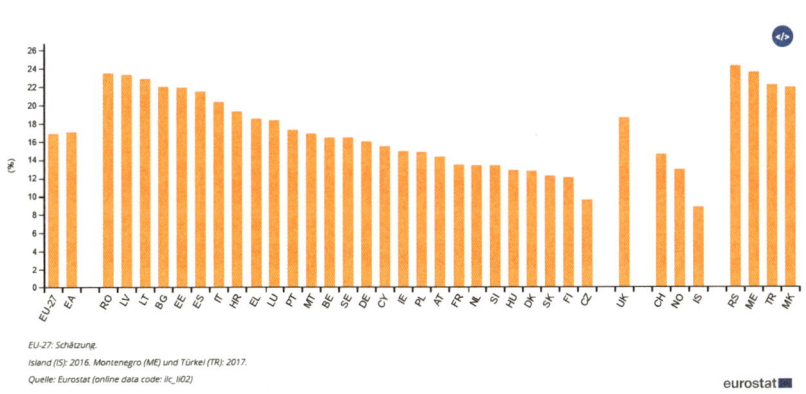

*Quelle: Eurostat – Statistics Explained: „Statistiken zur Einkommensarmut", 4.12.2020*

Jeder Armutsgefährdete bzw. Arme ist – vor allem in einem reichen Land wie Österreich – einer zu viel. Die hohe Inflation und die damit verbundene Teuerung lassen zudem plötzlich Menschen in die Armutsgefährdung abrutschen, die derartige Probleme bislang nur vom Hörensagen kannten. Armut belastet Menschen massiv und hat auf alle Lebensbereiche negative Auswirkungen: Dauerhaft Arme sind häufig isoliert, leben und wohnen ungesünder (die Kinder in armutsgefährdeten Familien mit niedrigem Bildungsniveau haben ein dreimal so hohes Risiko für Übergewicht und die daraus resultierenden Krankheiten), sterben früher und vererben ihre Armut oft an ihre Kinder weiter. Vor allem Kinderarmut ist und bleibt ein Skandal, nimmt aber durch die ungebremste Armutszuwanderung weiter zu.[236]

Genau deshalb muss der Staat tatsächlich armutsgefährdete Gruppen – vor allem Familien mit mehreren Kindern, Alleinerzieherinnen, Pensionisten mit Ausgleichszulage oder unfreiwillig Langzeitarbeitslose – gezielter als bisher unterstützen. Was er auch grundsätzlich tut: Können doch durch Sozialtransfers 600.000 erwachsene Menschen jährlich vor Armut bewahrt werden.[237] „Dabei geht es nicht in erster Linie um finanzielle Unterstützung", sagt die Autorin Daniela Brodesser. Und weiter: „Als Betroffener wünscht man sich jemanden, mit dem man reden kann und der einfach zuhört, wenn es einem nicht so gut geht."[238] Auch hier ist es den Nettozahlern zu verdanken, dass Österreich bei der Armutsbekämpfung im internationalen Vergleich so gut abschneidet.

Statt nur Almosen zu verteilen und die prekären Umstände zu konservieren, muss Armut an der Wurzel bekämpft werden. Hier kommt die Bildung ins Spiel: Transferleistungen helfen natürlich, sind aber nicht nachhaltig. Vielmehr ist Bildung (und der Zugang zu ihr) der Schlüssel, um die Armutszone langfristig verlassen und ein selbstbestimmtes und besseres Leben führen zu können. Dazu braucht es noch mehr Chancengleichheit und -gerechtigkeit sowie breite und leistbare Bildungsangebote. Gerade aus einkommensschwachen Haushalten bleiben zu viele Talente und Begabungen unentdeckt, wodurch großes Potenzial ungenutzt versickert. Unsere Gesellschaft muss – wie etwa beim Teamsport erfolgreich vorgelebt – in beide Richtungen durchlässiger werden. Allzu oft wollen die „einen", aber auch die „anderen" unter sich bleiben und nichts miteinander zu tun haben.

## Sozialstaatslüge Nr. 4

Wer die Armutszone in Österreich bewusst und aus eigenem Antrieb verlassen will, hat gute Chancen: Österreich liegt bei den Aufstiegschancen unter 82 Ländern gleichauf mit Belgien auf Platz acht.[239] Armut ist somit keineswegs „Schicksal" und die oft zitierte „verfestigte Armut" eher ein ideologischer Kampfbegriff. Trotzdem bestimmen Herkunft und Elternhaus jedoch nach wie vor zu oft die Bildungszukunft der Kinder: Studienanfänger sind noch immer zu zwei Dritteln Akademikerkinder.[240]

Wo es echte Armut gibt, muss man freilich genauer als bisher hinschauen und wirksam helfen. Österreich jedoch zum Armuts-Hotspot Europas hochzustilisieren, ist nicht nur substanzlos, sondern hochgradig unseriös: Trotz Megainflation sind die meisten Geschäfte und Einkaufstempel randvoll, die Restaurants – wie früher – ausgebucht, der Urfahranermarkt wird von den Massen gestürmt und die nächsten Urlaube werden langfristig fixiert. Der Größenschluss von den – natürlich ebenfalls existierenden – frierenden Kindern in einzelnen Haushalten auf eine angeblich notleidende Gesamtbevölkerung, die sich das Heizen und Essen nicht mehr leisten kann und in Decken eingewickelt die Wohnung nicht mehr verlässt, zu schließen, ist billige sozialpolitische Polemik. Die Aufregung über eine neue breite Armut ist in dieser Form unglaubwürdig und bildet die tatsächliche Situation im Land nicht wahrheitsgemäß ab. Das beweisen auch die Zahlen: Gab es 2017 österreichweit 323.000 manifest Arme, sind es heute 201.000.[241]

### *Österreich – das europäische Eldorado der Umverteilung*

In einem solidarischen Sozialstaat muss es einen angemessenen sozialen Ausgleich geben: von reich zu arm, von gesund zu krank, von jung zu alt und natürlich von oben nach unten. Dort wo man dem einen nimmt, um dem anderen zu geben, muss das „Warum" allerdings gut begründ- bzw. nachvollziehbar sein. Solidarität ist keine Einbahnstraße und nicht nur eine Pflicht der Zahler, sondern auch der Empfänger. Ziel der Umverteilung kann es nicht nur sein, sozial Schwachen und unverschuldet Benachteiligten ein menschenwürdiges Leben zu ermöglichen, sondern – zumindest mittelfristig – auch deren eigene Kräfte zu mobilisieren, um die persönliche Ausgangslage zu verbessern.

Umverteilung ist daher kein „Hobel, der alle möglichst gleich hobelt", sondern sollte letztlich immer „Hilfe zur Selbsthilfe" sein. Verordnete Gleichstellung erstickt die Eigenverantwortung und reizt zu negativem Verhalten an („Moral Hazard"). Das gilt natürlich dann nicht, wenn die persönliche Situation – etwa aufgrund einer schweren Krankheit oder Behinderung – objektiv nicht verbesserbar und jemand deshalb auf die Hilfe der Gemeinschaft angewiesen ist. Österreich ist bezüglich des Ausmaßes der Umverteilung europaweit zweifelhafter Vorzugsschüler geworden: 10.677 Euro werden hierzulande pro Jahr und Kopf als staatliche Sozialtransfers („Sozialschutzausgaben") im Schnitt überwiesen – ein Spitzenplatz in Europa.

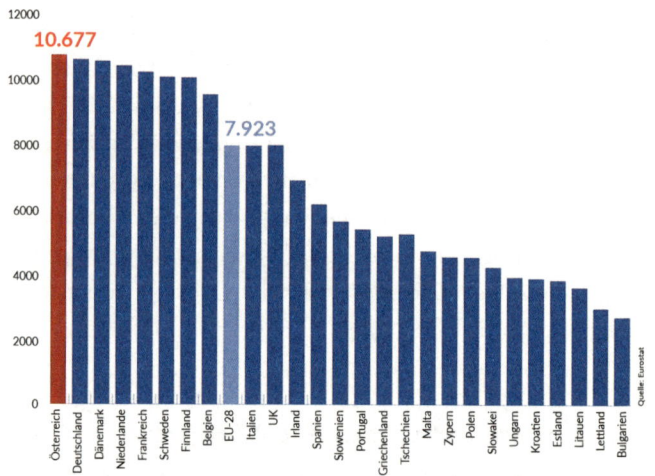

Quelle: iv-Positionen: „Ein Nobelpreis für die Industriellenvereinigung!, November 2019, S. 2

Die Umverteilungsmaschinerie funktioniert bei uns tadellos: Das untere Einkommensdrittel erhält 44 % der Sozialtransfers, das mittlere 31 % und das obere 26 %. Durch diese staatlichen Zuwendungen erhöht sich der Anteil des unteren Drittels am gesamten Markteinkommen von 12 auf 22 % – Umverteilung reduziert daher Einkommensungleichheit spürbar.[242] Ein „Zuwenig" oder „Zuviel" an Sozialtransfers kann das sensible Konstrukt des Sozialstaates jedoch leicht aus der Balance

## Sozialstaatslüge Nr. 4

bringen. Im internationalen Vergleich ist die Umverteilung in Österreich jedenfalls besonders stark ausgeprägt, resümiert der Ökonom Hanno Lorenz.[243] Allerdings erfolgt diese in Österreich wenig systematisch: Die vielen Ebenen, auf denen Umverteilung erfolgt, sind zu wenig aufeinander abgestimmt, was nicht nur Geld kostet, sondern auch zu unerwünschten Ergebnissen führt.

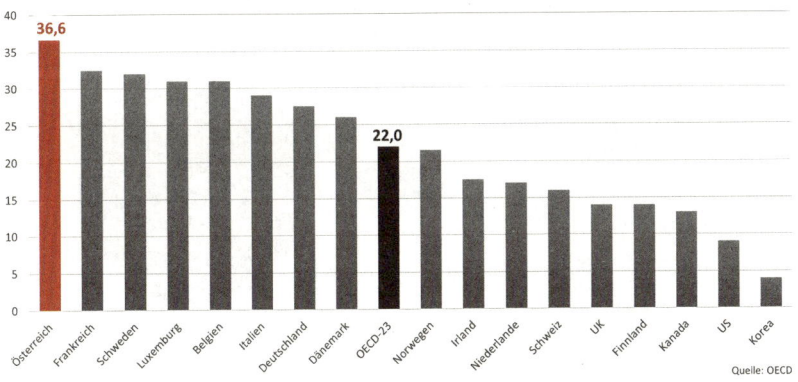

Quelle: Grafik WKOÖ, Daten OECD (Income Distribution Questionnaire),
Daten für Mitte der 2000er-Jahre

Umverteilung erfolgt primär über das – gerade in Österreich – sehr progressiv gestaltete Steuersystem, die Sozialversicherung und Sachleistungen des Staates (Bildung, Gesundheit etc.). Vier von zehn Haushalten sind mittlerweile Nettotransferzahler, das heißt, sie zahlen mehr ins System ein, als sie herausbekommen. Umgekehrt weisen die anderen sechs Haushalte einen Negativsaldo auf, was einmal mehr verdeutlicht, dass Umverteilung in Österreich mehr als ausgereizt ist.[244]

Die Säulen des Sozialstaates sind die häufig attackierten „Besserverdiener", an denen man in der klassisch österreichischen Neidgesellschaft kaum ein gutes Haar lässt. Dies, obwohl das oberste Viertel der Einkommensbezieher 77,5 % des Lohnsteueraufkommens leistet.[245] Was auch mit dem Spitzensteuersatz zusammenhängt, der in Österreich 48 % (von 62.080 Euro bis 93.120 Euro Jahreseinkommen), 50 % (von 93.120 Euro bis 1.000.000 Euro) und darüber 55 % beträgt.

In Deutschland zahlt man hingegen nur 42 % (von 62.810 Euro bis 277.825 Euro Jahreseinkommen) bzw. 45 % an „Reichensteuer".[246] Und Kühe, die Milch geben, sollte man nicht leichtfertig schlachten. Oder wie es Professor Teodoro Cocca von der JKU Linz formulierte: „Leistungsfeindlichkeit kann sich ein Sozialstaat wie Österreich nicht leisten – mehr Millionäre, die in Arbeitsplatzschaffung investieren, braucht das Land!"[247]

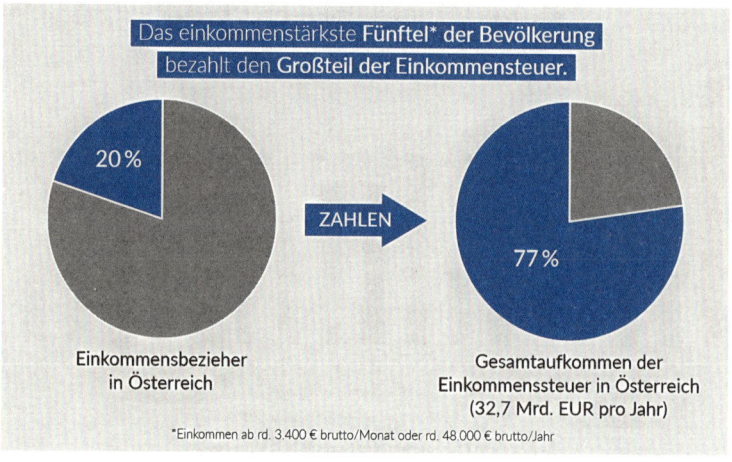

Quelle: IV-Positionen: „Warum die Industrie den ‚Tag der Steuerleistung' ausgerufen hat", Mai 2022, Seite 4

Das in Österreich extrem hohe Ausmaß an Umverteilung führt – da es die Leistungsbereitschaft immer mehr erodieren lässt – zu „unerwünschten Nebenwirkungen", über die jedoch „kein Arzt oder Apotheker" aufklärt.

Wer über lange Zeit großzügig und wenig treffsicher alimentiert wird, ist erfahrungsgemäß weniger geneigt, sein Leben aus eigener Kraft verbessern zu wollen. Er gewöhnt sich an die sozialen Benefits, von denen es sich – mit ein paar Nebenjobs und etwas Pfusch – ganz gut leben lässt. Die „Dummen" sind jene mittelständigen Erwerbstätigen, die – obwohl selbst keine Großverdiener – das System mit ihren Pflichtabgaben weitestgehend finanzieren. Immer öfter müssen sie feststellen, dass aufgrund der hohen Sozialabgaben immer weniger „Netto von Brutto" bleibt bzw. sich Leistung in diesem Land nicht mehr wirklich lohnt.

## Sozialstaatslüge Nr. 4

Ihre Solidarität mit den vermeintlich Benachteiligten bröckelt zusehends, was nicht wirklich überrascht: Werden doch die geleisteten Abgaben verdächtig oft für Zwecke eingesetzt, die mit „unverschuldeten sozialen Notlagen" oder „allgemeiner Bedürftigkeit" nicht mehr viel zu tun haben. Unsere Landsleute haben – wie etwa Spendenrekorde bei „Licht ins Dunkel" oder „Nachbar in Not" beweisen – ein großes Herz für wirklich Bedürftige, wollen aber verständlicherweise ihr hart verdientes Geld nicht mehr länger jenen in den Rachen werfen, die es sich auf ihre Kosten gemütlich eingerichtet haben.

### Und wer bezahlt das alles?

Ganz einfach: wir alle – oder, genauer gesagt, vor allem jene, die hierzulande überhaupt noch Steuern und Sozialversicherungsabgaben leisten. Denn fast 2,5 Mio. Österreicher zahlten 2019 trotz Erwerbstätigkeit überhaupt keine Lohn- und Einkommenssteuern mehr. Dafür trägt das einkommensstärkste Prozent 20 % der Lohnsteuern.[248] Der Staat ist weniger der Wohltäter, für den er sich ausgibt, sondern tritt vielmehr als „Jäger und Sammler" auf, der die Leistungswilligen abkassiert. Dies nicht nur, um seine zweifellos wichtigen Aufgaben zu erfüllen, sondern auch deshalb, um rechtzeitig vor Wahlen das soziale Füllhorn über seine Bürger ausschütten zu können. Gerade jetzt wollen sich manche Parteien wieder auf ihre „sozialen Kernkompetenzen" besinnen – das klingt nach „Gießkannensozialismus" und stellt eher eine gefährliche Drohung dar. Der demografische Wandel ist – so Finanzminister Magnus Brunner – die zentrale budget- und sozialpolitische Herausforderung der nächsten Jahrzehnte.[249] WIFO-Chef Gabriel Felbermayr empfiehlt daher, die Gießkanne zukünftig öfter im Schuppen zu lassen.[250] Mit den aufgehäuften Schulden verteilt der Staat übrigens ein weiteres Mal kräftig um: nämlich zulasten der nächsten Generation, die dafür zahlen darf, dass wir seit Jahren über unsere Verhältnisse leben.

Da sich der Sozialstaat hierzulande vor allem über eine Belastung des Faktors Arbeit finanziert, hat der kritisierte Claim „Läuft die Wirtschaft rund, geht es dem Sozialstaat gut" seine volle Berechtigung. Es sind die Abgaben der Arbeitgeber und ihrer Mitarbeiter, die dafür sorgen, dass es überhaupt etwas zu verteilen bzw. ein dicht geknüpftes soziales Netz gibt. Lahmt die Wirtschaft, ist es mit den Segnungen des Sozialstaats schnell vorbei. Trotzdem hat das freie Unternehmertum, das die Arbeitsplätze in diesem Land schafft, in Österreich immer noch einen schweren Stand. Unternehmerisch denkende und kreative Menschen mit Risikobereitschaft, die es zu etwas gebracht haben, erhalten selten die ihnen gebührende Anerkennung.

Gerade von den Unternehmen kommt ein besonderer Beitrag für eine lebenswerte und solidarische Gesellschaft, wie Zahlen aus Oberösterreich belegen:

# Was Unternehmen leisten

Die oö. Unternehmen sind die mit Abstand wichtigsten Arbeitgeber im Land und fast 90 Prozent aller Lehrlinge erhalten in den Betrieben ihre Berufsausbildung. Anlässlich des Tages der Arbeitgeber am 30. April stellen wir die Leistungen der oö. Unternehmen ins Schaufenster.

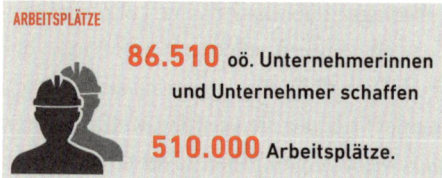

**ARBEITSPLÄTZE**
86.510 oö. Unternehmerinnen und Unternehmer schaffen
510.000 Arbeitsplätze.

**LÖHNE UND GEHÄLTER**
Die oö. Unternehmen der gewerblichen Wirtschaft zahlen
**25 Mrd. Euro**
an Löhnen und Gehältern.

Quelle: „Was Unternehmen leisten" in OÖ Wirtschaft, Nr. 8, 29.4.2022, Seite 4

36 % der gesamten Sozialausgaben werden durch Sozialbeiträge der Arbeitgeber, 21 % durch Sozialbeiträge der Arbeitnehmer finanziert.[251] Eine gute Wirtschaftspolitik, die in die Realwirtschaft bzw. die Schaffung und Sicherung von Arbeitsplätzen investiert, ist daher unbestritten die beste Sozialpolitik. Gesundes Wirtschaftswachstum – der „Gott sei bei uns" mancher linker NGOs – wird unverzichtbar sein, um jene milliardenschweren Investitionen zu finanzieren, die die Klimakrise entschärfen und den sozialen Frieden weiter sichern sollen.

## Die Raubrittermethoden der öffentlichen Hand

Die Kosten zur Aufrechterhaltung der hohen sozialen Standards sind in Österreich mittlerweile erdrückend, was ein europaweiter Vergleich der Abgabenquoten beweist:

## Sozialstaatslüge Nr. 4

### STEUERKEIL 2020
Anteil von Steuern und Sozialabgaben am Einkommen

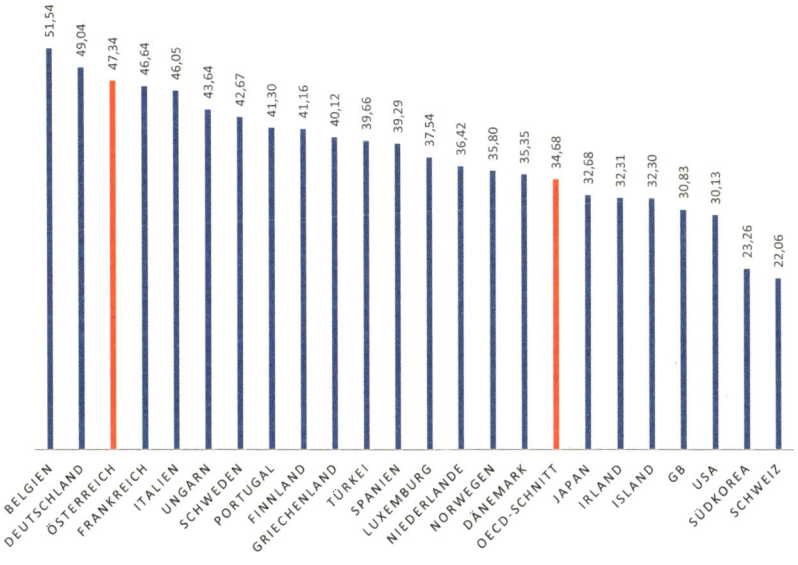

Quelle: Grafik WKOÖ, Daten OECD

Quelle: OECD

Wenn hierzulande einem kinderlosen Durchschnittsverdiener 47,34 % seines Gehalts vom Staat weggesteuert werden, muss das von ihm geradezu als Enteignung empfunden werden. Nicht die Unternehmen zahlen so schlecht, sondern der Staat kassiert so unverschämt: Ein Mitarbeiter mit 43.000 Euro brutto kostet den Arbeitgeber rund 56.000 Euro. Beim Mitarbeiter kommen aber nur knapp 30.000 Euro an, die restlichen 26.000 Euro kassiert die Sozialversicherung bzw. der Finanzminister. Er ist es auch, der von den von den Kollektivvertragsparteien ausverhandelten Lohnerhöhungen am meisten profitiert – ein negativer Leistungsanreiz, der ein Ausweichen in Schwarzarbeit bzw. Steuerhinterziehung geradezu herausfordert. Es überrascht daher nicht, dass Pfuschen für zwei von drei Österreicher ein „Kavaliersdelikt" ist,[252] ohne das man sich nie ein eigenes Haus hätte bauen können. Für viele stellt es somit einen „Notwehrakt" gegen einen unersättlichen und übermächtigen Staat dar.

Und auch die Attraktivität des Wirtschaftsstandortes Österreich leidet angesichts solcher Raubrittermethoden. Nun darf und soll soziale Sicherheit auch Geld kosten, weshalb höhere Abgaben, denen notwendige bzw. bessere Leistungen gegenüberstehen, nicht per se etwas Negatives sind. Andererseits bedeuteten niedrigere Abgaben eine höhere Kaufkraft bzw. Investitionsbereitschaft, was die Leistungsanreize erhöht und die Wirtschaft am Laufen hält. Länder mit einer geringeren Abgabenquote haben – man denke etwa an die Schweiz oder Dänemark – in der Regel ähnlich hohe Sozialstandards wie wir, deren Arbeitnehmer jedoch wesentlich mehr „Netto von Brutto".[253] Man sieht also, dass es auch anders geht und ein geringeres Beitragsaufkommen nicht zwangsläufig mit einer Aushöhlung des Sozialstaates einhergeht. Und manche beginnen bekanntermaßen erst dann zu sparen, wenn man ihnen weniger Geld gibt.

### „Eat the Rich" – warum Vermögenssteuern der falsche Weg sind

Die Reformverweigerer haben einen anderen Lösungsansatz für das finanziell notleidende Sozialsystem. Den gebeutelten Mittelstand noch mehr auszuquetschen bzw. bluten zu lassen, geht fast nicht mehr. „Eat the Rich" ist die neue Parole und eine Erhöhung der Vermögenssteuern soll das nötige Kleingeld bringen, um den angeschlagenen und überforderten Sozialstaat in seiner jetzigen Form zumindest noch für ein paar Jahre über die Runden zu bringen. Was danach kommt, ist vielen Personen – da es sich in der eigenen sozialen „Blase" ja gut leben lässt – herzlich egal. Diese Menschen verkennen, dass wir im Höchststeuerland Österreich kein Einnahmen-, sondern ein Ausgabenproblem haben. Das zeigt auch der Umstand, dass die meisten Befürworter einer Vermögenssteuer nicht im Traum daran denken würden, gleichzeitig die hohen Abgaben auf Arbeit zu senken.

Es gab gute Gründe, warum der ehemalige Finanzminister und Sozialdemokrat Ferdinand Lacina die Vermögenssteuern in Österreich 1993 faktisch abgeschafft hat. Die „Vermögensfeststellung", wie etwa die Bewertung eines Hauses und der darin enthaltenen „Schätze", würde aufgrund der zusätzlichen Bürokratie teuer kommen. Zudem werden Kapitalerträge bzw. Grund und Boden hierzulande ohnehin schon hoch besteuert. Kapitaleinkünfte sind entsprechend zu versteuern, für innerhalb der Familie vererbte oder verschenkte Immobilien wird die

## Sozialstaatslüge Nr. 4

Grunderwerbssteuer fällig. Darüber hinaus sind Erbschaften bereits versteuertes Geld bzw. Vermögen. Dazu würde es zu Ausweichreaktionen kommen: Betriebe wandern ab und vermögende Private aus. Außerdem sollte nicht vergessen werden, dass große Vermögen häufig in in- und ausländischen Stiftungen geparkt sind.

Da eine Vermögenssteuer fiskalpolitisch erst dann etwas bringt, wenn man sie als Massensteuer konzipiert, würde sie wiederum den ohnehin schon belasteten Mittelstand ins Mark treffen. Bei einer Besteuerung eines Vermögens von 1 Mio. Euro wären – so der Geschäftsführer der Industriellenvereinigung Alexander Neumayr – mittelständische Unternehmen wie ein Tischler genauso betroffen wie ein Pensionist mit einer Eigentumswohnung und einem Schrebergarten.[254] Laut einer Ifo-Studie würde eine Vermögenssteuer in Deutschland doppelt so viel kosten, als sie einbringt. Auch würde sie nachweislich das Wirtschaftswachstum bremsen.[255]

Sieht man bei einer Vermögenssteuer Freibeträge vor, würde das Steueraufkommen sehr überschaubar bleiben. Der Industrielle Hannes Androsch dazu: „Man sollte nicht den Acker, sondern die Ernte besteuern. Eine ergiebige Erbschaftssteuer scheitert daran, dass der Großteil des Erbvermögens nicht liquide ist; eine Anhebung der Grundsteuer würde wiederum kleine Häuslbauer treffen und ist in Zeiten der Teuerung wenig vorstellbar."[256] Auch wenn die Einführung echter Vermögenssteuern das subjektive Gerechtigkeitsgefühl zu bedienen vermag – immerhin besitzt das reichste Prozent in Österreich knappe 39 % des Gesamtvermögens[257] –, wären weitere Steuererhöhungen im Höchststeuerland Österreich nicht gerechtfertigt und kontraproduktiv. „Bevor der Staat Sparsamkeit, Effizienz und Treffsicherheit noch nicht als Tugenden entdeckt hat, darf es keine neuen Steuern in Österreich geben", meint Berndorf-Eigentümer Norbert Zimmermann folgerichtig.[258] Auch eine Erbschaftssteuer ist letztlich eine Doppelbesteuerung und bestraft den, der sein Geld nicht verprasst, sondern für seine Kinder spart.

### *Gießkanne statt Treffsicherheit – der Kardinalfehler im Sozialsystem*

Nicht die angebliche soziale Kälte, sondern die mangelnde Treffsicherheit ist der Knackpunkt im österreichischen Sozialstaat. In der Alpenrepublik ist es seit Jahren eine schlechte Gewohnheit, möglichst viele Menschen – unabhängig von ihrer persönlichen wirtschaftlichen Lage und Leistungsfähigkeit – mit Leistungen des Sozialstaates zu verwöhnen. Das Prinzip „Gießkanne" regiert allerorts und schafft verlässlich die von der Politik im Gegenzug erwartete Dankbarkeit am Wahltag. Die Folgen dieser zutiefst unsozialen und manipulativen Sozialpolitik sind gravierend, zumal mangelnde Treffsicherheit viele soziale Fragen aufwirft:

- Ist es gerecht, wenn eine Doppelverdiener-Familie mit einem Haushaltseinkommen jenseits der 100.000 Euro die Familienbeihilfe für ihre drei Kinder in gleicher Höhe wie eine gleich große Familie mit zwei Mindestsicherungsbeziehern erhält?

- Benötigt jemand – quasi als Zubrot – Notstandshilfe, wenn er vielleicht selbst Vermögen besitzt und/oder der Partner durchaus gut verdient?

- Ist es wirklich eine soziale Errungenschaft, wenn für einen Top-Verdiener der Kindergartenplatz in Oberösterreich oder Salzburg gratis ist? Und ist es umgekehrt wirklich unzumutbar, für die Nachmittagsbetreuung einen Teil selber beizusteuern?

- Wollen die Befürworter des bedingungslosen Grundeinkommens tatsächlich, dass die Gattin des Bankdirektors ihren Tausender, den andere so dringend brauchen würden, automatisch monatlich auf ihr Konto überwiesen bekommt?

- Soll der nicht verfolgte marokkanische oder pakistanische Wirtschaftsflüchtling einen Anspruch auf Grundsicherung und Leistungen der österreichischen Sozialversicherung samt Energiebonus haben, wenn es gleichzeitig ca. 200.000 Ausgleichszulagen-Bezieher in Österreich gibt, die ein Leben lang in das System eingezahlt haben und sehr bescheiden leben müssen?

- Ist es vertretbar, dass ein gut situierter Großvater mit seinem Pflegegeld die Weihnachtsgeschenke für die Enkel kauft und andere Senioren mit ihrem Pflegegeld kaum über die Runden kommen?

- Gibt es irgendeinen vernünftigen Grund, warum man als Lehrer, Beamter oder Dienstnehmer in einem (halb-)öffentlichen Unternehmen von seiner Kranken- und Pensionsversicherung bessere Leistungen als Gewerbetreibende, Arbeiter oder Angestellte erhält?

- Ist es sachlich argumentierbar, dass – anders als etwa in Deutschland – der Krankenstand eines Arbeitslosen die Bezugszeiten für das Arbeitslosengeld entsprechend verlängert?

- Was spricht gegen die umgehende Einführung – sozial verträglicher – Studiengebühren, um damit die in Österreich ohnehin zu lange Studiendauer zu verkürzen bzw. die notleidenden Unis und Fachhochschulen zu unterstützen?

Zugegebenermaßen zugespitzte Beispiele – doch zeigen sie, wie willkürlich die Menschen vom Sozialsystem mit Leistungen (nicht) bedacht werden und wie ausbaubar die soziale Treffsicherheit in unserem Land ist. Es zeugt von besonderer sozialer Kälte, die Falschen zu bedienen und damit jenen die Leistungen vorzuenthalten, die sie dringend brauchen würden. Gleichzeitig ist es eine Zeitfrage, bis die Nettozahler den Trittbrettfahrern völlig zu Recht ihre Solidarität aufkündigen.

Eine Abkehr vom österreichischen Vollkasko-System ohne persönliche Verantwortung hin zu einer verstärkten Individualförderung mit Eigenverantwortung ist – aus Kosten- und Gerechtigkeitsgründen – deshalb alternativlos. Wer eine soziale Zuwendung erhält und die Versichertengemeinschaft belastet, hat im Rahmen seiner Möglichkeiten eine Mitwirkungs- bzw. Schadensminderungspflicht. Das gilt für Arbeitslose oder Kranke genauso wie für jemanden, der fahrlässig einen Freizeitunfall herbeiführt. Das ist nicht sozial kalt, sondern resultiert aus einer Reaktivierung des Hausverstandes.

Trennt man endlich die Spreu vom Weizen und führt den Sozialstaat auf seine ursprüngliche Bestimmung zurück, werden Gelder frei, die denen zukommen sollten, die unverschuldet zum Handkuss gekommen sind. Gleichzeitig kann der Staat

– etwa im Bereich der Pflege oder Behandlung von psychischen Erkrankungen – jene sozialen Lücken schließen, die er viel zu lange ignoriert hat. Mit einer höheren sozialen Treffsicherheit und der damit verbundenen Entlastung der Beitragszahler profitieren am Ende aber auch jene, die sich ihre sozialen Zuwendungen durch hohe Beitragsleistungen letztlich selber bezahlen und jene der anderen finanzieren. „Hol dir, was dir zusteht" bekommt dann eine ganz andere Bedeutung, als die Erfinder dieses unseligen Slogans diesem ursprünglich zugedacht haben.

*Folgende Maßnahmen würden zu einer wertschätzenderen und gezielteren Inanspruchnahme von Sozialleistungen führen, Armut öfter verhindern und das Sozialsystem zukunftssicher machen:*

- Regelmäßige Kommunikation der wichtigsten konsumierten Sozialleistungen und deren Kosten gegenüber den Leistungsempfängern – was etwas kostet, ist auch etwas wert. Diese jährliche Aufstellung sollte auch die jeweils geleisteten Sozialabgaben umfassen.

- Durchführung einer umfassenden Studie, in der die Treffsicherheit der wichtigsten Sozialleistungen bzw. mögliche Eigenleistungen geprüft werden. Daraus ergibt sich eine Neugestaltung bzw. Anpassung des Sozialleistungskataloges entsprechend den Studienergebnissen. Klares Ziel: „weniger Gießkanne bzw. mehr für Bedürftige".

- Verankerung des Prinzips „Keine Sozialleistung ohne zumutbare Gegenleistung" in der Sozialgesetzgebung – egal, ob es um Leistungen der Kranken- oder Arbeitslosenversicherung oder etwa der Grundversorgung geht.

- Sofortiger „Umverteilungsstopp" und gleichzeitige Entlastung der Nettotransferzahler durch Beitragssenkungen (= mehr Netto von Brutto), die aus Effizienzsteigerungen bzw. der Streichung unzeitgemäßer Leistungen resultieren. Letztere sollten auf Basis eines Ländervergleichs anhand von Best-Practice-Beispielen ausgewählt werden.

- Einführung eines generellen, sozial verträglichen Selbstbehaltes für die Inanspruchnahme von Gesundheitsleistungen, der durch den Nachweis von vereinbarten Präventionsmaßnahmen vermieden werden kann. Das stärkt die Gesundheit und entlastet das System.

- Wer aus freien Stücken weniger bzw. kürzer arbeiten will, darf daraus keine steuerlichen oder anderen sozialen Vorteile erzielen. Vielmehr sind Vollzeit-Arbeitsverhältnisse durch eine fortgesetzte Senkung von Steuern und Sozialversicherungsbeiträgen zu begünstigen.

- Abgabenhinterziehung bzw. Sozialleistungsmissbrauch sind strenger und konsequenter zu sanktionieren – etwa bei Schwarzarbeit, Steuerhinterziehung, illegaler (Ausländer-)Beschäftigung, Krankenstands- und Kurmissbrauch etc.

- Die Einführung neuer Steuern bzw. Sozialversicherungsabgaben soll im Höchststeuerland Österreich zukünftig nur mehr mit einer parlamentarischen Zwei-Drittel-Mehrheit möglich sein. Es ist genug Geld im System, weshalb ein präziser Pfad festzulegen ist, bis wann und mit welchen Maßnahmen eine Abgabenquote von z. B. unter 40 % erreicht werden muss.

- Fortsetzung und Ausbau einer offensiven Standortpolitik, die auf gesundes Wachstum setzt. Das sichert Arbeitsplätze, stärkt die Kaufkraft und hält den Wirtschaftskreislauf am Leben. Die dadurch lukrierten Unternehmensgewinne ermöglichen jene Investitionen und Innovationen, die Betriebe, Arbeitsplätze und das Sozialsystem zukunftsfit machen.

- Nachhaltiger Konsum bzw. eine generationengerechte Lebensweise als Antithese zur schnelllebigen Wegwerfgesellschaft sollte nicht nur Teil sämtlicher Lehrpläne, sondern bereits im Vorschulalter vermittelt werden. Dieses Ziel ist weniger über Verbote als über eine entsprechende Sensibilisierung und Aufklärung der Bevölkerung bzw. Technologieoffenheit zu erreichen.

# 5

## Sozialstaatslüge Nr. 5:
## „Unser Sozialsystem ist nachhaltig und hat in dieser Form Zukunft."

### Das Kreuz mit der „Social Correctness"

Der Österreicher hat es generell nicht gern, wenn sich etwas ändert. In praktisch keinem anderen EU-Land hängt man gefühlt mehr am Gewohnten und Vertrauten. Eine subtile Reformresistenz umgibt dieses Land wie ein zäher Nebel: „Das war ja schon immer so" und „Da könnte ja jeder kommen" sind klassisch-österreichische Reaktionen auf jeden Versuch, Dinge infrage zu stellen – selbst wenn man sie zum Besseren verändern wollte. Stillstand und mit der Zeit nur mehr „zweitbeste" Ergebnisse sind die Folgen.

Im Speziellen gilt das für das soziale Netz, bei dem hierzulande jeder Ansatz einer Kritik augenblicklich zum Verrat an den sozialen Werten erklärt wird, die dieses Land groß gemacht haben und die als „Kitt" zwischen den einzelnen Gesellschaftsschichten fungieren. „Reformnotwendigkeit" im Sozialbereich wird oft automatisch mit „Sozialabbau" gleichgesetzt und damit realpolitisch zu einem Ding der Unmöglichkeit.

So auch der Politikwissenschafter Emmerich Tálos, für den es beim Sozialstaat natürlich nur in eine Richtung gehen kann: „Den Sozialstaat müssen wir erhalten und ausbauen. Die Neoliberalen wollen einen Sozialstaat, in dem Vorsorge Vorrang vor Fürsorge hat und der nur Menschen in Not versorgen will."[259] Ein Offenbarungseid, der den Wandel vom Sozialstaat in seiner ursprünglichen Funktion zum allumfassenden Versorgungsstaat für jedermann anschaulich dokumentiert.

„Jeder Arbeitslose will arbeiten", „Zu geringe Pensionsanpassungen bzw. ein höheres Pensionsantrittsalter sind ein Verrat an der Nachkriegsgeneration", „Krankenstandsmissbrauch ist eine Erfindung der neoliberalen Ausbeuter", „Selbstbehalte sind asozial und treiben Menschen in Armut und Krankheit", „Zuwanderer sind ausschließlich eine Bereicherung" sind in Österreich Sätze mit quasi Dogmencharakter, die ein mehr als festgefahrenes und vor allem einseitiges Denken zum Ausdruck bringen. Wer das anders sieht, ist im besten Fall ein Sklave des Kapitals und schlimmstenfalls ein böser Rechter. Bewusst wird so jede Diskussion über notwendige Änderungen dämonisiert und im Keim erstickt. Eine besondere Art von „Social Correctness", die es gefühlt in dieser Form fast nur bei uns gibt, verbietet es geradezu – trotz oft gegenteiliger Fakten – die Herausforderungen beim Namen zu nennen und die Korrektur offensichtlicher Schieflagen anzugehen.

*Wer das Sozialsystem reformieren will, ist schnell „weg vom Fenster"*
Politiker, die die Notwendigkeit einer Sozialstaatsreform auch nur andeuten, werden in den Medien am nächsten Tag als „unsozial, unsolidarisch und unmenschlich" verrissen und haben die nächsten Wahlen bereits verloren. Als sich beispielsweise ein österreichischer Landeshauptmann vor einigen Jahren öffentlich für eine Spitalsreform aussprach, sah er sich am nächsten Tag mit einem Inserat des politischen Mitbewerbers konfrontiert, das einen Friedhof mit den von ihm zu verantwortenden zukünftigen Toten zeigte. Die Regierung Schüssel wagte 2004 das Undenkbare und reformierte das Pensionsrecht – prompt verlor sie darauf die nächste Wahl. Als der ehemalige Bundeskanzler Alfred Gusenbauer 2003 das Pflegegeld reformieren und auf mehr Sachleistungen setzen wollte, wurde er selbst von der eigenen Partei in der Luft zerrissen. Gleichzeitig begünstigt es die Wiederwahl, wenn man statt der gebotenen Sozialreformen „noch eins draufsetzt": Im Wiener Magistrat hat jeder fünfte Beamte sieben Wochen Urlaub – ein Wahlzuckerl aus dem Jahr 2015, das erwartungsgemäß seine gewünschte Wirkung tat.[260]

Die Folgen einer solchen Reformresistenz bzw. des dieser zugrunde liegenden zutiefst egoistischen sozialen Besitzstanddenkens werden zunehmend sichtbar: Der weitestgehende Verzicht auf „stemmbare" Anpassungen zur rechten Zeit wird uns in den nächsten Jahren in Teufels Küche bringen und vor allem unsere Kinder und Enkel, etwa im Pensionsrecht, mit voller Härte treffen. Das schadet auch dem Land, das aufgrund der ausgebliebenen Anpassungen an Wohlstand, sozialer Sicherheit und auch an Wettbewerbsfähigkeit verliert.

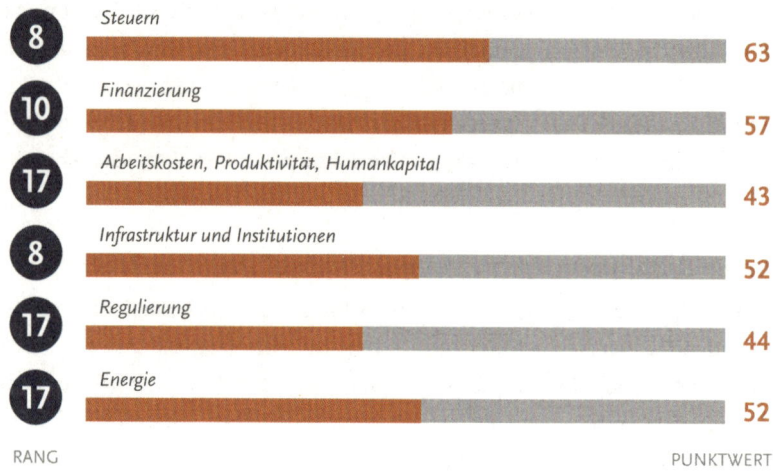

Quelle: Grafik TRAUNER Verlag, Daten Stiftung Familienunternehmen: ZEW – Leibniz-Zentrum für Europäische Wirtschaftsforschung GmbH, 2023

## Die Reform der Sozialversicherungen oder: Wo bleibt die „Patienten-Milliarde"?

Wie wenig ambitioniert bzw. unrealistisch Reformen in Österreich sind, zeigt sich an der 2020 in Kraft getretenen Sozialversicherungs-Organisationsreform:

Während die „Habenseite" – mit einer durchaus herzeigbaren Leistungsharmonisierung innerhalb der ÖGK sowie der Reduktion der Sozialversicherungsträger von 21 auf fünf – eher überschaubar ist, konnten andere Ziele nicht einmal annäherungsweise erreicht werden. So kritisiert der Rechnungshof, dass die – aufgrund von Einsparungen beim Personal- und Sachaufwand – in Aussicht gestellte

"Patientenmilliarde" nicht einmal mit der Lupe zu finden sei.[261] Auch der oberösterreichische Landeshauptmann Thomas Stelzer und Gesundheitslandesrätin Christine Haberlander verwiesen darauf, dass sich der angekündigte Erfolg der Kassenreform nicht eingestellt hat bzw. die von Wien kassierte Rücklage in Oberösterreich investiert werden muss.[262]

Die für die Durchführung der Reform mitursächliche "paritätische Besetzung" der Führungsgremien der Sozialversicherung mit Arbeitgeber- und Arbeitnehmervertretern, für die es viele gute Gründe gab, hätte einfach auch so umgesetzt werden können. Dann hätte man sich vor allem die mit der Zentralisierung verbundenen Nachteile für die Versicherten und Beitragszahler erspart – denn selten wurde bisher etwas besser oder billiger, nur weil es in Wien gemacht wird.

Die gestern aus purem Populismus verschobenen Sozialreformen machen heute einen Handlungsbedarf sichtbar, dessen Folgen schmerzhaft sein werden. Statt einer verlogenen „Vogel-Strauß-Politik" braucht es – wie in Schweden in den 1990er-Jahren – mutige Staatsmänner, die nicht auf die nächsten Wahlen schielen, sondern vielmehr schonungslos die Lage analysieren und dann das Notwendige tun. Schließlich muss gerade im Sozialbereich die Wahrheit immer zumutbar sein, da sie mit Verzögerung sowieso zur Kenntnis zu nehmen ist. Das ist keine billige Panikmache, sondern das Ergebnis eines Faktenchecks: Auch die OECD warnte Österreich wiederholt vor der geringen Nachhaltigkeit seines Sozialsystems und forderte tiefgreifende Sozialreformen, insbesondere in den zentralen Bereichen Gesundheit, Pensionen und Arbeitsmarkt.[263]

## *Statt „Vollkaskomentalität" braucht es ein Comeback des Leistungsdenkens*

Das aktuelle Sozialsystem und seine Bewahrer haben viele Menschen geradezu zur Unselbstständigkeit und Sorglosigkeit erzogen: Wie bei einer Kfz-Vollkaskoversicherung weiß auch der Pflichtversicherte in der Sozialversicherung, dass ihm in Österreich „letztlich nichts passieren kann", weil der Sozialstaat immer einspringt. Dieses trügerische Sicherheitsgefühl hat mittlerweile noch einmal eine Steigerung erfahren, indem der Staat bei praktisch jeder Krise für den Bürger in die Bresche springt und diesen weitestgehend schadlos hält:

- *Ein Leben lang mit der eigenen Gesundheit Schindluder getrieben und auf jede Prävention verzichtet?*
  Kein Problem, Ärzte, Spitäler und Rehas werden es schon richten.

- *Länger arbeitslos und keine Eile, einen neuen Job anzutreten?*
  Mit der Notstandshilfe, mit Nebenjobs und ein bisschen Pfuschen sogar bis zur Pension machbar und auch durchaus lukrativ.

- *Beim Freiklettern oder Rafting blöderweise verunglückt?*
  Kein Grund, sich Sorgen zu machen – deswegen gibt es ja das All-inclusive-Paket der Krankenversicherung bzw. muss der Dienstgeber (!) auch bei Freizeitunfällen den Lohn ohnehin bis zu acht Wochen fortzahlen. Und wenn es länger dauert, springt die ÖGK ein und es entsteht sogar ein neuer Urlaubsanspruch im (durchgehenden) Krankenstand.

- *So schnell wie möglich zu besten Konditionen in Pension gehen?*
  Exakt dafür gibt bzw. gab es Sonderregeln für (angebliche) Hackler, staatsnahe Beschäftigte oder Ältere mit genug Versicherungsjahren.

Wer in so einem System sozialisiert wurde, hat es geradezu verinnerlicht, bei jeder Gelegenheit reflexartig nach dem Staat zu rufen und selbst ausschließlich als „Anspruchsberechtigter" („Hol dir, was dir zusteht!") in Erscheinung zu treten. Wertschätzung für das soziale Netz und eine überlegte solidarische Inanspruchnahme im Sinne einer „Solidarität mit den wirklich Bedürftigen" oder gar Dankbarkeit (welch antiquierter Begriff!) sind heute keine Kategorien mehr und lassen den durchschnittlichen Sozialoptimierer höchstens schmunzeln. Und wer trotzdem früh aufsteht und zur Arbeit oder einmal nicht ganz fit in die Firma geht, ist schon lange der Dumme, wo es doch so viel einfacher ginge. Zu viele verbinden „Leistung" mittlerweile offenbar nur noch mit „Sozialleistung" – die Kurzarbeit (das heißt, weniger arbeiten und fast gleich viel verdienen) dürfte so manche „auf den Geschmack gebracht haben".

Vollkaskomentalität forciert die öffentliche Hand aber auch bei Unternehmen, insbesondere während der letzten Krisen: So waren nicht nur die durch die österreichische Bundesregierung gewährten Corona-Unterstützungen die höchsten in der EU.[264] Auch der Teuerungsausgleich erfolgte oft wenig treffsicher, dafür aber zugegebenermaßen relativ unbürokratisch und rasch. Auch fehlte es immer wieder an Zielgenauigkeit, zumal die Unternehmen doch sehr unterschiedlich von den aktuellen Krisen betroffen waren. Der eine oder andere Gastronom hatte dem Vernehmen nach während der Pandemie einen höheren Gewinn als vor 2020. Umgekehrt ist anzuerkennen, dass gerade in Österreich nicht nur den Privaten, sondern auch den Unternehmen unter die Arme gegriffen wurde, zumal an diesen Tausende von Arbeitsplätzen hängen.

Statt Steuer- und Sozialversicherungsbeiträge weiter zu senken und so eine langfristige Entlastung anzustreben, wurden und werden weiterhin munter Einmalzuschüsse verteilt. Nicht hoch genug kann deshalb der Kraftakt der Regierung eingeschätzt werden, endlich die kalte Progression abzuschaffen. Eine längst fällige und mutige Maßnahme, die nachhaltig wirkt und bewusst den vielgeprüften Mittelstand entlastet, der ja das Sozialsystem am Laufen hält.

## *Reparieren statt vorbeugen ist alles andere als nachhaltig*

Vor allem das Gesundheitssystem ist in Österreich fast ausschließlich auf „Reparatur" getrimmt und behandelt auf hohem Niveau Schadensfälle, zu denen es keineswegs immer hätte kommen müssen. Mit dieser Herangehensweise werden aber bloß Symptome und nicht die Ursachen behandelt, was wenig nachhaltig ist. Am Beispiel der gesetzlichen Unfallversicherung (AUVA) sieht man, wie es anders gehen kann: Durch eine durchgängige, hochprofessionelle Prävention konnte die Anzahl der Arbeitsunfälle seit den 1980er-Jahren um über 50 % gesenkt werden. Konsequent betriebene Prävention – etwa durch Betriebsbegehungen oder Beratungen – wirkt und reduziert Zeit und Kosten.

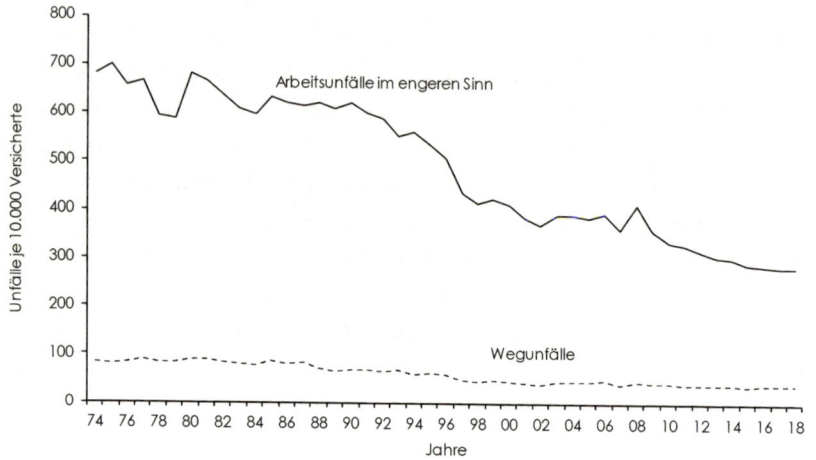

Quelle: Barbara Huber und Thomas Strobach
„Krankheits- und unfallbedingte Fehlzeiten in Österreich – Der Fehlzeitenreport 2019",
in Sichere Arbeit, Internationales Fachmagazin für Prävention in der Arbeitswelt, 8.4.2020

Mittlerweile sind es die Freizeitunfälle, die die Betten der UKHs füllen. Nicht – wie ursprünglich gedacht – die Arbeitsunfallopfer, sondern jene, die z. B. ohne jede Praxis auf einem 40 km/h schnellen Elektroscooter ohne Helm durch die Städte flitzen und dabei stürzen, liegen dort.

Quelle: Kuratorium für Verkehrssicherheit: Presseaussendung „Unfallbilanz 2021 – Unfallzahlen in Österreich steigen wieder deutlich an", 24.3.2022

## Sozialstaatslüge Nr. 5

Gerade im Gesundheitssystem wird mit hohem finanziellem Aufwand „repariert" bzw. stecken wir überdurchschnittlich viel Geld in die Behebung von Arbeitslosigkeit, statt diese vorweg bestmöglich zu verhindern. Dass viele Schadensfälle a priori vermeidbar gewesen wären und es zum Schadensereignis erst gar nicht hätte kommen müssen, wird zumeist ausgeblendet.

### Der Sozialstaat von morgen wird andere Prioritäten haben (müssen)

Ein zukunftsfähiges Sozialsystem fördert die Menschen nicht nur, sondern fordert ihnen auch etwas ab: Das individuell jeweils Zumutbare, das etwa von einem Arzt oder der Arbeitsmarktverwaltung festzulegen ist, muss zukünftig von jedem verlangt werden können, damit die Beitragszahler entlastet werden und das System jene besser unterstützen kann, die sich selbst nicht mehr helfen können. Dazu braucht es auch eine Neubewertung aller Leistungen, die Menschen für unsere Gesellschaft erbringen. Das gilt etwa für die sogenannten „systemrelevanten Berufe", die zwar während der Krisen viel Applaus erhielten, jetzt aber in der allgemeinen Aufmerksamkeit wieder in der Versenkung verschwunden sind. Auch die Pflege wird in Österreich zukünftig ein anderes Standing bekommen müssen – so wie auch das freie Unternehmertum, das insbesondere mit der Schaffung von Arbeitsplätzen dafür sorgt, dass unser Sozialstaat eine ausreichende finanzielle Basis hat. Ständiges „Lehrerbashing" ist wiederum kein Anreiz für junge Menschen, sich für diesen so wichtigen Beruf zu interessieren. Umgekehrt sind Sozialleistungen für jene zu reduzieren, die sich grundlos aus dem Wertschöpfungsprozess ausklinken oder die ihnen mögliche Leistung nicht erbringen wollen.

Ein Sozialstaat mit Zukunft belohnt bei Beschäftigten und Arbeitslosen die Bereitschaft zur Leistung, Vorsorge und permanenten Weiterbildung. Er honoriert die Entscheidung für einen vernünftigen Lebensstil und der damit verbundenen geringeren Inanspruchnahme der Leistungen der gesetzlichen Kranken- und Pensionsversicherung. Und er diszipliniert konsequent jene, die das System ohne Notwendigkeit überproportional oder sogar missbräuchlich ausnutzen. Denn ein Sozialstaat darf nicht zum „Selbstbedienungsladen" verkommen, bei dem sich vor allem jene bedienen, die die Tricks und Kniffe am besten kennen.

Im Sozialstaat von morgen verspricht bzw. verteilt man keine Sozialgeschenke mehr, um gewählt zu werden. Man setzt auf ein – nach dem tatsächlichen Bedarf ausgerichtetes und damit auch langfristig finanzierbares – soziales Netz. Dieses sieht bisher mit einem Augenzwinkern erlaubtes Trittbrettfahren nicht mehr vor und legt den Fokus auf jene, die unverschuldet in Not geraten bzw. nicht auf der Sonnenseite des Lebens gelandet sind. Und es nimmt auf die Beitragszahler Rücksicht, indem man ihnen nur so viel abverlangt, als tatsächlich notwendig und gerechtfertigt ist. Denn „Mehr Netto von Brutto" ist noch immer der beste Ansporn zur Mehrleistung, ohne die es zukünftig kein dicht geknüpftes soziales Netz geben wird.

### *Fehlende Zukunftsorientierung am Beispiel von „New Work"*

Wie wenig zukunftsfit unser Sozialsystem ist, zeigt sich beim Thema Arbeit: Das aktuelle Sozialsystem hat erschreckend wenige Antworten auf die neuen Entwicklungen in der Arbeitswelt. „New Work" ist die Bezeichnung für ein neues Verständnis von Arbeit, das durch die Digitalisierung geprägt ist. Die zentralen Werte dieser neuen Form des Arbeitens sind Freiheit, Selbstbestimmtheit, eine neue Work-Life-Balance, Selbstständigkeit und aktive Teilhabe. „New Work"-Experten beschreiben den derzeit stattfindenden strukturellen Wandel in der Arbeitswelt grob so:

Ausgehend von der Digitalisierung, Globalisierung bzw. der rasanten Entwicklung der künstlichen Intelligenz ändern sich sämtliche Parameter im Arbeitsprozess laufend. „New Work" verändert die Beziehung zwischen Arbeitgeber und Arbeitnehmer, die Arbeitszeiten, den Arbeitsort, die Erwartungshaltung insbesondere der jüngeren Mitarbeiter sowie die Partizipation bei unternehmerischen Entscheidungen. Vermehrtes Homeoffice und damit disloziertes Arbeiten sind erst der Anfang, Arbeiten von überall („digitales Nomadentum") ist der logische nächste Schritt. Die digitale Zukunft wird neue Freiheiten bringen, sofern gegenseitiges Vertrauen vorhanden ist: das Arbeiten von jedem Platz aus, neue Chancen für Menschen mit Beeinträchtigungen (die digitale Welt ist größtenteils barrierefrei), ein neuer Zugang zum Wissen („Generation Wikipedia") und die Substitution ermüdender Routinearbeit, was die von vielen so gewünschte „Sinnstiftung in der Arbeit" stärken wird. Der Weg führt von der „Überflussgesellschaft zur Sinngesellschaft", wobei dieser Übergang durch die Digitalisierung beschleunigt wird. „Wenn intelligente Maschinen Routinearbeiten übernehmen, bleibt dem Worker die Freiheit, in seinem Tun den Sinn zu finden", skizziert Richard David Precht die neue Arbeitswelt.[265]

Quelle: WKOÖ

Manche wollen diesen Paradigmenwechsel ignorieren und die – in Wirklichkeit unumkehrbaren – Entwicklungen in der Arbeitswelt unter das Regime des aktuellen Arbeits- und Sozialrechtes zwängen. Manche Arbeitnehmer-Interessensvertretungen kommen mit den Umbrüchen in der Arbeitswelt oft nur schlecht zurecht und betreiben rückwärtsgewandtes „Cocooning". Da wird gegen flexiblere Arbeitszeiten und Entgeltsysteme gewettert, obwohl sich Arbeitgeber und Arbeitnehmer auf betrieblicher Ebene darauf verständigt haben. Mit dem Totschlagargument des Datenschutzes bzw. „gläsernen Menschen" werden digitale Lösungen ohne Notwendigkeit eingeschränkt und erschwert. Und wenn gar nichts mehr hilft, so ist es stets der „Kampf gegen die Selbstausbeutung", dem sich manche Gewerkschaften verpflichtet fühlen. Diese beharrenden Kräfte werden schon längst von der Wirklichkeit überrollt, wie etwa der Anteil jener, die in Österreich bereits Erfahrung mit „Crowdworking" haben, zeigt:

## Sozialfall Sozialstaat

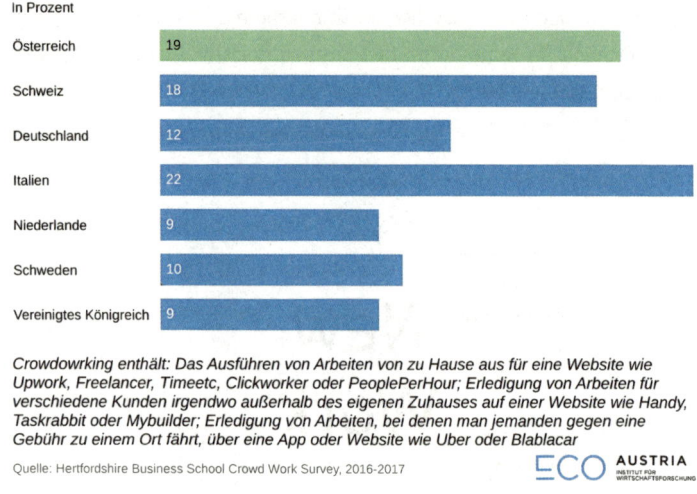

*Quelle: ECO Austria, Institut für Wirtschaftsforschung: „Policy Note 47. International mobile Arbeitskräfte: Der neue Standortwettbewerb", S. 12*

Wer neuen Wein in alte Schläuche füllen will, wird kläglich scheitern und international ins Hintertreffen geraten. Es braucht vielmehr einen neuen gesetzlichen Rahmen, der „New Work" ermöglicht und – wo notwendig – natürlich auch gegensteuert: Dabei wird es vor allem um mehr Spielraum und die Verlagerung von Verantwortung auf betrieblicher Ebene bzw. flexibleres und hybrides Arbeiten gehen, was zu neuen Win-win-Situationen führen kann. Es ist wichtig, „New Work" nicht zu erdulden, sondern aktiv zu gestalten und damit einen Wandel in eine noch bessere und selbstbestimmtere Arbeitswelt einzuleiten.

Neben der Sinnstiftung und der Nachhaltigkeit wird die Tätigkeit bzw. ihre Auswirkungen (was erhält die Umwelt, was zerstört sie?) einen höheren Stellenwert bekommen. Viele Arbeitnehmer wünschen sich neue Freiheiten in der Gestaltung ihrer Arbeit, um so ihre persönlichen Ziele und jene des Unternehmens besser miteinander in Einklang bringen zu können. Starre Regeln sind Misstrauenskonzepte von vorgestern, die von den Mitarbeitern häufig nur noch als Zwangsbeglückung bzw. von den Betrieben als bürokratische Erfolgsbremse erlebt werden. Wenn Arbeitnehmer-Interessensvertreter zukünftig nicht öfter über ihren Schatten springen, werden die von ihnen Vertretenen dafür umso öfter „über die Klinge springen müssen".

Die zukünftige Arbeitswelt kennt keinen Einheitsbrei mehr, sondern die vom Gesetzgeber eingeräumte Möglichkeit individueller Vereinbarungen etwa hinsichtlich des Arbeitsortes oder der Arbeitszeiten, die sich – abhängig von der jeweiligen Lebensphase – auch permanent ändern können. Mitarbeiter bekommen größere Entscheidungsspielräume, tragen mehr Verantwortung und werden so immer öfter zu Mitunternehmern, die selbstredend ihren gerechten Anteil am wirtschaftlichen Gesamterfolg erhalten müssen.

„Betriebsfremdes Hineinregieren" vom Muppets-Balkon aus verunmöglicht hingegen das „neue Arbeiten". Dies führt nämlich dazu, dass Arbeitgeber und Arbeitnehmer – wie schon jetzt immer wieder – „einvernehmliche Lösungen" außerhalb des Gesetzes suchen müssen und letztlich auch finden. Die Sozialpartner müssen deshalb Macht abgeben und den Vertragsparteien zukünftig auf betrieblicher Ebene ein höheres Pouvoir einräumen. Zieht der Gesetzgeber nicht nach, indem er neue Arbeitsformen unbürokratisch ermöglicht, wird das altehrwürdige Arbeits- und Sozialrecht, das größtenteils aus der Wirtschaftswunderzeit stammt, immer mehr zum toten Recht werden.

## *Das Dilemma mit den Wirtschaftsflüchtlingen*

Der Sozialstaat europäischer Prägung lockt naheliegenderweise Menschen aus aller Welt an, die in ihrer Heimat keine Zukunftsperspektive mehr sehen. Österreich ist bevorzugtes Ziel für Zuwanderer aus aller Herren Länder und liegt – lässt man vier Zwergstaaten und die Schweiz beiseite – europaweit auf Platz eins, wenn es um den Ausländeranteil an der Bevölkerung geht. So sympathisch eine spontane Willkommenskultur auf den ersten Blick scheinen mag, so wenig nachhaltig ist das Ergebnis ungesteuerter Zuwanderung. Viele essenzielle Fragen – wie Unterkunft, Arbeitsmöglichkeiten, Einhaltung von Verhaltensregeln oder Verfahrensweisen nach einem negativen Asylverfahren – bereiten nach wie vor Schwierigkeiten.

Ist diese Form der Entwicklungshilfe nachhaltig oder überfordert sie den alten Kontinent? Und was sind die Folgen für den Sozialstaat, wenn wir unter dem Deckmantel des Asylrechts unbeschränkte Zuwanderung weiter zulassen?

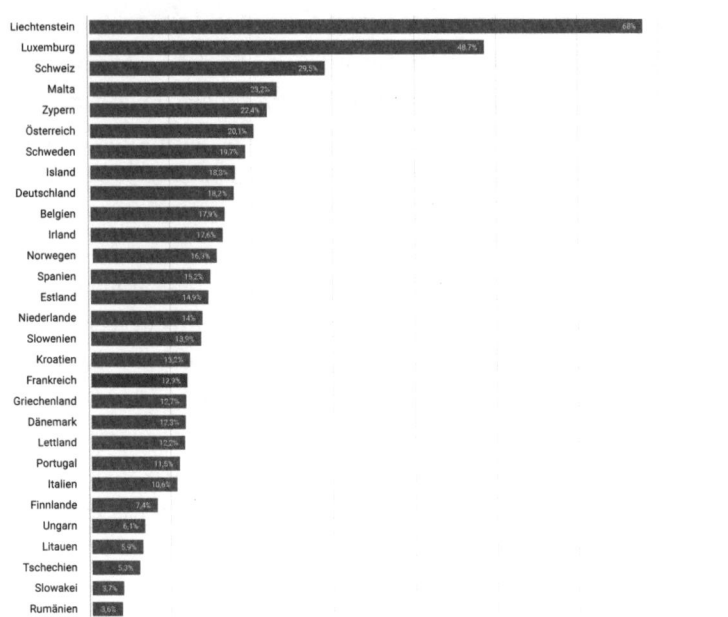

Quelle: Bundeszentrale für politische Bildung: Onlineartikel von Karen Akoka und Fred Salin: „Migration und Migrationspolitik in Frankreich – Entwicklungen und aktuelle Debatten", 5.4.2022
www.bpb.de/themen/migration-integration/laenderprofile/506951/
migration-und-migrationspolitik-in-frankreich-entwicklungen-und-aktuelle-debatten/

2015 haben wir erlebt, wie sich die Grenzbalken für alle öffneten, Polizisten einfach überrannt und die Dublin-Richtlinie endgültig zu Grabe getragen wurden.

## Sozialstaatslüge Nr. 5

Dass man daraus wenig gelernt hat, zeigt der Umstand, dass sich gegenwärtig vieles zu wiederholen scheint. So lag die Anzahl der Asylanträge im Jahr 2022 mit knapp 109.000 sogar noch höher als 2015.[266] Die EU versagt hier auf der ganzen Linie: Statt die Außengrenzen wirksam zu sichern und die Einhaltung der Dublin-Richtlinie zu gewährleisten, schlägt man nur eine „gerechtere Verteilung der Wirtschaftsflüchtlinge vor". 636.000 Asylanträge blieben 2022 in den EU-Ländern unerledigt liegen (plus 44 % zu 2021).[267] Je länger sich Wirtschaftsflüchtlinge in einem Land aufhalten, desto unwahrscheinlicher wird eine Rückführung.

Schon Milton Friedman meinte 1977, dass „offene Grenzen und Sozialstaat einander ausschließen".[268] Teile des offiziellen Österreich haben sich – wieder einmal im Namen der Social Correctness – dafür entschieden, den Kopf in den Sand zu stecken und so zu tun, als ob das Sozialsystem unbegrenzt leistungsfähig sei und jedem aus nah und fern unbeschränkt zur Verfügung stehe. Auch die selbsternannten „Protagonisten der Nächstenliebe" machen mit und merken nicht, dass es durch eine falsch verstandene „Willkommenskultur" in den Herkunftsländern der Flüchtlinge nicht besser, dafür aber bei uns schlechter und unsicherer wird.

Heute wissen wir, dass nicht die Ärmsten zu uns gekommen sind, sondern vor allem gesunde junge Männer zwischen 18 und 30, die sich einen Schlepper leisten konnten. Die Integration der Migranten blieb – vor allem in den großen Städten – weit unter den Erwartungen und Versprechungen der Politik. Ein Indiz dafür ist, dass 55 % aller Gefängnisinsassen 2022 nicht österreichische Staatsbürger waren, deren medizinische Betreuung allein 70 Mio. Euro kostete.[269] Bewusst werden sie alle „Flüchtlinge" genannt, obwohl viele von ihnen ganz normale Wirtschaftsimmigranten sind, die zu keiner Zeit in ihrer Heimat verfolgt wurden. Letztlich haben sie das Asylrecht missbraucht, um ganz einfach in Österreich ein besseres Leben führen zu können. In ihrer Heimat zurückgelassen haben sie die noch Ärmeren, die für die Flucht zu schwach oder arm waren und deren Situation durch ihr Weggehen noch prekärer wurde.

Immer mehr werden sich auf den beschwerlichen Weg ins „gelobte Land" Europa machen, da ja jeder, der „Asyl" ruft, vorerst einmal bleiben darf und bislang noch kein Schiff Wirtschaftsflüchtlinge ohne Chance auf Asyl in ihre

Heimat zurückgebracht hat. Die Ausbildung der Menschen wurde – sozial korrekt – von Teilen der Politik schon vorweg gelobt und ausschließlich als Bereicherung verkauft. Allerdings war von Anfang an klar, dass viele aufgrund ihrer fehlenden Deutschkenntnisse bzw. mangels einer Schul- und Berufsausbildung auf Jahre in der Grundversorgung bzw. Mindestsicherung landen würden. So brauchen sieben von zehn Asylberechtigten eine „primäre Alphabetisierung", weil sie in ihrer Muttersprache nie schreiben gelernt haben.[270] Nur jeder Zweite der 2015 über die Asylschiene eingereisten Flüchtlinge geht derzeit einer Beschäftigung nach.[271]

Es ist kein Zufall, dass 30,1 % der Mindestsicherungsbezieher arbeitslose Asylberechtigte sind.[272] Asylwerbern hat man das Arbeiten von vornherein weitestgehend verboten, was eine gefährliche Langeweile erzeugt, manche kriminell werden lässt und das Entstehen von Parallel- und Gegengesellschaften noch einmal begünstigt. Die Integrationsbereitschaft vieler Migranten wurde überschätzt: Nicht wenige Menschen aus fremden Kulturen mit bestimmter religiöser Prägung wollen zumeist unter ihresgleichen leben und lehnen die Kultur und Lebensweise des Aufnahmestaates mitunter sogar dezidiert ab. Und wenn Austro-Türken in Wien den Sieg Erdoğans überschwänglich feiern und die Stadt zum gefährlichen Tollhaus machen, zeigt sich einmal mehr, dass Integration nach wie vor ein Minderheiten-Programm ist.

### *Interesse an echter Integration von beiden Seiten „mangelhaft"*

Dass das keine bösen Unterstellungen, sondern Fakten sind, belegt die ehemalige islamische Religionslehrerin Zeliha Cicek in einem bemerkenswert offenen Interview mit dem Kurier: „Die radikale Form der Islamauslegung wird seit 30 Jahren in Österreich immer präsenter. Frauen werden häufig ausgenützt und unterdrückt. Es geht um Zwang und Angst – alles (in Österreich) wird schlechtgemacht. Flüchtlinge haben unsere humanistische Gesellschaft gut ausgenützt. Die Parallelgesellschaft existiert, zumal 700.000 Muslime bei uns leben – bei der Zahl habe ich Angst!"[273] In dieselbe Kerbe schlägt der Forscher Ednan Aslan, der im Auftrag der Regierung eine Studie zum islamischen Religionsunterricht vorgelegt hat und dafür viele Prügel einstecken musste: „Es existiert in Österreich eine Angst davor, Muslime und ihre Gewohnheiten kritisch zu hinterfragen. Die Freiheit der Forschung wird eingeschränkt, wenn man Mails mit schlimmen Drohungen bekommt – wie etwa: ‚Ich weiß, wo deine Tochter arbeitet.' Der türkische Präsident Erdoğan, der in Österreich besonders viele Anhänger hat, sagt ganz offen, dass der Halbmond gegen das Kreuz Krieg führt. Diese Symbolpolitik begeistert viele Menschen und ist keine gute Grundlage für die Demokratisierung kommender Generationen. Wir haben bei der Integration nichts falsch gemacht, weil wir gar nichts gemacht haben. Wir dürfen vor antidemokratischen bzw. islamistischen Ideologien nicht kapitulieren", sagt Aslan.[274]

Mutige Worte eines Praktikers, die viele nicht gerne hören und – würde sie ein Österreicher sagen – wohl als „islamophob" abgekanzelt würden. Wie aktuell diese Thematik ist, zeigt die Tatsache, dass in den Linzer Pflichtschulen muslimische Kinder seit dem heurigen Schuljahr erstmals in der Mehrheit sind.[275] Die sattsam bekannte Parole „Integration vor Zuzug" muss daher endlich mit Leben erfüllt werden. Gut gemeinte Wertekurse helfen wenig und sollen wohl eher das schlechte Gewissen beruhigen. Auf die berechtigte und, wenn überhaupt, sehr leise gestellte Frage, warum reiche islamische Staaten nicht im großen Stil islamische Flüchtlinge aufnehmen, gibt es bis heute keine zufriedenstellende Antwort. Im Gegenzug könnte Europa verfolgten Christen eine neue Heimat bieten, zumal diese Menschen viel einfacher zu integrieren wären.

Aber auch die Integrationsbereitschaft der Österreicher ist angesichts des wachsenden nichtösterreichischen Bevölkerungsanteils enden wollend: Laut dem Integrationsbarometer des Österreichischen Integrationsfonds (ÖIF) bewerten 67 % der Österreicher (45 % mehr als im April 2022) das Zusammenleben mit Zuwanderern/ Flüchtlingen als eher oder sehr schlecht.[276] Dieses desaströse Ergebnis straft jene Lügen, die bei jeder Gelegenheit die Integration von Migranten als gelungen bejubeln. Die Bevölkerung scheint eine Fortsetzung der ungesteuerten Zuwanderung abzulehnen, was sich auch in diversen Wahlergebnissen widerspiegelt. Dazu passt auch das Ergebnis einer aktuellen Studie unter 53 Ländern: Österreich belegt dabei bei der Frage, ob „die Verringerung der Einwanderung prioritär sei" Platz eins.[277]

Sozialfall Sozialstaat

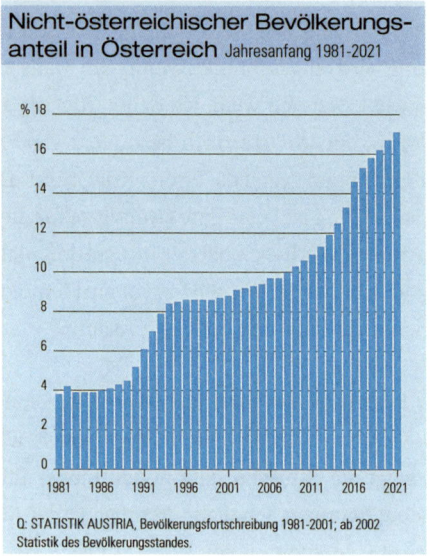

Quelle: Statistik Austria: Informationsbroschüre „Österreich – Zahlen & Daten & Fakten",
2021/2022, „Nicht-österreichische Staatsangehörige", S. 19

Ausnahmen bestätigen natürlich die Regel: So berichten vom Arbeitskräftemangel betroffene Unternehmen immer wieder, dass sie mit jungen Asylwerbern sehr gute Erfahrungen gemacht haben. Und es gibt sie natürlich genauso: jene Zuwanderer, die es geschafft haben und als Selbstständige oder unselbstständig Beschäftigte Vorbild und absolute Bereicherung sind. Auch hat die Aufnahme der ukrainischen Kriegsflüchtlinge gezeigt, dass es anders gehen kann – so dies beide Seiten wirklich wollen. Wobei auch hier ein Handlungsbedarf besteht: Von den 92.000 sich in Österreich aufhaltenden Ukrainern sind aktuell bloß 8.200 in Beschäftigung.[278]

### *Qualifizierte Zuwanderung statt illegaler Masseneinwanderung ins Sozialsystem*

Die meisten Erstanträge von „Asylsuchenden" werden – in dieser Reihenfolge – in Deutschland, Frankreich, Spanien, Italien und Österreich gestellt. Den größten Anstieg bei Asylanträgen verzeichnete laut der EU-Kommission EU-weit

Österreich, wo sich die Zahl der Anträge fast verdreifachte. Im Verhältnis zur Bevölkerungszahl liegt Österreich an zweiter Stelle[279] und ist damit die ausdrückliche Wunschdestination vieler Wirtschaftsflüchtlinge. (Qualifizierte Arbeitskräfte aus Drittstaaten zieht es hingegen so gar nicht nach Österreich.[280]) Ein klarer Beleg dafür, dass es in erster Linie um eine gezielte Einwanderung ins beste Sozialsystem geht, was menschlich verständlich, aber nicht im Sinne des Asylgedankens ist. 2022 lagen zeitweise Inder und Pakistani auf Platz eins der Zuwanderer – freilich ohne jede Aussicht auf Asyl.[281]

So offen die Tür für Verfolgte und Kriegsflüchtlinge in Österreich immer sein muss, so sehr bedarf es einer selektiven, geordneten und gesteuerten Zuwanderung bei allen anderen Einwanderungswilligen. Dem steht das aktuelle Asylrecht genauso entgegen wie die EU-Außengrenzen, die offen wie Scheunentore sind. Die Weigerung Österreichs, „Schengen" auf andere Länder zu erweitern, ist aus diesem Blickwinkel nachvollziehbar. Das Tourismus- und Exportland Österreich sollte daher keine „Festung", sondern ein gut gesichertes Haus mit einem einzigen, gut bewachten Eingang werden.

Zuwanderung muss sich – so sie die Akzeptanz der Bürger haben will – außerdem immer zum Vorteil aller auswirken: Staat, Wirtschaft, Bevölkerung und der Migrant selbst sollen gleichermaßen voneinander profitieren. Deswegen sind Einwanderungs- und Asylrecht endlich voneinander zu trennen bzw. ist Letzteres massiv zu straffen, um – im Sinne aller Beteiligten – in kürzest möglicher Zeit ein valides Ergebnis zu erhalten. Die Überlegungen, die Asylverfahren außerhalb Österreichs abzuwickeln, haben viel für sich. Wer strafrechtlich verurteilt wird, sollte leichter als bisher – so auch der Soziallandesrat von Oberösterreich Wolfgang Hattmannsdorfer – des Landes verwiesen werden können und kein Aufenthaltsrecht in Österreich haben.[282]

Einwanderer sind nur dann die erwünschte Investition in die Zukunft, wenn sie am Arbeitsmarkt gebraucht werden und sich so ihren Lebensunterhalt selbst verdienen können. Ob als Programmierer oder Küchenhilfe ist egal – Voraussetzung für die Zuwanderung muss zukünftig das Vorliegen einer konkreten offenen Stelle sein, die der Immigrant aufgrund seiner Qualifikation ausfüllen kann.

Dadurch sind wiederum die Voraussetzungen für ein selbstbestimmtes Leben und eine gelingende Integration gegeben. Auch die Ausbildung volljähriger Lehrlinge aus Drittstaaten muss aufgrund des akuten Lehrlingsmangels in Österreich rasch möglich werden. Will man hingegen weiterhin das Sozialamt Europas sein, ist – neben der potenziellen Sprengkraft für unsere Gesellschaft – der Kollaps unseres Sozialsystems vorprogrammiert.

*So kann die Nachhaltigkeit unseres Sozialsystems gestärkt und dieses zukunftsfit gemacht werden:*

- Einführung einer Quotenregelung im Nationalrat/Bundesrat/Landtag für unter 35-Jährige: Junge Menschen sind in den österreichischen Parlamenten unterrepräsentiert und unzureichend vertreten (von den 183 NR-Abgeordneten sind aktuell nur vier unter 30 Jahren bzw. beträgt das Durchschnittsalter im Nationalrat 50,3 Jahre). Als Hauptbetroffenen fehlt es ihnen so an der Möglichkeit, gerade bei den großen Zukunftsfragen ihre Sichtweise einzubringen und Beschlüsse entsprechend zu beeinflussen. Ein verpflichtender „Schlüssel" – z. B., dass jeder fünfte Parlamentarier einer Fraktion unter 35 Jahre alt sein muss – würde dafür sorgen, dass die junge Generation mehr als bisher über jene relevanten Zukunftsthemen mitentscheiden kann, von denen sie in erster Linie betroffen sein wird.

- Verpflichtende Prüfung sämtlicher gesetzlicher Vorhaben und Projekte nicht nur auf ihre Klimaverträglichkeit und Gendergerechtigkeit, sondern vielmehr konsequent auf ihre „Kinder- und Enkeltauglichkeit".

- Durchforstung und Überarbeitung aller arbeits- und sozialrechtlichen Bestimmungen auf ihre Kompatibilität mit den Entwicklungen in der neuen Arbeitswelt bzw. auf ihre Eignung, Beschäftigungsverhältnisse rasch und unbürokratisch begründen bzw. beenden zu können.

- Umstellung der Migration nach Österreich auf das System der „qualifizierten Zuwanderung" nach kanadischem Vorbild. Über eine erweiterte Rot-Weiß-Rot-Karte sollten nur noch Menschen nach Österreich einwandern können, für die es einen konkreten vakanten Arbeitsplatz gibt. Die Asylverfahren müssen gestrafft und an einem außerhalb Österreichs gelegenen „Point of immigration" durchgeführt werden. Die Ausweisung straffällig gewordener Asylwerber muss einfacher möglich werden. Sozialleistungen sollte es zukünftig nur mehr nach einer Wartezeit geben.

- Systematische Analyse aller wesentlichen Sozialleistungen samt Prüfung und Umsetzung aller möglichen Effizienzsteigerungen, insbesondere auf der Ausgabenseite, mit dem Ziel, das Preis-Leistungs-Verhältnis zu optimieren bzw. Einsparungen zu erzielen. Einsetzung eines nationalen Expertenrates und Erstellung eines verpflichtenden Kostendämpfungspfades mit halbjährlicher Evaluierung, insbesondere in der gesetzlichen Pensions- und Krankenversicherung, um die finanzielle Nachhaltigkeit des Sozialsystems zu gewährleisten.

- Stärkung der Eigenverantwortung bzw. Ausbau der – sozial zumutbaren –Selbstbeteiligungen im Zusammenhang mit der Inanspruchnahme von Sozialleistungen, in Verbindung mit einem Bonussystem, um die persönliche Vorsorge zu stärken.

- Umfassende Stärkung des Wirtschaftsstandortes Österreich, um die Leistungskraft und Konkurrenzfähigkeit der Betriebe zu sichern, was wiederum die Grundvoraussetzung für eine nachhaltige Finanzierung des sozialen Netzes ist. Eine vorausschauende und aktive Wirtschaftspolitik – verbunden mit einer weitreichenden Entlastung aller am Erwerbsprozess Beteiligten – eröffnet neue Spielräume für eine treffsichere und zukunftsorientierte Sozialpolitik.

# 6

## Sozialstaatslüge Nr. 6:
## „Den Arbeitnehmern geht's so schlecht, sie arbeiten bis zum Umfallen, verdienen einen Pappenstiel und haben überwiegend prekäre Arbeitsbedingungen."

*Österreichs Arbeitnehmer – fast überall in der Poleposition*
Österreich punktet als Wirtschaftsstandort bekanntlich nicht mit einem besonders günstigen Lohn- und Preisniveau, sondern mit innovativen Unternehmen und der hohen fachlichen und menschlichen Qualität seiner Mitarbeiter. Deren Aktien steigen angesichts des grassierenden Fach- und Arbeitskräftemangels noch einmal deutlich, sodass die eigentlichen Bewerber am Arbeitsmarkt heute schon längst die Unternehmen sind. Diese brauchen gut ausgebildete Arbeitnehmer, aber auch Hilfskräfte wie einen Bissen Brot, um nicht noch mehr Aufträge ablehnen oder – wie immer mehr Gastronomie- und Tourismusbetriebe – gar das Unternehmen schließen zu müssen.

Die gegenseitige Wertschätzung im Betrieb ist traditionell hoch: 97 % der älteren Arbeitnehmer sind mit ihrem Arbeitsplatz sehr/eher zufrieden bzw. meinen 97 % der Unternehmer, dass Oberösterreich „ein toller Standort mit hervorragenden Mitarbeitern" ist.[283] Auch internationale Studien kommen zu denselben Ergebnissen: So belegte Österreich bei der Arbeitszufriedenheit laut einer aktuellen Studie von McKinsey unter neun europäischen Ländern unlängst Platz eins. Österreichs Arbeitgeberbetriebe punkteten bei ihren Mitarbeitern mit Flexibilität, einem sicheren und angenehmen Arbeitsumfeld sowie einer angemessenen Vergütung.[284]

## Sozialstaatslüge Nr. 6

Die betriebliche Sozialpartnerschaft funktioniert – man weiß, was man aneinander hat bzw. sich gegenseitig zumuten kann. Das belegen auch die zwischen den Sozialpartnern abgeschlossenen Kollektivverträge, in denen Rechte und Pflichten der Arbeitnehmer und Arbeitgeber branchenbezogen festgelegt werden. Das ist ein klarer Vorteil für alle Beteiligten, da jede Branche – etwa bei der Lohnhöhe oder der Arbeitszeit – ihre eigenen Gesetze und Möglichkeiten hat. So wie sich überhaupt eine moderne Sozialpartnerschaft als positiver Standortfaktor erweist.

Die soziale Absicherung der Unternehmer liegt beträchtlich unter jener der unselbstständig Beschäftigten. Das ist natürlich Teil des unternehmerischen Risikos bzw. konnten Unternehmer-Interessensvertretungen in den letzten Jahren – etwa durch ein neu geschaffenes Krankengeld – hier einiges an sozialen Verbesserungen erreichen. Auch wenn Österreichs Selbstständige im EU-Vergleich sozial besser abgesichert als in anderen Ländern sind, braucht es dringend eine weitere soziale Gleichstellung.

Nicht alle „Hochleister" erhalten die ihnen gebührende Wertschätzung und Anerkennung. Während etwa Industriearbeiter und -angestellte dank entsprechender Kollektivverträge auf hohem Niveau entlohnt und versorgt werden, kämpfen andere um eine entsprechende soziale und finanzielle Anerkennung ihrer wichtigen Arbeit: Pflegekräfte, Ordinationshilfen und Rechtsanwaltskanzlei-Assistentinnen (für die beiden letzteren Berufsgruppen gibt es keinen KV), Mütter, Kleinunternehmer und EPUs werden vom Sozialstaat oft sehr vernachlässigt bzw. ungerecht behandelt. Die Krise hat das Bewusstsein der Menschen, zwischen Wichtigem und Unwichtigem zu unterscheiden, zweifellos geschärft. Man spürt, dass es einer Neubewertung der Arbeit, die Menschen in diesem Land leisten, bedarf. Die traditionelle Abgrenzung selbstständig/unselbstständig mit entsprechend unterschiedlichen Leistungen und Rechtsfolgen spiegelt die wirtschaftliche Realität längst nicht mehr wider.

Nicht die Mobilisierungskraft einzelner Arbeitnehmer-Interessensvertretungen, sondern die jeweiligen Rahmenbedingungen sowie der gesamtgesellschaftliche Profit sollten viel mehr als bisher ausschlaggebend dafür sein, welcher

Verdienst angemessen bzw. welcher soziale Schutzschirm jeweils notwendig ist. Wer z. B. einen sicheren Arbeitsplatz im (halb-)öffentlichen Sektor hat, könnte dafür gewisse Abstriche beim Gehalt in Kauf nehmen. Jobs, die keiner machen will, die aber für die Gesellschaft wertvoll sind, sollte man besser dotieren und dadurch aufwerten. Die Kluft zwischen Alt und Jung beim Gehalt ist speziell in Österreich viel zu groß und kann nicht länger mit der „zusätzlichen Erfahrung" argumentiert werden.[285] Das Senioritätsprinzip – je älter, desto höher das Gehalt – ist hierzulande besonders ausgeprägt und in dieser Dimension nicht mehr zeitgemäß. Schließlich brauchen z. B. Familien das Geld in frühen Jahren dringender als später.

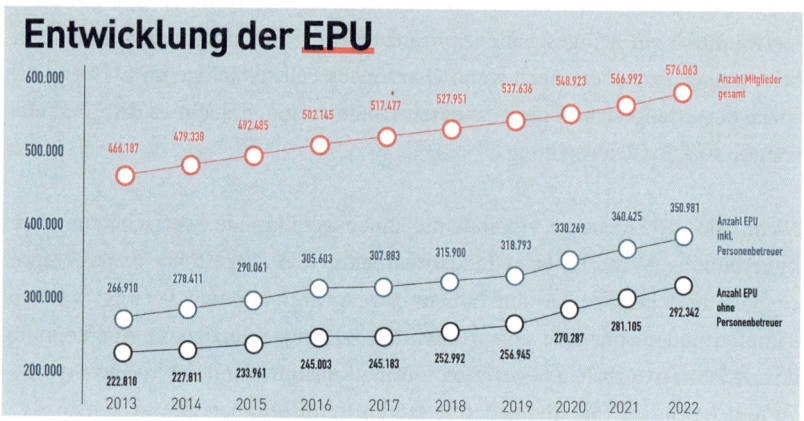

Quelle: Wirtschaftskammer Österreich: Informationsbroschüre „Wirtschaftsmotor EPU. Zahlen. Daten. Fakten", 2023, Seite 2

Gleiches gilt für die Spitzengehälter mancher CEOs etwa im (halb-)staatlichen Bereich, die – stellt man sie in Relation zum Durchschnittsgehalt im Unternehmen – schlicht nicht mehr argumentierbar sind. Sie bilden eine Leistung bzw. Verantwortung ab, die kein Mensch zu erbringen imstande ist. Deshalb müssen die rechtlichen Rahmenbestimmungen zukünftig die Wirklichkeiten der heutigen Lebens- und Arbeitswelten besser und gerechter erfassen. Das bringt auch einen Akzeptanzschub in der Bevölkerung, ohne den kein System langfristig überleben kann.

## Sozialstaatslüge Nr. 6

*Arbeitgeber in der Defensive – wenn Systeme kippen*

Es ist nur recht und billig und entspricht auch dem Gesetz von Angebot und Nachfrage, Mitarbeiter am wirtschaftlichen Erfolg zu beteiligen und sie auch arbeits- und sozialrechtlich bestmöglich abzusichern. Letzteres erfolgt in Österreich seit Jahrzehnten auf höchstem Niveau, was so lange kein Problem darstellte, als es noch viel zu verteilen gab bzw. soziale Defizite sichtbar waren. Mittlerweile ist etwa eine selbstständige Frisörin gefordert, einkommensmäßig nicht unter das Niveau ihrer Mitarbeiter zu fallen. Ebenso gibt es viele Gastronomen, die nur noch aufgrund des Dezembergeschäfts (Weihnachtsfeiern) zumindest ein ausgeglichenes Betriebsergebnis erzielen können. Auch hat die Abhängigkeit von den Mitarbeitern mittlerweile eine Dimension angenommen, die den Arbeitgeber häufig auf seine Rechte freiwillig verzichten und nur noch Kulanzlösungen suchen lässt. Das österreichische Arbeitsrecht stellt sich heute immer weniger als ein „in Gesetze gefasster Interessensausgleich zwischen Arbeitnehmer und Arbeitgeber" dar, sondern hat eine gefährliche Schieflage bekommen.

Sozialer Unterstützung steht immer öfter kein begründeter Anlass gegenüber, was zusehends in „Verträge zulasten Dritter" mündet. Arbeitgeber müssen – etwa bei Freizeitunfällen ihrer Mitarbeiter – für alles und jedes geradestehen, auch wenn das Ereignis außerhalb ihrer Einflussmöglichkeiten liegt und mit der Arbeit in keinem Zusammenhang steht. Verantwortung wird – etwa bei Arbeitsunfällen – großzügig und verschuldensunabhängig einseitig an den Arbeitgeber delegiert. Dieser haftet selbst dann, wenn er seine Mitarbeiter gesetzeskonform unterwiesen, ihnen alle Arbeits- und Sicherheitsmittel zur Verfügung gestellt und das bestmögliche Sicherheitskonzept im Unternehmen installiert hat.

Ein anderes Beispiel: Kommt es im Betrieb zu einer sexuellen Belästigung, trifft den Dienstgeber eine „Abhilfeverpflichtung", deren Missachtung schadenersatzpflichtig machen kann. Für eine Haftung des Dienstgebers reicht bereits – völlig realitätsfremd – ein „Wissen-Müssen", dass eine derartige Belästigung vorliegt. Der Gesetzgeber fordert somit allen Ernstes vom Dienstgeber regelmäßiges „Schnüffeln" im Privatleben des Mitarbeiters, andernfalls er zur Verantwortung gezogen wird. In allen genannten Fällen ist das eine lebensfremde und unangemessene

Überdehnung der Fürsorgepflicht des Arbeitgebers samt einer Quasientmündigung des Dienstnehmers. „Schuld ist am Ende immer der Betrieb", könnte ein Slogan lauten, den man in Österreich erfunden haben könnte.

## Unsere Wirtschaft – „Bürge und Zahler" für (fast) alles

Ein – teilweise völlig überzogener – Sozialschutz vereitelt – etwa bei der unbegrenzt zustehenden Notstandshilfe – Arbeitsaufnahmen, von der beide Seiten und auch der Staat profitieren würden. Die gut gemeinte staatliche Hilfe, die es in dieser Form nur in Österreich gibt, wird so schnell zur sozialen Hängematte. Familienleistungen werden in Österreich großteils von der Wirtschaft finanziert: Der Beitrag der Betriebe zum Familienlastenausgleichsfonds sorgt dafür, dass es Familienbeihilfe, Wochengeld, Kinderbetreuungsgeld oder Gratis-Schulbuch gibt, was nur sehr wenige wissen. In vielen anderen europäischen Ländern werden solche Leistungen selbstredend steuerfinanziert überwiegend vom Staat erbracht. Was wiederum dazu führt, dass der Faktor Arbeit gerade in Österreich massiv belastet ist und Arbeitgebern und Arbeitnehmern netto immer weniger bleibt, was Leistung unattraktiv macht.

Die Kosten dieser überschießenden und kontraproduktiven sozialen „Beglückungsindustrie" tragen vor allem die Betriebe, die sich nach wie vor jede Personaleinstellung trotz des Arbeitskräftemangels zweimal überlegen (müssen). Es ist auch kein Zufall, dass zwei von drei EPUs ganz bewusst als „Einzelkämpfer" ohne Beschäftigte tätig sein wollen.[286] Nicht, weil sie diese nicht brauchen könnten, sondern weil das „Mitarbeiterpaket" einfach zu teuer bzw. – man denke an lange Krankenstände samt Entgeltfortzahlungspflicht – zu riskant ist.

## Das österreichische Arbeitsrecht –
## immer öfter (arbeits-)weltfremd und wenig zeitgemäß

Auch gibt das Arbeitsrecht in seiner aktuellen Form schon längst nicht mehr jenen ordnungspolitischen Rahmen, den Arbeitgeber und Arbeitnehmer angesichts der neuen Herausforderungen dringend bräuchten: Der technologische Fortschritt, die digitale Transformation, der globale Wettbewerb sowie eine völlig veränderte Arbeitswelt würden ein moderneres Reglement erfordern. Schließlich wird man mit den Rezepten von gestern die Herausforderungen von morgen nicht lösen können.

Das frühere Ungleichgewicht zwischen Arbeitgeber und Arbeitnehmer, das hinter vielen Sozialgesetzen steht, existiert so schon längst nicht mehr. Die Rollen sind heute anders verteilt, wenn ein mit allen Rechten ausgestatteter und bestens beratener Arbeitnehmer dem Inhaber eines Kleinbetriebes gegenübersitzt, der mit seinen beschränkten rechtlichen Möglichkeiten von vornherein in der Defensive ist und zudem dringend zusätzliche Mitarbeiter braucht. Der akute Arbeitskräftemangel führt ganz im Gegenteil dazu, dass die gut ausgebildete Fachkraft in der Regel am längeren Ast sitzt und den besonderen Schutz des Arbeitsrechts als vermeintlich Schwächerer so nicht mehr wirklich benötigt. Wie im Konsumentenschutz ist der ehemals Schwache – mit immer mehr Rechten ausgestattet – schon längst zum Stärkeren geworden, sodass im Lauf der Zeit ein ganz neues Ungleichgewicht entstanden ist. Diesem Umstand sollten moderne und ausgewogenere Rechtsbestimmungen Rechnung tragen. Regelmäßige Sündenfälle geschehen hier durch die EU, die – von NGOs beherrscht – der europäischen Wirtschaft das Leben oft unnötig schwer machen und jede Verantwortung einseitig an diese delegieren.

Auch die Bedürfnisse der jungen Generation haben sich geändert: Befristete Projektarbeit, flexiblere Arbeitszeiten (durchaus auch am Wochenende oder Abend), dislozierte Arbeitsplätze wie Homeoffice und mehr Eigenverantwortung werden zwar von manchen Arbeitnehmervertretern als prekär und bedrohlich empfunden – nicht aber von den direkt Betroffenen, die diese neuen Formen des Arbeitens häufig sogar explizit wünschen.[287] Das aktuelle Arbeitsrecht vermag diesen Ansprüchen und Trends immer weniger gerecht zu werden: Man schützt, wo niemand ein Schutzbedürfnis hat, verbürokratisiert den Arbeitsalltag mit Hunderten von Dokumentations-, Aufzeichnungs- und Meldepflichten und verhindert – etwa im Bereich der Arbeitszeit – individuelle Lösungen auf betrieblicher Ebene, die sowohl Arbeitgeber als auch Arbeitnehmer als optimal empfinden würden.

Gezielte politische Panikmache, die in Wirklichkeit wohl eher Angst vor Machtverlust ist, verhindert häufig zeitgemäße Rahmenbedingungen, wie es sie in fortschrittlichen Ländern schon längst gibt: Als in Österreich – wie in vielen europäischen Staaten schon lange vorher – der gelegentliche Zwölfstundentag (bei gleichzeitig gleichbleibender Gesamtarbeitszeit) ermöglicht wurde, stiegen Arbeitnehmervertreter auf die Barrikaden und riefen das Ende des sozialen Friedens aus. Nach fünf Jahren Praxiserfahrung können alle erleichtert aufatmen und ein positives Resümee ziehen.

Das für Unternehmer ohnehin teure Instrument der Überstunden wird – wie vorausgesagt – nur sparsam eingesetzt, von den Arbeitnehmern gibt es kaum Beschwerden, da sie bestens bezahlte Überstunden schätzen und mitunter sogar fordern. Wie schon bisher wird halt der Lkw noch fertig abgeladen oder die Montage beim 200 Kilometer entfernten Kunden am Abend noch finalisiert. Die auf Montage in Wien weilenden Mitarbeiter sind wahrscheinlich heilfroh, aus arbeitszeitrechtlichen Gründen nicht mehr am Arbeitsort übernachten zu müssen, sondern früher zu ihren Familien heimzukommen. Der Theaterdonner der Gewerkschaften war somit zu keiner Zeit gerechtfertigt, was die Politik für die Zukunft mutiger machen sollte.

### *Das gern strapazierte Märchen von den „prekären Arbeitsbedingungen"*

Für manche Arbeitnehmervertreter ist – so wie sie es in den Schulungen gelernt haben – von vornherein jedes Arbeitsverhältnis prekär, bei dem keine ganzjährige Vollzeitbeschäftigung vorliegt: Teilzeitbeschäftigung, befristete Projektarbeit, geringfügige Beschäftigungsverhältnisse oder Zeitarbeit stehen unter dem „Generalverdacht" des „Prekariats". Bewusst wird ignoriert, dass gerade solche individuellen Beschäftigungsverhältnisse von vielen Arbeitnehmern verlangt werden und häufig auch ein Sprungbrett in den Arbeitsmarkt darstellen. Atypisch ist schon längst normal und häufig ausdrücklich erwünscht – nur haben das einige Arbeitnehmervertreter noch nicht bemerkt.

Wer unser Land und seine Arbeitgeberbetriebe nicht kennt, muss angesichts einer solchen Stimmungsmache bzw. einer inflationären Verwendung des Kampfbegriffes „prekär" bisweilen den Eindruck haben, in England während der industriellen

Revolution gelandet zu sein: Rechtlose Arbeiter werden von neoliberalen Unternehmern ausgebeutet, schuften bis zum Umfallen und gehen steinkrank in die Pension, in der sie frühzeitig versterben. Gleichzeitig verdienen sie immer weniger und haben am Arbeitsplatz rund um die Uhr krankmachenden Stress. Man beklagt die ständige Erreichbarkeit der Arbeitnehmer in der Freizeit, während man gleichzeitig übersieht, dass auch umgekehrt während der Arbeitszeit manches Private geregelt wird. Vom Arbeitgeber zeichnet man ein Bild, das dem „Kommunistischen Manifest" entsprungen scheint: Abcasher, stinkreich, die Human- und Umweltressourcen ausbeutend – so sind sie, die Firmenbosse und ihre Geschäftsführer. Man merkt die Absicht und ist verstimmt bzw. geneigt, den Neo-Klassenkämpfern dringend zu empfehlen, sich doch rasch selbstständig zu machen.

Das „Wertschöpfungsbarometer" einer Arbeitnehmer-Interessensvertretung suggeriert tatsächlich, dass jedes oberösterreichische Unternehmen im Schnitt an jedem Dienstnehmer 35.129 Euro jährlich netto verdient – das Wort „Ausbeutung" schwebt im Raum.[288] Im „Arbeitsklimaindex" der gleichen Organisation wird permanent das immer schlechter werdende Betriebsklima beklagt und festgestellt, dass „die Beschäftigten in Österreich nie zuvor in diesem Jahrtausend so unzufrieden mit ihrer Arbeit und ihrem Leben wie jetzt waren".[289] Man verallgemeinert bewusst, agiert selektiv und schließt von einigen wenigen schwarzen Schafen auf die Mehrheit der Wirtschaftstreibenden.

Auch beim Gender-Pay-Gap, wonach Frauen angeblich generell um 38 % weniger als Männer verdienen,[290] spielt man mit gezinkten Karten: Bereinigt man die Differenz seriöserweise um Faktoren wie Arbeitszeit, Branche, Zeitpunkt des Pensionsantrittes, Karenzzeiten etc. beträgt der Unterschied plötzlich nur mehr 6,6 %.[291] Das ist nach wie vor zu viel, aber eine andere Ausgangslage für die noch notwendigen Korrekturen. Es greift zu kurz, hier nur die Betriebe in die Pflicht zu nehmen, die bekanntlich wenig Einfluss auf die Berufswahl, Schwangerschaft und Arbeitszeit-Vorlieben ihrer Mitarbeiterinnen haben. Das deutsche Institut für Arbeitsmarkt- und Berufsforschung hat in einer Studie die interessante Feststellung getroffen, dass der verbliebene Gender-Pay-Gap auf die „seltenere Bewerbung von Frauen bei Hochlohnfirmen zurückzuführen ist".[292]

Durch eine solche „Bad News"-Politik wird ein Bild von den österreichischen Arbeitgeberbetrieben gezeichnet, das einfach nicht den Tatsachen entspricht. Obwohl Österreichs Unternehmen die zweitbesten Arbeitsbedingungen europaweit attestiert werden,[293] entsteht in der öffentlichen Wahrnehmung der Eindruck, dass Arbeit hierzulande in erster Linie mit Leid verbunden sei. So kann man stets eine bessere Work-Life-Balance fordern, wobei man offenbar davon ausgeht, dass „Work" mit „Life" nichts zu tun hat, was der eigentliche Denkfehler ist. Wer lautstark dafür wirbt, dass es im Sozialstaat nur in eine Richtung – nämlich nach oben – gehen kann, belügt die Menschen und handelt nicht nachhaltig.

„Nur noch drei Tage bis zum Wochenende, dann haben wir es wieder einmal geschafft", verkündet der Radiomoderator bereits Mittwochfrüh. Das korrespondiert mit der fehlenden Wertschätzung, die man dem Unternehmertum und dem damit verbundenen Schaffen von Arbeitsplätzen in diesem Land noch immer entgegenbringt. Was dabei oft vergessen wird: In einer Gesellschaft, in der immer mehr Menschen die Arbeit eher für ein „notwendiges Übel" halten, wird der Zusammenhang von Leistung, Wohlstand und Sozialstaat nicht begriffen, weshalb man Gefahr läuft, am Ende alles zu verspielen.

### Sozialstandards wie sonst nirgendwo

Wie top die Arbeitsplatzqualität bzw. die Sozialstandards in Österreich sind, soll an vier Hard Facts illustriert werden:

- Bei den verfügbaren Pro-Kopf-Einkommen – gemessen in Kaufkraft-Standards – liegt Österreich im europäischen Vergleich auf dem hervorragenden fünften Platz.

## Sozialstaatslüge Nr. 6

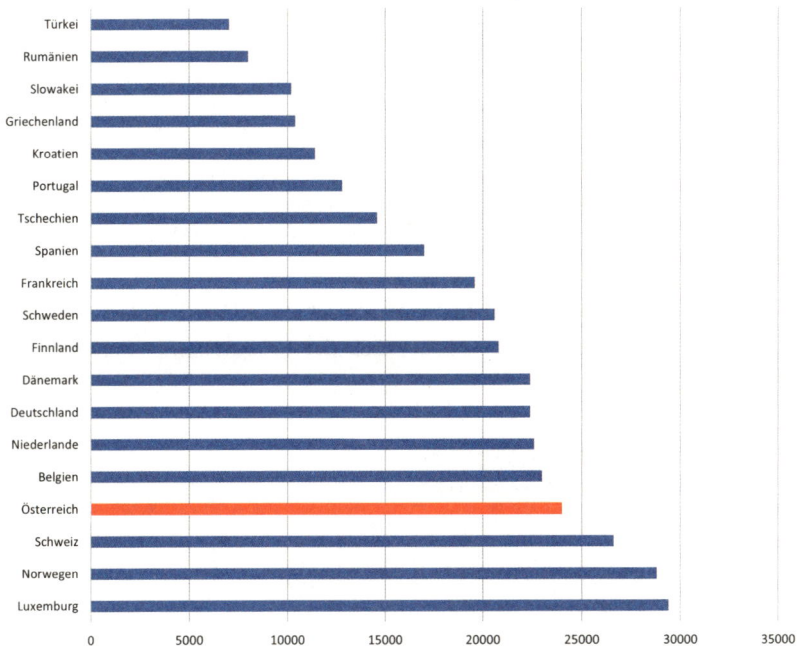

Quelle: Eurostat-EU-SILC 2020

*Quelle: Grafik: WKOÖ, Daten: Eurostat – EU-SILC (Version vom 21.12.2021)*

- Beim Lohnniveau liegt Österreich unter den reichen Industrienationen – kaufkraftbereinigt – an zweiter Stelle. Auch der hierzulande bezahlte Mindestlohn von 1.500 Euro braucht keinen Vergleich zu scheuen. Dass in Österreich netto so wenig übrig bleibt, liegt deshalb nicht an der Entlohnung durch die Betriebe, sondern an den hohen Steuern und Lohnnebenkosten.

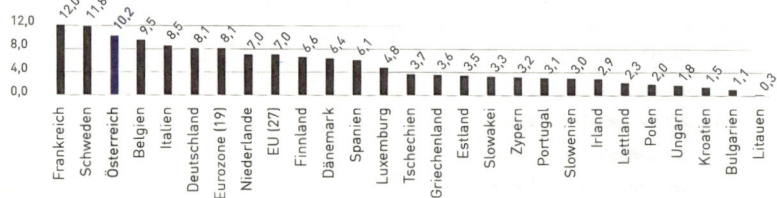

Quelle: Wirtschaftskammer Österreich: Broschüre „Wirtschaft. Wachstum. Wohlstand. Programm für ein starkes Österreich", Wien, Juni 2021, S. 22

Das außerordentlich hohe Lohnniveau schlägt auf die Arbeitskosten durch, was wiederum die Wettbewerbsfähigkeit der Unternehmen empfindlich beeinträchtigt.

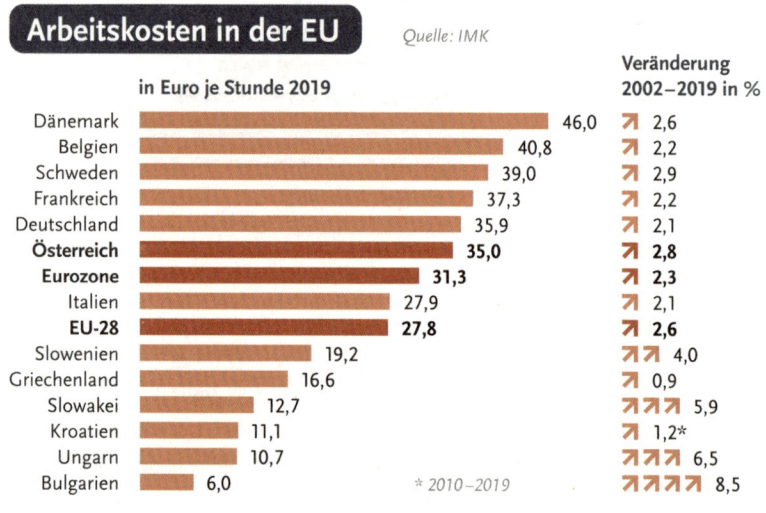

Quelle: Grafik TRAUNER Verlag, Daten: IMK

- Bei der Anzahl der arbeitsfreien und bezahlten Urlaubs- und Feiertage liegt Österreich europaweit mit 38 Tagen auf Platz fünf. Schon deshalb gibt es für eine generelle sechste Urlaubswoche oder andere Formen der Arbeitszeitverkürzung keinen sachlichen Grund.

## Sozialstaatslüge Nr. 6

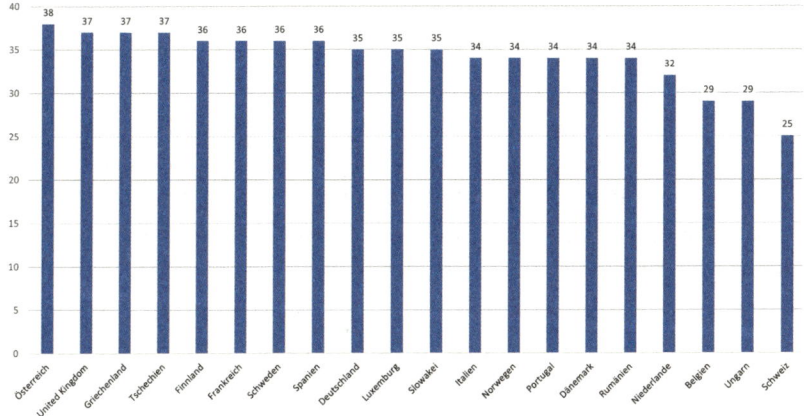

Quelle: Grafik WKOÖ, Daten WKOÖ

- Erkrankt ein Arbeitnehmer in Österreich, hat er sechs bis zwölf Wochen lang Anspruch auf Entgeltfortzahlung durch den Dienstgeber – natürlich auch für den Fall, dass er sich beim Fußballspielen, Skilaufen, Radfahren oder Drachenfliegen in der Freizeit verletzt hat. Das ist ein europäischer Spitzenwert: In Deutschland besteht der Anspruch für maximal sechs Wochen, in der Schweiz für drei Wochen im ersten Anstellungsjahr (inkl. „angemessener längerer Zeit" in den Folgejahren). In Schweden erhalten erkrankte Arbeitnehmer erst nach einem Karenztag Krankengeld vom Arbeitgeber,[294] was Kurzkrankenstände erheblich reduziert.

### Arbeitszeitverkürzung und andere Irrwege

Regelmäßig weisen die Arbeitnehmer-Vertretungen darauf hin, dass die österreichischen Arbeitnehmer mit 42,1 Wochenstunden am zweitlängsten in der EU arbeiten müssen und verlangen deshalb eine Verkürzung der Arbeitszeit.[295] „Vergessen" werden bei dieser „Berechnung" die überdurchschnittlich vielen Urlaubs- und Feiertage, die es in Österreich gibt. Geht man von der tatsächlich geleisteten Arbeitszeit aus, werden in Österreich plötzlich nur 37,5 Stunden wöchentlich gearbeitet – womit wir unter dem EU-Schnitt von 38,4 Stunden liegen.[296]

Dazu kommt, dass die Produktivitätssteigerungen in Österreich im internationalen Vergleich mäßig sind: Unser Land ist hier im neuesten Standort-Ranking auf Rang 17 abgerutscht.[297]

Und auch die immer öfter geforderte Vier-Tage-Woche ist schon längst möglich, wenn sich Arbeitgeber und Arbeitnehmer darauf einigen. Wer sie einseitig durchsetzen will, riskiert eine ungesunde Arbeitsverdichtung zulasten älterer Arbeitnehmer. Dass in einer britischen Studie das Gegenteil behauptet wird und sogar von weniger Stress bzw. Krankenständen die Rede ist, ist wohl nur die halbe Wahrheit. Die Teilnahme an dieser Studie war freiwillig, das heißt, es nahmen vor allem Unternehmen teil, die vorweg positive Ergebnisse erwartet haben. Außerdem war nur der Umsatz und dieser nur über einen sehr kurzen Zeitraum beobachtet worden. Die notwendige 33-prozentige Produktivitätssteigerung bei einer Verkürzung der Arbeitszeit auf 30 Wochenstunden ist – so Monika Köppl-Turyna von ECO Austria – nie zu schaffen. Der höchste jährlich gemessene Wert in Österreich in den letzten 30 Jahren lag aber bei lediglich 3,8 %![298]

Die Forderung nach einer Arbeitszeitverkürzung in Zeiten des akuten Arbeits- und Fachkräftemangels ist nicht nur unüberlegt – sie hätte auch fatale Auswirkungen: Neben dem zusätzlichen Stress für die bestehende Belegschaft erhöht eine generelle 35-Stunden-Woche bei vollem Lohnausgleich die Personalkosten laut Industriellenvereinigung um satte 18 %.[299] Das trifft die Bevölkerung in Form höherer Preise, treibt die Inflation und reduziert – falls das Unternehmen die Mehrkosten nicht weitergeben kann – die Wettbewerbsfähigkeit des Betriebes.

Aus Arbeitszeitverkürzungen resultieren zudem üblicherweise Automatisierungen und kaum Neueinstellungen, zumal der ausgedünnte Arbeitsmarkt diese gar nicht hergibt. Die im Jahr 2000 in Frankreich eingeführte 35-Stunden-Woche bei vollem Lohnausgleich erwies sich als voller Rohrkrepierer: Weder konnte die Beschäftigung noch die Arbeitszufriedenheit gesteigert werden. Vielmehr stiegen die Personalkosten, sodass der Staat die Betriebe mit Zuschüssen vor der Pleite bewahren musste. Deshalb stellt sich die Frage, ob man angesichts des Fach- und Arbeitskräftemangels und einer konstant hohen Kundennachfrage zumindest nicht in einzelnen Sektoren die Arbeitszeit sogar wieder verlängern müsste.

## Sozialstaatslüge Nr. 6

Zu Österreichs Kuriositätenkabinett gehört auch das im übrigen Europa unbekannte sakrosankte 13. und 14. Gehalt, für das Arbeitgeber und Arbeitnehmer freilich ebenso brav Abgaben abführen, obwohl man nur zwölf Monate arbeiten bzw. krank sein kann. Wer die nächsten Wahlen todsicher verlieren will, spreche sich dafür aus, das Urlaubs- und Weihnachtsgeld zukünftig – ohne Nachteil für die Dienstnehmer – in die zwölf regulären Monatsgehälter einzurechnen ...

Wie fahrlässig wertvolle Nettoarbeitszeit in Österreich geradezu „verplempert" wird, zeigt die derzeitige Form der Bildungskarenz. Bis zu einem Jahr können sich Arbeitnehmer – z. B. zwecks Erlernens einer neuen Sprache – eine Auszeit nehmen. Ob man diese für den aktuellen oder einen zukünftigen Job benötigt, spielt dabei keine Rolle. Das AMS fördert das Privatvergnügen mit einer Zuwendung in Höhe des zustehenden Arbeitslosengeldes. Nach Kritik der WKO Oberösterreich zerpflückte jetzt auch der Rechnungshof diese Form der Bildungskarenz: Häufig fehle der arbeitsmarktpolitische Nutzen bzw. werde die Bildungskarenz zur Verlängerung der Babypause genützt. Das ist nicht im Sinne des Erfinders und verschärft den Fach- und Arbeitskräftemangel.

„Wer bietet mehr" scheint die neue Devise beim Thema „Mindestlohn" zu sein: 2.000 Euro netto ist das letzte „Angebot" eines Landeshauptmannes, der seinen Beamten – natürlich auf Kosten des Steuerzahlers – diesen Betrag monatlich auszahlt. Chef-Gewerkschafter Beppo Muchitsch hat die einzig richtige Antwort auf diesen durchschaubaren Sozialpopulismus: „Wir wissen aus anderen Ländern, dass das nicht funktioniert. In Österreich haben wir eine Kollektivvertragsertragsabdeckung von rund 98 % und sind damit immer besser gefahren als jene Länder, in denen die Politik über die Höhe der Löhne entscheidet."[300] Sein Wort in der „Genossen Ohr" ...

### *Sozialmissbrauch – alles andere als ein „Kavaliersdelikt"*

Ein umfangreiches Angebot an Sozialleistungen im Sinne eines „Alles für jeden" befeuert nicht nur die Vollkaskomentalität der Leistungsempfänger, sondern erhöht die Gefahr des Sozialmissbrauchs, wie man am Beispiel der Krankenstände feststellen kann: 4,2 Mio. Krankenstände 2021 und ca. 43 Mio. Krankenstandstage

(23 Mio. davon entgeltfortzahlungspflichtig) verursachen österreichweit Kosten von insgesamt rund 9 Mrd. Euro – das sind sagenhafte 2,2 % des BIP.[301]

Das österreichische Krankenstandsrecht bzw. die gelebte Praxis machen es relativ einfach, in Österreich „blauzumachen", ohne mit ernsthaften Konsequenzen rechnen zu müssen. Das beginnt bei einzelnen – in der Regel ortsbekannten – Ärzten, die leichtfertig krankschreiben, um die Patienten nicht an die Konkurrenz zu verlieren (die telefonische Krankmeldung hat dies noch einmal erleichtert). Die Möglichkeit des – bei der ÖGK mittlerweile sogar erweiterten – rückwirkenden Krankenstandes ist bestens dafür geeignet, „unbegründetes" Fernbleiben eines Dienstnehmers im Nachhinein zu „sanieren".

Noch immer prüfen nicht alle Ärzte, ob die jeweilige gesundheitliche Beeinträchtigung tatsächlich die Erbringung der konkret geschuldeten Arbeitsleistung verhindert und schreiben quasi „automatisch" krank. Auch die Krankschreibepraxis mancher Mediziner – stets von Montag bis Freitag bzw. ohne Angabe des Krankenstandsendes – verlängert Krankenstände immer wieder unnötig. Aber auch die – weniger gewordenen – Kontrollen der ÖGK haben oft nicht die notwendigen Folgen, da der Sanktionierung eines Krankenstandmissbrauchs laut Krankenordnung immer eine „Verwarnung" vorausgehen muss.

Auch scheint es mittlerweile ein Volkssport zu sein, während der Kündigungsfrist reflexartig in den Krankenstand zu gehen. Auf der anderen Seite ist in manchen Betrieben der Druck so hoch, dass Mitarbeiter krank in die Arbeit gehen (müssen), womit letztlich niemandem gedient ist. Die in Österreich besonders lange bestehende Verpflichtung des Arbeitgebers, Entgeltfortzahlung zu leisten (mitunter sogar über das Ende des Dienstverhältnisses hinaus), begünstigt Langzeitkrankenstände, so es wer darauf anlegt.

Ärztevertreter beklagen, dass das Vorliegen einer psychischen Krankheit häufig nicht bewiesen, aber auch nicht widerlegt werden kann. Schon aus Haftungsgründen ist man deshalb als Arzt gut beraten, dem Patienten Glauben zu schenken. Die empfohlenen Therapien sind – neben der Verschreibung von Psychopharmaka – üblicherweise Wandern, sportliche Aktivitäten und ein Tapetenwechsel (sprich

Urlaub), damit man „auf andere Gedanken kommt". Medizinisch schlüssig, für den betroffenen Arbeitgeber nicht immer nachvollziehbar, wenn vom psychisch erkrankten Dienstnehmer im laufenden Krankenstand plötzlich „Grüße aus bella Italia" kommen. Eine echte psychische Erkrankung wiegt außerordentlich schwer, weshalb man gerade hier Trittbrettfahrern und Nachahmern das Handwerk legen muss. Und auch manche Dienstgeber „nützen" den Krankenstand auf ihre Weise, indem sie die Belegschaft in auftragsflauen Zeiten einfach in den Krankenstand schicken oder diese kündigen und anschließend wieder einstellen.

Der Sozialleistungsmissbrauch und -betrug hat viele Gesichter und betrifft In- und Ausländer sowie Arbeitgeber, Arbeitnehmer und Arbeitslose gleichermaßen. Mit rund 1 Mrd. Euro jährlich beziffert der Linzer Volkswirt Friedrich Schneider den durch Arbeitgeber und Arbeitnehmer verursachten Sozialbetrug (ohne Schwarzarbeit und Steuerhinterziehung).[302] Natürlich verhält sich die große Mehrheit der Arbeitgeber, Arbeitnehmer und Ärzte in Österreich gesetzeskonform und korrekt. Aber auch im Einzelfall darf Sozialmissbrauch niemals ein „Kavaliersdelikt" sein, zumal er immer zulasten des Arbeitgebers, der Kollegenschaft und der Versicherungtengemeinschaft geht. Ein überforderter Sozialstaat, der so etwas ermöglicht, indirekt fördert oder aber bagatellisiert, bedarf einer dringenden Korrektur.

*So können die Herausforderungen der „Arbeit der Zukunft" gemeistert und die Rechte und Pflichten gerechter verteilt werden:*

- **Weitere Flexibilisierung der Arbeitszeit**
  Innerhalb eines vom Gesetzgeber vorgegebenen großzügigen Rahmens sollen auf betrieblicher Ebene – entsprechend den Bedürfnissen der Arbeitnehmer und Arbeitgeber – innerhalb erlaubter Grenzen freie individuelle Arbeitszeiten vereinbart werden können. Flexible Arbeitszeiten sind ein wichtiger Hebel, um das benötigte Personal zu bekommen, und werden auch seitens der Arbeitnehmer besonders geschätzt. Die Durchrechnungszeiträume sind auf 1 Jahr zu verlängern und freiwillige Mehrarbeit zu erleichtern bzw. zu begünstigen. Auch die Infantilisierung von Lehrlingen –

diese dürfen im Jahr 2023 noch immer nicht mit einer Flex bzw. am Samstag nach 13 Uhr arbeiten – muss ein Ende haben.

- **Risiken gerecht verteilen und überschießende bzw. einseitige Schutzbestimmungen eliminieren**
Die Entgeltfortzahlungspflicht bei Freizeitunfällen ist mit dem Dienstnehmer gerecht zu „teilen", das Entstehen eines Urlaubsanspruchs für entgeltfreie Zeiten wie Langzeitkrankenstände auszusetzen. Andererseits könnten die Zeiten bei verschiedenen Dienstgebern für die Höhe des Urlaubsanspruches zukünftig zusammengerechnet und die Arbeitnehmer zum Urlaubsverbrauch während der Kündigungsfrist verpflichtet werden.

- **Arbeitnehmerschutzbestimmungen entbürokratisieren und Unternehmer entkriminalisieren**
Die Arbeitnehmerschutzbestimmungen sind verständlich und praxisgerecht zu gestalten, das unerreichbare Erfordernis der Judikatur hinsichtlich eines „wirksamen Kontrollsystems" aufzugeben und gegen die Bestimmungen bzw. Anweisungen verstoßende Arbeitnehmer mehr als bisher zur Verantwortung zu ziehen. „Beraten vor bestrafen" muss die generelle Devise sein.

- **Mehr Netto von Brutto**
Der Faktor Arbeit – 52,2 % netto stehen in Österreich im Schnitt 47,8 % Abgaben gegenüber[303] – muss durch eine fortgesetzte Senkung der Lohnnebenkosten bzw. durch eine weitere Reduktion der Lohn- und Einkommenssteuer entlastet werden, damit Arbeitgeber und Arbeitnehmer mehr Netto von Brutto bekommen. Unverhältnismäßige Erhöhungen des Bruttolohns freuen primär den Finanzminister, treiben die Preise und erhöhen die Inflation.

- **Bildungskarenz NEU schaffen**
Diese sollte vom AMS nur genehmigt werden, wenn die Weiterbildungsinhalte eine entsprechende Arbeitsmarktrelevanz haben. Zudem ist – anders als derzeit – ein regelmäßiger Wissensnachweis zu erbringen bzw. sollte eine Inanspruchnahme nach der Babypause nur ausnahmsweise möglich sein.

- **Feiertage verlegen bzw. streichen**
Eine Gesellschaft, die Wohlstandsverluste vermeiden will, wird zukünftig länger und produktiver arbeiten müssen. Deshalb sollte überlegt werden, die „Donnerstag-Feiertage" Christi Himmelfahrt und Fronleichnam wie in vielen anderen katholischen Ländern auf den darauffolgenden Sonntag zu verlegen bzw. den Pfingst- oder Ostermontag zu streichen. Damit gewinnt man dringend benötigte Arbeitszeit und reduziert gleichzeitig die immer wieder beklagte Arbeitsverdichtung. Und auch die wenig glaubhafte Argumentation mancher Arbeitnehmervertreter, dass man „diese Feiertage unbedingt zur persönlichen Religionsausübung brauche", hätte ein für alle Mal ein Ende. Und wer den Karfreitag freihaben will, muss sich halt Urlaub nehmen, was angesichts 38 freier bezahlter Tage im Jahr kein Problem sein dürfte. Dänemark hat im Übrigen unlängst einen Feiertag gestrichen, um die steigenden Verteidigungsausgaben finanzieren zu können[304] – das wäre in Österreich undenkbar!

- **Entlastung der Unternehmen**
Die überbordende Bürokratie kostet Betriebe und Mitarbeiter Zeit und Geld und wirkt sich negativ auf die Beschäftigung aus. Statistische Meldepflichten sind zu reduzieren bzw. ist die Lohnverrechnung zu vereinfachen. Die soziale Gleichstellung von Kleinstbetrieben und EPUs ist – etwa durch weitere Verbesserungen beim Krankengeld – voranzutreiben.

- **Konsequentere Bekämpfung des Sozialmissbrauchs**
Wer das Sozialsystem vorsätzlich ausnützt und nicht zustehende Leistungen bezieht, muss mehr als bisher zur Verantwortung gezogen werden. Das gilt für pfuschende Arbeitslose oder krankfeiernde Arbeitnehmer genauso wie für Arbeitgeber, die illegal Ausländer beschäftigen oder ihre Mitarbeiter nicht entsprechend entlohnen.

# 7

## Sozialstaatslüge Nr. 7:
## „Den Sozialstaat gibt's zum Nulltarif."

*Keine Sozialleistung ohne guten Grund bzw. zumutbare Gegenleistung*
Den uferlosen Ausbau der sozialstaatlichen Leistungen zu fordern, ist das eine, die Voraussetzungen dafür zu schaffen, dass es überhaupt etwas zu verteilen gibt, das andere. Völlig überspannen den Bogen jene, die Sozialleistungen vom individuellen Bedarf entkoppeln und – unabhängig von der persönlichen Leistungsfähigkeit und -bereitschaft –gießkannenmäßig verteilen. Exakt das passiert in Österreich leider allzu oft, wie etliche staatliche Interventionen während der aktuellen Krisen belegen.

Dieser Gedanke einer „leistungslosen Zuwendung" steckt etwa auch hinter dem sogenannten „bedingungslosen Grundeinkommen" (BGE), bei dem jeder Österreicher ohne Vorliegen weiterer Voraussetzungen vom Staat einen monatlichen Fixbetrag erhalten soll. Österreich hat sich – erfreulicherweise – für einen anderen Weg entschieden und die Sozialhilfe durch die *bedarfsorientierte* Mindestsicherung abgelöst. Wer diese beansprucht, bekommt sein Geld nur, wenn er dem Arbeitsmarkt grundsätzlich zur Verfügung steht und arbeitsbereit ist. Dass die Vermittlung der Sozialhilfebezieher von den Bundesländern und Bezirken sehr unterschiedlich gehandhabt wird, steht freilich auf einem anderen Blatt.

Sozialleistungen werden weder vom Staat noch von den gewählten Volksvertretern oder Interessensvertretungen finanziert, sondern von jenen selbstständig und unselbstständig Erwerbstätigen, die Monat für Monat ihre Arbeit und Abgaben leisten. Selbstredend sind jene primär zu unterstützen, die – z. B. durch den Verlust des Arbeitsplatzes oder aufgrund eines Arbeitsunfalles – unverschuldet in Not geraten und in ihrer Existenz gefährdet sind. Daneben müssen aber auch

## Sozialstaatslüge Nr. 7

jene die ihnen zustehenden Leistungen erhalten, die das soziale Netz mit ihren (höheren) Beiträgen überproportional finanzieren, aber selbst keineswegs zu den Großverdienern gehören. Dabei sollte der Grundsatz gelten, dass für höhere Beiträge auch bessere Leistungen zustehen – bei der letzten Pensionserhöhung hat man dieses Prinzip ein weiteres Mal verletzt.

Bei allen anderen Sozialleistungsempfängern, die – wie etwa Asylwerber – keine Gegenleistung erbringen (dürfen), ist ein strenger Maßstab anzulegen. Diese sollten – so etwa der oberösterreichische SP-Chef Michael Lindner[305] – zukünftig im Rahmen eines „Pflichtintegrationsdienstes" Leistungen für die Allgemeinheit erbringen müssen. Auch der Linzer Vizebürgermeister Martin Hajart möchte Asylwerber für die Straßen- und Parkreinigung einsetzen.[306] Das ist kein „Arbeitsdienst" aus historisch belasteten Zeiten, sondern die Chance für Migranten, sich gegenüber dem Aufnahmeland als nützlich zu erweisen, für die Grundversorgung eine Gegenleistung zu erbringen bzw. „gefährliche" Langeweile zu vermeiden. Was spricht dagegen, dass Asylwerber z. B. als Schülerlotsen, Müllsammler oder Erntehelfer der Aufnahmegesellschaft etwas zurückgeben? Ein derartiges Sozialstaatsverständnis aus „Geben und Nehmen" würde die Nettotransferzahler motivieren und die Nettotransferempfänger sensibilisieren. Beides ist notwendig, um echte Solidarität zu erreichen und das soziale Netz auch für die Zukunft zu sichern.

### *Ohne Arbeitsleistung keine Sozialleistung*

Das umfassende sozialstaatliche Angebot ist ein Produkt harter Arbeit. Nur was vorher von den Menschen erwirtschaftet wurde, kann später von den Politikern verteilt werden. Eine florierende Wirtschaft ist deshalb die Grundvoraussetzung dafür, dass Abgaben geleistet und in weiterer Folge solide Sozialleistungen angeboten werden können. Vor allem die demografische Entwicklung gefährdet unser Sozialmodell: Immer weniger Steuer- und Beitragszahler stehen immer mehr Leistungsempfängern gegenüber. Trotzdem diskutieren wir ständig nur über Verteilungsgerechtigkeit, neue Sozialleistungen und mögliche Wege, die Arbeitszeit zu verkürzen. Exakt dies bewirken eine sechste Urlaubswoche bzw. eine 35- oder 32-Stunden-Woche. „Wer bietet weniger Arbeitszeit?", scheint der neue Volkssport der Sozialpopulisten in Österreich zu sein.

Dass angeblich Digitalisierung bzw. Automatisierung eine Verkürzung der Arbeitszeit notwendig machen, ist nur ein vorgeschobener Grund: Schließlich gehen damit nicht nur Jobs verloren, sondern es entstehen auch viele neue. Statt die Notwendigkeit von Leistung zu betonen, ist nur noch von mehr Freizeit und Lebensqualität, zusätzlichen Gehaltssprüngen, einem früheren Pensionsantritt sowie einer (noch besseren) Work-Life-Balance die Rede. Damit streut man den Menschen Sand in die Augen, zumal wir zukünftig effektiver und sogar mehr arbeiten werden müssen, so wir den gewohnten Lebensstandard erhalten wollen. Sind wir dazu nicht bereit, wird sich spätestens die nächste Generation mit einer schlechteren sozialen Absicherung bzw. Wohlstandsverlusten arrangieren müssen. Wem das nichts ausmacht, sollte eines nicht vergessen: Den Wohlstand schätzen nur jene gering, die in ihm leben.

## „Hol dir, was dir zusteht" – die große Gefahr des „Raubtiersozialismus"

Die Leistungen des Sozialstaates werden in Österreich seit vielen Jahren – mehr oder weniger – als selbstverständlich in Anspruch genommen. Schließlich hat man ja selbst – oder ein anderer für einen (im Rahmen der in Österreich sehr großzügigen kostenlosen Mitversicherung) – Beiträge für Leistungen bezahlt. Dort, wo soziale Angebote gedankenlos und aus Gewohnheit konsumiert werden, könnte man fast von einer sozialen „All you can eat"-Stimmung in Österreich sprechen:

- Da werden regelmäßig halbvolle Medikamentenschachteln entsorgt, weil es ja nur die „Rezeptgebühr" gekostet hat und man zudem nicht mehr ganz genau weiß, wofür sie eigentlich verschrieben wurden bzw. wie lange man diese bereits im Schrank hat.

- Das tägliche Seniorenplauscherl wird vom Kaffeehaus in das Wartezimmer des praktischen Arztes im Ort verlegt, zumal man schließlich immer irgendetwas auf dem Herzen hat, was man mit dem Herrn Doktor besprechen könnte.

## Sozialstaatslüge Nr. 7

- Manche Unternehmen parken ihre Mitarbeiter, die man außerhalb der Saison nicht braucht, auf Kosten der Allgemeinheit unnötig lange beim AMS, obwohl akuter Arbeitskräftemangel herrscht.

- Vor dem Antritt des neuen Jobs geht man noch schnell ein bis zwei Monate (quasi als Mini-Sabbatical) in die Arbeitslose – wozu sonst hat man denn jahrelang in die Arbeitslosenversicherung einbezahlt?

- In die gleiche Kategorie fällt die am Jahresende manchmal an die Mitarbeiterschaft gerichtete Frage, ob man sich eh schon den jährlichen Krankenstand genommen habe.

- Auch die „Postensuchtage" während der Kündigungsfrist sind eine feine Sache – zumal man nicht einmal mehr nachweisen muss, ob man tatsächlich auf Jobsuche war oder den ganzen Tag – mit einem fixen neuen Job in der Tasche – am Strand gelegen ist.

### Es braucht einen achtsameren Umgang mit den Angeboten des Sozialstaates

Hinter diesen vom derzeitigen System so begünstigten Verhaltensweisen stehen eine überaus unsolidarische und ausnützerische Einstellung: Der Sozialstaat wird unabhängig vom tatsächlichen Bedarf bzw. in bewusster Missachtung seines ursprünglichen Zweckes in Anspruch genommen. Der häufig – rein rechtlich gesehen – sogar zustehende Anspruch erstickt ein allfällig erwachendes schlechtes Gewissen rasch und zuverlässig. Wenn dann auch noch die Politik mit dem Slogan „Nimm dir, was dir zusteht" Missbrauch zur Tugend erklärt, fallen die letzten Hemmungen. Wie beim Gratisbuffet macht man sich den Teller übervoll, um am Ende die Hälfte stehen zu lassen. Dass dies dem Nächsten abgehen könnte und letztlich die nächste Generation belastet, wird erfolgreich verdrängt.

Kategorien wie Wertschätzung oder Dankbarkeit, die für eine überlegte und nachhaltige Inanspruchnahme von Sozialleistungen unerlässlich sind, spielen gerade im Sozialbereich kaum noch eine Rolle. Erst wenn man im Ausland ins Spital oder für ein spezielles Medikament oder eine bestimmte Behandlung selber bezahlen muss, beginnt es einem zu dämmern, dass unser System der sozialen Absicherung ein überaus kostbares Gut ist, das es mit Hirn zu gebrauchen gilt. Ein achtsamer Zugang ist nötig, um das soziale Netz nicht zu überfordern bzw. seine ursprüngliche Funktion auch zukünftig zu gewährleisten: nämlich für jene da zu sein, die auf die staatlichen Sozialleistungen dringend angewiesen sind.

### *Erst das Vergnügen, dann die Arbeit?*

Die Arbeitszeit zu reduzieren bzw. nur noch Teilzeit zu arbeiten, wird immer populärer und ist vor allem bei den Jungen hip. Beinahe jeder zweite Österreicher arbeitet mittlerweile Teilzeit, was in gewissen Lebensphasen zweifellos Sinn macht. Die Hälfte macht es nicht wegen der Kinderbetreuung, sondern weil man es seiner Lebensqualität schuldet und es sich offenbar auch leisten kann.[307] Der Wertekompass ist ein völlig anderer geworden: Viele der Erbengeneration wollen – so die Journalistin Martina Salomon – nur noch von Montag bis Donnerstag und sicher nicht abends oder am Wochenende arbeiten. Ein Teil der Bürger driftet so in eine Müßiggänger-Gesellschaft ab und ist sogar stolz darauf.[308] Leider vergisst man, dass sich nur der etwas leisten kann, der vorher etwas geleistet hat.

Wer seine Arbeitszeit aus Gründen der Freizeitoptimierung reduziert, trifft aber nicht nur eine persönliche Entscheidung: Die geringeren Sozialabgaben bzw. Steuern bedeuten umgekehrt weniger Sozialleistungen für den Ernstfall bzw. weniger Geld für die zusätzliche Freizeit. Zudem fehlt man in Zeiten des Arbeitskräftemangels als potenzielle Arbeitskraft, was vor allem Kunden, Konsumenten und Patienten spüren. Kaum wer denkt mit 25 ans Älterwerden und die natürlich viel geringere Pension, da scheinbar nur das „Hier und Heute" zählt.

Der Politiker Gerald Loacker spricht vom „Hedonismus mancher Teilzeitbeschäftigter, die – sollte es enger werden – trotzdem vom Staat die Hunderter überwiesen bekommen wollen".[309] Umfragen zeigen, dass die Generation Z nichts riskieren will und vor allem um ihre „Sicherheit" besorgt ist. Sie kommen praktisch noch als „Kinder" – nicht wirklich abgenabelt vom Elternhaus – in die Berufswelt und sind alles andere als eine „Start-up-Generation". Statt der klassischen

Karriere in der Privatwirtschaft will man idealerweise einen sicheren Staatsjob, der vor allem genug Freizeit lassen sollte.[310]

### Selbstbehalte – wenig populär, aber mehr denn je unverzichtbar

Wie so vieles im österreichischen Sozialsystem sind auch Selbstbehalte – also Eigenleistungen der Versicherten für soziale Leistungen – eher historisch entstanden. Selbstständige zahlen beispielsweise 20 % Selbstbehalt bei der Inanspruchnahme ärztlicher Leistungen, können diesen aber unter gewissen Voraussetzungen auf 5 % reduzieren. Auch Beamte und Eisenbahner entrichten bei der Inanspruchnahme ärztlicher Leistungen Selbstbehalte, unselbstständig Beschäftigte hingegen in der Regel nicht (freilich kennen auch sie Selbstbehalte wie etwa die Rezeptgebühr). Praktisch überall sind sozial Schwache oder chronisch Kranke vom Selbstbehalt befreit bzw. ist dieser gedeckelt.

Selbstbehalte haben – auch wenn das von Kritikern leidenschaftlich bestritten wird – messbare Steuerungs- und Lenkungseffekte. Sie bewirken, dass Leistungen nicht gedanken- und schrankenlos, sondern nur bei Bedarf bzw. in einem sinnvollen Ausmaß konsumiert werden. Auch für den Sozialbereich dürfte deshalb gelten, dass das „was nichts kostet, auch nichts wert ist".

Selbstständige sind – obwohl sie nur halb so oft einen Arzt aufsuchen – interessanterweise nicht kränker als ihre Mitarbeiter (böse Zungen behaupten, dass der seltenere Arztbesuch für deren bessere Gesundheit verantwortlich sei). Im sogenannten „RAND-Experiment" wurde überprüft, ob und wie sich die geringere Inanspruchnahme medizinischer Angebote auf die persönliche Gesundheit auswirkt. Im Ergebnis wurde festgestellt, dass weniger Arztbesuche nicht zwangsläufig negative Auswirkungen auf die Gesundheit haben (z. B., dass ein Krebsleiden erst zu spät entdeckt und behandelt wird) – ein gern ins Treffen geführtes Argument der Gegner von Selbstbehalten.[311]

Selbstbehalte sind daher alternativlos, um eine vernünftige und wertschätzende Inanspruchnahme vor allem medizinischer Leistungen sicherzustellen und das System als solches finanzierbar zu erhalten. Dringend erforderlich ist jedoch eine

Vereinheitlichung, da die unterschiedliche Behandlung von vergleichbaren Bevölkerungsgruppen gerade bei diesem Thema überhaupt nicht nachvollziehbar ist. Denn es kann nicht von der jeweiligen Kasse bzw. vom Bundesland abhängen, ob und wie viel man etwa für einen benötigten Heilbehelf bezahlen muss.

Als allgemeines Vorbild könnte das Selbstbehaltsmodell der gewerblichen Wirtschaft in der Krankenversicherung dienen, bei dem der Eigenbeitrag sinkt, wenn man freiwillig persönliche Gesundheitsziele mit dem praktischen Arzt vereinbart und diese auch erreicht.[312] So gelingt es über einen variablen Selbstbehalt, die Prävention – in Österreich ohnehin ein Stiefkind – zu forcieren und schwere Krankheiten möglichst zu vermeiden. Dieses „Belohnungssystem" sollte rasch auf ganz Österreich ausgedehnt und allen Versicherten verpflichtend angeboten werden.

## *Das bedingungslose Grundeinkommen – unsozial, ungerecht, sauteuer und demotivierend*

Wie Loch Ness taucht auch in Österreich regelmäßig die Forderung nach einem bedingungslosen Grundeinkommen (BGE) auf. Unabhängig vom persönlichen Vermögen bzw. vom Erwerbsstatus soll jeder Bürger demnach einen bestimmten Eurobetrag monatlich erhalten, wobei im Gegenzug, je nach Modell, die (meisten) anderen Sozialleistungen fallen.

Für die Befürworter des BGE hat dieses zahlreiche Vorteile: Reduktion der Sozialbürokratie, neue persönliche „Verwirklichungschancen" ohne jeden Druck und Abfederung sozialer Härtefälle wie der „Opfer" der Digitalisierung bzw. Automatisierung. Auch bisher unbezahlte Arbeit – etwa durch Hauspflegeleistungen oder Kindererziehung – würde endlich eine finanzielle Wertschätzung erfahren.

Dem stehen freilich zahlreiche Nachteile des BGE gegenüber:

- So würde ein BGE von z. B. 1.000 Euro monatlich den Staat jährlich rund 107 Mrd. Euro kosten.[313] Zahlen dürften das die leistungswilligen Erwerbstätigen, während ein Teil der staatlich Alimentierten zu Hause sitzt und

## Sozialstaatslüge Nr. 7

„sich selbst verwirklichen" kann. Durch das BGE droht somit eine Spaltung der Gesellschaft.

- Die Auswirkung des BGE auf die Arbeitsbereitschaft wird kontroversiell diskutiert. Die junge Generation will mehr Freizeit und achtet besonders auf eine gute Work-Life-Balance. Die Gefahr ist groß, mit dem BGE in der Tasche bzw. einigen temporären Praktika die Arbeitszeit zu reduzieren oder – so man es sich leisten kann – ganz aus dem Erwerbsprozess auszuscheiden. In Zeiten des akuten Arbeitskräftemangels ist das pures Gift. Zudem würde weniger attraktiven bzw. schlechter entlohnten, aber für die Gesellschaft enorm wichtigen Arbeiten kaum noch nachgegangen werden, was die Bevölkerung rasch schmerzhaft spüren würde. Man hätte sozusagen mehr Freizeit, aber niemanden mehr, der „den Dreck wegräumt". Die in Deutschland beheimatete „Stiftung Marktwirtschaft" formuliert es noch härter: „Ein staatlich finanziertes Recht auf Faulheit würde die Arbeitsmoral erodieren lassen."[314]

- Die soziale Gerechtigkeit wird – so paradox es klingen mag – gerade mit dem gut gemeinten BGE mit Füßen getreten: Statt mit einem gestaffelten Sozialsystem punktgenau und wirksam den wirklich Notleidenden zu helfen, gibt es plötzlich für alle etwas: für die Rechtsanwaltsgattin oder den studierenden Fabrikantensohn zu viel und für den kranken Arbeitslosen oder die alleinerziehende Mutter zu wenig.

- Der Pull-Effekt eines BGE für Wirtschaftsflüchtlinge wäre immens, die Versuchung für diese, einen anstrengungslosen Wohlstand zu erlangen, groß. Würde man Immigranten das BGE hingegen erst nach einer Wartefrist gewähren, wäre es nicht mehr „bedingungslos".

- Die bisherigen Feldversuche mit dem BGE sind sehr „bescheiden" ausgefallen: In Finnland erhöhte ein für zwei Jahre gewährter Zuschuss von 560 Euro monatlich zwar das psychische Wohlbefinden von 2.000 zufällig ausgewählten Arbeitslosen, begünstigte aber die erhoffte Rückkehr auf den Arbeitsmarkt nicht wirklich.[315]

## Das BGE – ein Trapezakt ohne Netz mit fataler Folgen
Dass sich etwa in Deutschland jeder zweite Bürger für die Einführung des BGE ausspricht,[316] dürfte weniger einem plötzlich aufkeimenden Altruismus unserer Nachbarn geschuldet sein, sondern vielmehr mit der Aussicht auf „arbeitsloses Zusatzeinkommen" in Zusammenhang stehen. Statt das von den Erwerbstätigen hart verdiente Geld grundsätzlich arbeitsfähigen Menschen in den Rachen zu werfen, sollten damit besser jene unterstützt werden, die auf diese Zuwendungen angewiesen sind.

Die Einführung des BGE würde darüber hinaus das ohnehin geringer werdende Arbeitskräfteangebot noch einmal deutlich reduzieren, Teile der Wirtschaft einbrechen lassen und damit die Versorgungssicherheit gefährden. Auch die Ausbildungsbereitschaft der Jungen würde angesichts der Tatsache, dass das monatliche BGE voraussichtlich über der Lehrlingsentschädigung liegen würde, rasch sinken.

Der Mensch braucht keine kostspieligen Geschenke, die ihn träge werden lassen, sondern vielmehr Anreize, um seine Talente zu entfalten und für andere einzusetzen. Bis heute können die Befürworter des BGE nicht schlüssig erklären, wie sie dieses finanzieren würden. Sollte es tatsächlich den Charakter eines Grundeinkommens haben, würde die Aufrechterhaltung des sozialen Netzes nicht mehr möglich sein. Zahlt man weniger aus, um das soziale Netz in seinen Grundzügen zu erhalten, ist es – wie in Finnland – nur mehr ein Zuschuss, der viel kostet, von dem man aber nicht leben kann. So bleibt das BGE ein Trapezakt ohne Netz, mit dem wir viel verlieren, aber nur wenig gewinnen können.

## Exkurs: „Gibt es eine christliche Sozialpolitik?"
*Gerade unter Christen werden Funktion, Aufgabe und Zukunft des Sozialstaates leidenschaftlich diskutiert. Viele offizielle Kirchenvertreter und Theologen sind sich im Wesentlichen einig, wenn es um den Ausbau von Sozialleistungen, insbesondere für Arbeitnehmer, Arbeitslose und Migranten, geht:*[317]

*Man plädiert für Arbeitszeit-Verkürzungen, für Reichensteuern und fordert eine Erhöhung des Arbeitslosengeldes. Das bedingungslose Grundeinkommen wird gepusht und*

## Sozialstaatslüge Nr. 7

die Erhöhung von Sozialhilfe und Mindestlohn gefordert. Zusätzliche Feiertage – wie etwa der „freie Karfreitag für alle" – werden vorgeschlagen und höhere Mindestlöhne sowie eine noch stärke Umverteilung gefordert. Dass man mit Forderungen dieser Art die Gewerkschaften bisweilen „links überholt", stört dabei offenbar niemanden.

Entsprechen diese Positionen tatsächlich dem christlichen Menschen- und Gesellschaftsbild des Neuen Testaments oder geht es eher darum, eine persönliche politische Meinung exklusiv mit dem Etikett „christlich" zu versehen und damit jeden Widerspruch a priori im Keim zu ersticken? Oder meint vielleicht gar jemand, ein Monopol darauf zu haben, was genau unter „christlicher Sozialpolitik" zu verstehen ist? Diese Immunisierungsstrategie greift durchaus, zumal die Gesellschaft den Kirchen gerne die Deutungshoheit überlässt, was letzten Endes „christlich-sozial" ist bzw. wer legitimiert ist, verbindliche Aussagen zum Sozialstaat aus „christlicher Sicht" treffen zu können.

Mit gutem Gewissen kann ich als Christ hinter sämtlichen in diesem Buch getroffenen Aussagen bzw. erhobenen Forderungen zum Umbau des Sozialstaates stehen. Auch mir geht es um die tatkräftige Unterstützung der nachweislich Schwachen und Armen. Den Weg dorthin kann man sogar direkt dem Neuen Testament entnehmen: Der verantwortungsvolle Umgang mit dem – letztlich geschenkten – Reichtum (reich ist nach Paulus jeder, der mehr hat, als er zum Leben braucht) und die Bereitschaft, das Leid anderer zu sehen und mit ihnen zu teilen, ist für jeden Nachfolger Christi Verpflichtung. Gleichzeitig wird von den Gläubigen gefordert, ihre Talente zu entwickeln (statt sie zu vergraben) und dadurch die Voraussetzung zu schaffen, wirksam helfen zu können.

Wenn Paulus beispielsweise seinen Zivilberuf als Zeltmacher weiter ausübt, um der Gemeinde nicht zur Last zu fallen, lebt er diesen Grundsatz, dass wir es den anderen und Gott schuldig sind, den uns möglichen Beitrag zu leisten. Erst durch zumutbare Eigenleistungen schaffen wir jene Werte, die man mit jenen teilen kann, die unverschuldet in Not geraten sind und Hilfe brauchen. Im bekannten (und oft unterschlagenen) Paulus-Wort „Wer nicht arbeiten will, soll auch nicht essen" kommt dieser positive Zugang zur Leistung deutlich zum Ausdruck, während Müßiggang – am Beispiel der Gemeinde Thessalonich – konsequent verurteilt wird. Geht es nach dem Neuen Testament, hat jeder Rechte, aber auch Pflichten, unabhängig davon, ob er Mann oder Frau, Elternteil oder Kind, Herr oder Sklave bzw. Staatsmann oder Bürger ist – ein durchaus moderner

*Zugang bzw. ein Balanceakt, der verhindern soll, dass man eine Seite zulasten der anderen ausspielt bzw. bevorzugt.*

*Diesem Prinzip sollte auch der sozialstaatliche Ausgleich gerecht werden: indem man dann korrigierend eingreift, wenn Menschen unverschuldet unter die Räder zu kommen drohen bzw. berechtigte Grundbedürfnisse zu befriedigen sind, für die es die Unterstützung der Gemeinschaft braucht. Wer hingegen – oft mit guter Absicht – an der falschen Stelle oder aber „zu viel" (das heißt ohne objektive Notwendigkeit) hilft, bewirkt das Gegenteil, indem er Menschen entmündigt, träge macht und nur deren Anspruchsdenken schürt. Solch ein Sozialstaatsverständnis zu fördern und mit dem Begriff „christlich" zu etikettieren, hieße, dessen Grundannahmen mit Füßen zu treten: nämlich Bedürftige zu unterstützen, Eigenverantwortung zu fördern, Hilfe zur Selbsthilfe zu leisten und eine angemessene soziale Sicherheit auch für die nächste Generation zu schaffen.*

*Schließlich stellt sich angesichts des heute weitverbreiteten „sozialen Evangeliums" die Frage nach der Unique Selling Proposition (USP) des Christentums: Natürlich ist der Glaube ohne Werke tot bzw. soll man Christen an ihren Früchten (das heißt guten Werken) erkennen. Wer sich aber darauf beschränkt, im Sinne eines christlichen Humanismus allein diese Welt verbessern zu wollen, beraubt das Evangelium seines eigentlichen Kerns: umkehrbereiten Menschen in Jesus Christus wirksam Vergebung, Errettung und in weiterer Folge ewiges Leben anzubieten – das ist das zentrale Thema der Lehre Jesu bzw. der Verkündigung der Apostel.*

*Der Autor Roland Baader formuliert es in seinem Buch „Fauler Zauber" noch provokanter: „In kirchlichen Verlautbarungen findet man kaum noch etwas von der göttlichen Botschaft, dafür aber umso mehr von Beschäftigungsprogrammen, vom sozialen Wohnbau, von Subventionen, von bedrohten Arbeitsplätzen und von staatlichen Finanzspritzen für das Renten-, Gesundheits- und Bildungswesen. Es genügt, die Parteien zum politischen Handeln aufzufordern, in den Sonntagspredigten gegen Reichtum und die Reichen zu wettern und im Übrigen diejenigen Parteien zu unterstützen, die das Sozialbudget am meisten aufblähen und die Staatsschulden am skrupellosesten auftürmen. Das Wort ‚sozial', die heiligste Vokabel der Kollektiv-Moral-Pharisäer der Neuzeit, hat im sozialdemokratischen Jahrhundert offenbar sogar den 10-Geboten der Bibel den Rang abgelaufen."*

*Folgende Maßnahmen tragen zu einer verantwortungsvolleren Inanspruchnahme des sozialen Netzes bei:*

- **Genereller Check aller Sozialleistungen hinsichtlich ihrer Treffsicherheit, Wirksamkeit und allfälliger Mitnahmeeffekte**
  Gleichzeitig ist der Grundsatz im gesamten Sozialsystem zu implementieren, dass es „keine Sozialleistung ohne zumutbare Gegenleistung" geben darf, was etwa durch strengere Mitwirkungspflichten der Sozialleistungsempfänger oder Dienste für die Allgemeinheit von Asylwerbern oder Langzeitarbeitslosen erreicht werden kann.

- **Vereinheitlichung von Selbstbehalten bzw. generelle Einführung einer – sozial verträglichen – Kostenbeteiligung im Gesundheitswesen**
  Letztere kann entfallen, sofern entsprechende Präventionsangebote angenommen bzw. Gesundheitsziele erreicht werden.

- **Strengere und konsequentere Bestrafung von Sozialmissbrauch und -betrug**
  Dadurch soll im Sinne einer Spezial- und Generalprävention die rechtswidrige Inanspruchnahme von Sozialleistungen aus dem Eck der „Kavaliersdelikte" geholt und mangelnde Solidarität sanktioniert werden.

- **Bewusstsein fördern, dass Sozialleistungen primär Überbrückungscharakter haben und von der Solidargemeinschaft finanziert werden**
  Das soll dazu beitragen, dass Unterstützungsleistungen nur im erforderlichen Ausmaß in Anspruch genommen werden. Persönliche Sozialleistungsbilanzen am Ende des Jahres, Sensibilisierung hinsichtlich eines achtsamen Umgangs mit sozialen Zuwendungen in Schulen, Behörden, Betrieben etc. und regelmäßige Überprüfungen der sachgerechten Inanspruchnahme von Sozialleistungen fördern eine wertschätzende Inanspruchnahme staatlicher Unterstützungsleistungen.

- **Entlastung und Begünstigung der Nettozahler**
Wer Vollzeit und mehr arbeitet und dadurch einen besonderen Beitrag zur Finanzierung des Sozialstaates leistet, muss belohnt werden. Gleichzeitig ist dafür Sorge zu tragen, dass die zur Verfügung gestellten Mittel treffsicher und nachhaltig eingesetzt werden. Nicht „so viel wie möglich", sondern „so viel wie nötig" muss die Devise in einem modernen Sozialstaat lauten.

- **Beibehaltung des Systems der bedarfsorientierten Mindestsicherung**
Diese neue Form der Sozialhilfe hat sich grundsätzlich bewährt, da es die staatlichen Zuwendungen von der Arbeitsbereitschaft der jeweiligen Person abhängig macht. In Zeiten des Fach- und Arbeitskräftemangels sind neue Beschäftigungsmöglichkeiten regelmäßig zu prüfen. Staatliche Zuwendungen, die von der Arbeitsleistung und dem persönlichen Bedarf entkoppelt werden, sind nicht nur unsozial, sondern diskreditieren Leistung und gefährden dadurch die Finanzierung des sozialen Netzes.

# 8

# Sozialstaatslüge Nr. 8:
# „Wir haben die Pflege im Griff."

*Die Pflege – langjähriges „Stiefkind" mit dem Potenzial zum „Super-GAU"*
Die demografische Entwicklung – bis 2050 wird sich die Anzahl der über 80-Jährigen vermutlich verdoppeln[318] – beschert uns ein weiteres Problem, das mehr und mehr in das Bewusstsein der Menschen rückt, aber bis dato ungelöst ist: Überall fehlen jetzt schon Pflegekräfte, egal, ob diese ihre wertvolle Arbeit an alten, kranken oder beeinträchtigten Menschen in Spitälern, im Rahmen der mobilen Pflege, in Altenheimen oder in den eigenen vier Wänden der zu Pflegenden leisten. Allein bis 2030 werden 75.000 zusätzliche Pflegekräfte benötigt.[319] Und wer doch noch fündig geworden ist, muss dafür immer mehr zahlen. Die Finanzierung der Pflege ist komplex und verteilt sich auf Bund, Länder und Gemeinden.

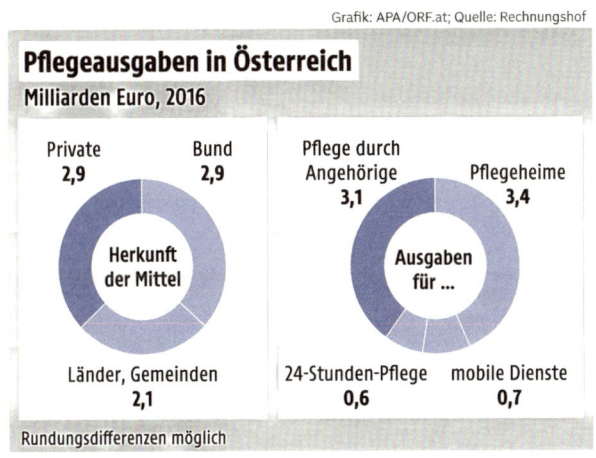

Quelle: ORF.at Onlineartikel „Österreich bei Pflege schlecht vorbereitet", 14.2.2020

Genauso offen ist die langfristige Finanzierung der Pflege, zumal die Erbringung von Pflegeleistungen aufgrund der demografischen Entwicklung in den nächsten Jahrzehnten massiv zunehmen wird. Die Anzahl der Pflegebedürftigen wird voraussichtlich von derzeit 450.000 auf bis zu 750.000 im Jahr 2050 steigen, die Kosten für die Pflege werden auf 9 Mrd. Euro (das ist ein Plus von 360 %) explodieren.[320] Neben der Überalterung tragen auch die vielen – oftmals selbst verschuldeten – Zivilisationskrankheiten bzw. die mangelnde Vorsorge der Österreicher dazu bei, dass der Pflegebedarf gerade in Österreich ein besonders hoher sein wird. Dazu kommt eine häufig zu spät erfolgende pflegerische Intervention, weshalb Kritiker in diesem Zusammenhang zutreffend von einer „Pflege vom Bett ins Heim" sprechen. Auch die ehemalige Pflegeanwältin der Stadt Wien, Sigrid Pilz, redet deshalb einer möglichst langen „Selbstaktivierung" der Älteren das Wort: „Wer sich auf wackeligen Beinen in der Früh den Kaffee selber machen muss, bleibt jedenfalls wach."[321]

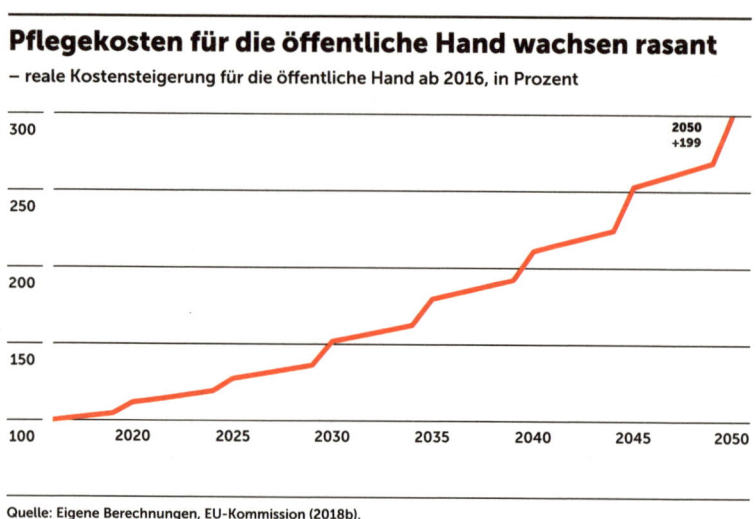

*Quelle: Agenda Austria: Grafik „Pflegekosten für die öffentliche Hand wachsen rasant", 23.9.2019*

Das Thema selbst kommt nicht wirklich überraschend: Weiß man doch schon seit Jahren, dass die Anzahl der Pflegebedürftigen rapide steigt bzw. jene der (potenziellen) Pflegekräfte kontinuierlich sinkt. Auch die Pflege zu Hause stößt immer öfter an ihre Grenzen, da es bereits 2 Mio. Singles in Österreich gibt[322] bzw. immer mehr pflegende Angehörige selbst (noch) im Berufsleben stehen. Lange tauchte die heimische Politik bei diesem – zugegebenermaßen eher unangenehmen – Thema ab, weil man ja die Bürger nicht verunsichern wolle und bei Wahlen bekanntlich nicht die Wahrheit, sondern die Hoffnung gewählt wird. Anders wird es etwa in Dänemark gehandhabt, wo man seit Langem auf eine „frühzeitige Unterstützung" der Älteren setzt, was zur Folge hat, dass nur 8 % der über 65-Jährigen pflegebedürftig sind – in Österreich sind es satte 22 %![323] Das Geld sollte daher auch in Österreich mehr als bisher in Prävention, Reha und Alltagsunterstützung fließen. „Hilfe zur Selbsthilfe" statt „Unterstützung in der Unselbstständigkeit" muss hier die neue Devise sein!

Stattdessen begnügte man sich in der Vergangenheit damit, das Pflegegeld öffentlichkeitswirksam zu erhöhen und feierlich neue Pflegeeinrichtungen zu eröffnen. Leider wurde darauf vergessen, dass es immer öfter an der wichtigsten Ressource – nämlich der Pflegekraft selbst – mangelt. Ähnliches gilt übrigens für den von allen beklatschten Ausbau von Kinderbetreuungseinrichtungen, wo man zwar intensiv über weniger Schließtage bzw. längere Öffnungszeiten diskutiert, aber kaum dafür Vorsorge getroffen hat, dass es ausreichend Personal gibt.

Seit einiger Zeit versucht die Politik, diese Versäumnisse nachzuholen und Pflegejobs attraktiver zu machen: durch Ausbildungsprämien, einen Pflegebonus, Lohnerhöhungen und längere Auszeiten, zumal viele Pflegekräfte „auf dem Zahnfleisch gehen". Der Erfolg dieser gut gemeinten und wichtigen Bemühungen wird möglicherweise überschaubar bleiben, da Jobs dieser Art samt den aktuellen Rahmenbedingungen von vielen Jugendlichen als wenig attraktiv empfunden werden. Auch gibt es für diese durch den allgemeinen Arbeitskräftemangel zahlreiche alternative (also bessere und einfachere) Jobangebote. Es besteht daher die große Gefahr, dass Pflegeleistungen in Krankenhäusern, Altenheimen bzw. von mobilen Diensten aufgrund des knappen Angebots mittelfristig zum Luxusgut werden, das sich nur noch Besserbetuchte leisten werden können. An diesem Beispiel sieht man einmal mehr, wie schnell der „Sozialstaat zum Sozialfall" werden kann.

## Bei der Pflege sind viele am oder über dem Limit

Der Pflegejob als solcher kann – laut Aussage vieler Pflegender – sehr erfüllend und sinnstiftend sein, weil die Leistungen unmittelbar Menschen in prekären Situationen zugutekommen bzw. von diesen auch viel „zurückkommt". Eine ausgeprägte intrinsische Motivation versetzt viele Pflegekräfte in die Lage, ihren wertvollen Dienst zum Wohle aller Beteiligten zu tun.

Knackpunkt sind nach Meinung der Experten vor allem die Rahmenbedingungen, unter denen Pflegeleistungen heutzutage erbracht werden müssen. Das bestätigt auch der Gesundheitsökonom Ernest Pichlbauer, der weniger die Bezahlung als die Arbeitsbedingungen als größte Herausforderung der Pflege sieht. Seiner Meinung nach gibt es sogar genug gut ausgebildete Pflegekräfte, die aber leider in andere Jobs gewechselt sind oder aber nur mehr Teilzeit arbeiten.[324] Aber es geht auch – wie Caritas-Direktor Franz Kehrer zu Recht anmerkt – um eine höhere öffentliche Wertschätzung der Pflegeberufe.[325]

Gleichzeitig steigt auch der Druck auf die Senioren, Patienten und deren Angehörige: Sie fühlen sich häufig überfordert und im Stich gelassen, wenn sie die – zumeist kurzfristig – benötigte Pflegeleistung nicht sofort erhalten. Wer jemanden kennt oder das nötige Kleingeld hat, ist etwas besser dran, muss aber auch immer öfter auf die Warteliste, weil schlicht kein Bett im Seniorenheim frei ist oder das Pflegepersonal fehlt.

In einem Austausch mit Pflegekräften des Linzer UKHs wurden von diesen folgende erschwerende Arbeitsbedingungen in Spitälern kritisiert: permanent zu wenig Personal (daraus resultierend regelmäßige Überstunden), ein gestiegenes Anspruchsdenken der zu Pflegenden und ihrer Angehörigen, der kontinuierlich hohe Stresspegel, eine vergleichsweise niedrige Bezahlung und Wertschätzung (die Pflege hat noch immer ein Imageproblem) sowie die praktisch jederzeitige Verfügbarkeit (Dienstpläne sind oft das Papier nicht wert, auf dem sie geschrieben sind). Das schaffe ein Arbeitsumfeld, das auf Dauer ungesund ist, demotiviert und an die Substanz geht.

## Sozialstaatslüge Nr. 8

### Arbeitsbedingungen in der Pflege in Deutschland

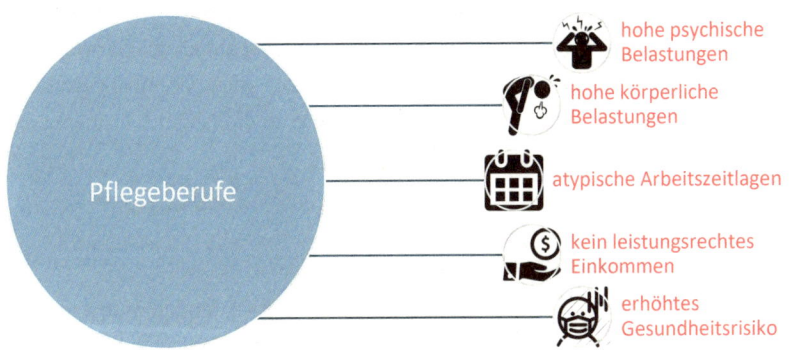

Quelle: Bundesministerium für Soziales, Gesundheit, Pflege und Konsumentenschutz: Broschüre „Arbeitsbedingungen in Pflegeberufen", Wien 2021, S. 8

Gäbe es nicht die vielen Menschen (vor allem Frauen), die unbezahlt und selbstlos – oft neben dem Job – ihre Angehörigen zu Hause pflegen, wäre das System ohnehin schon längst kollabiert bzw. unfinanzierbar. So werden 85 % der Menschen in Oberösterreich zu Hause betreut und gepflegt. Zwei Drittel der Pflegeleistungen erbringen die 60- bis 75-Jährigen, vornehmlich Frauen.[326] Die permanente Aushöhlung von Familie und Ehe in unserer Gesellschaft verschärft – gerade, wenn es um die unverzichtbare familieninterne Betreuung Älterer und Kranker geht – die Lage.

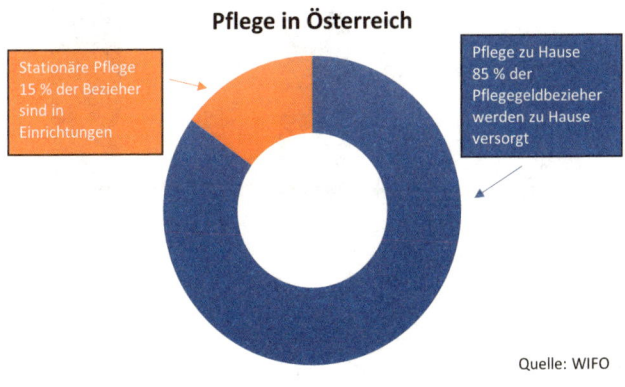

Quelle: Grafik WKOÖ, Daten WIFO

Ähnliches gilt für die vielen Pflegekräfte aus dem Ausland, ohne die schon jetzt der Pflegenotstand in Österreich ausbrechen würde. Eine gewisse Großzügigkeit gegenüber diesen Menschen – etwa durch einen Verzicht auf die mittlerweile vom EuGH aufgehobene Indexierung der Familienbeihilfe – wäre uns gut angestanden. Zur Erinnerung: Die Bundesregierung wollte diese an die Lebenshaltungskosten des jeweiligen Wohnstaates der Kinder anpassen.

### *Die Lage spitzt sich dramatisch zu*

Spitalsbetten oder Pflegeplätze in Altenheimen bleiben immer öfter frei, weil schlicht das Personal fehlt. So waren im Oktober 2022 1.160 Pflegebetten in Oberösterreich unbelegt, weil die dafür nötigen Pflegekräfte fehlten – 2016 waren es nur sechs Betten.[327] Die Alarmmeldungen aus Spitälern, wonach die Patienten nicht mehr ordentlich versorgt werden können, werden täglich mehr. Selbstverfasste Gefährdungsanzeigen häufen sich, da man mangels qualifizierten Personals den „State of the Art" einfach nicht mehr einhalten könne.

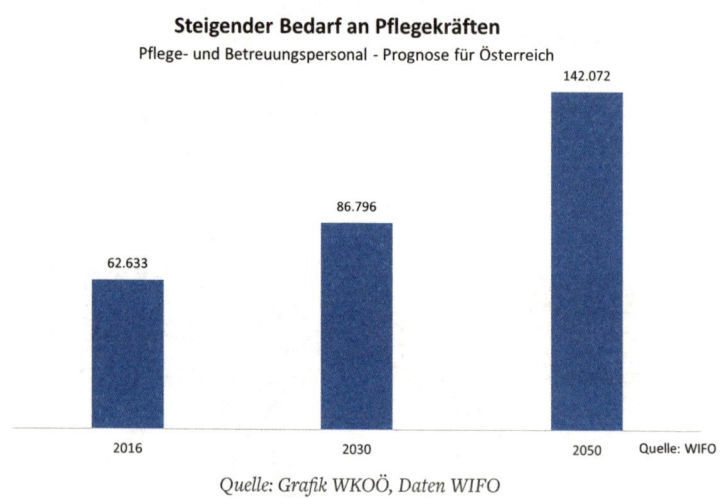

*Quelle: Grafik WKOÖ, Daten WIFO*

Ebenso steigen für Pflegebedürftige aufgrund des Personalmangels die Wartezeiten auf Untersuchungen bzw. Operationen oder den dringend benötigten Platz im Altenheim. Gleichzeitig nimmt die Aggressivität mancher Angehöriger und damit auch die Gefährdung von Pflegekräften zu. Dass das bis zu Morddrohungen gehen kann, berichtet etwa die diplomierte Gesundheits- und Krankenpflegerin Alexandra Prinz.[328]

Unglaubliches dürfte sich in manchen Spitälern abspielen: Die auf dem Gang stehenden Betten, die es offiziell natürlich gar nicht gibt, schiebt man – kurz vor Erscheinen des „Kontrollors" – ins Bad oder bittet den Patienten, das Bett für kurze Zeit zu verlassen. Das Sperren ganzer Krankenhausabteilungen sowie die Einrichtung von bloßen „Notbetrieben" stehen immer öfter auf der Tagesordnung und sind mangels Personals auch alternativlos. In alter österreichischer Tradition bloß mehr Geld ins System zu pumpen, reicht daher schon längst nicht mehr – zuerst muss man einmal die Menschen finden, die diese sozialen Jobs gut und gerne machen.

## *Pflegedesaster verhindern – neue Wege gehen*

Das Pflegesystem kracht schon jetzt wie eine Kaisersemmel, wobei der große Run auf die Pflegeeinrichtungen und -leistungen angesichts der Pensionierung der Babyboomer erst in den nächsten Jahren bevorsteht. Der Pflegekräftemangel ist eine Variante des allgemeinen Arbeits- und Fachkräftemangels, dessen Auswirkungen aber unsere Gesellschaft so richtig ins Mark treffen werden: Kann ein Sozialstaat nämlich seine Kranken bzw. seine Alten nicht mehr adäquat versorgen, kommt das seiner Kapitulation gleich. Die schon jetzt angespannte Lage – zahlreiche Betten in Spitälern und Altenheimen können mangels Personals nicht mehr belegt werden – würde sich noch einmal verschärfen.

Die Sicherstellung von Pflegeleistungen ist daher eine der zentralen Herausforderungen, vor denen die österreichische und europäische Sozialpolitik steht. So wie bei der Bekämpfung des Fach- und Arbeitskräftemangels wird es nicht die eine Lösung des Problems geben, sondern nur die Entwicklung bzw. den Ausbau von Instrumenten, die den Mangel zumindest lindern kann. Das wird aber nur dann gelingen, wenn man sich dem Thema vorurteilsfrei stellt und mitunter auch unpopuläre Wege – wie etwa die Verpflichtung von Frauen zum Zivildienst – zu gehen bereit ist.

Daher ist alles zu unternehmen, um neue Pflegekräfte (insbesondere durch Verbesserung der Arbeitsbedingungen) zu gewinnen wie auch die Finanzierung der Pflegeleistungen zu sichern. Die Politik war jedenfalls gut beraten, bislang nicht auf eine eigene gesetzliche Pflegeversicherung zu setzen, zumal die Lohnnebenkosten in Österreich ohnehin schon durch die Decke gehen. Neben der alternativlosen Finanzierung aus Steuermitteln führt auch kein Weg an einer höheren Eigenbeteiligung der zu Pflegenden – natürlich ihren Vermögensverhältnissen entsprechend – vorbei. Auch die Treffsicherheit des Pflegegeldes ist dahingehend zu hinterfragen, ob dieses zukünftig wirklich einkommensunabhängig und stets in Geld zu leisten ist.

*So können die notwendigen Pflegeleistungen gesichert,*
*neue Pflegekräfte gewonnen bzw. bestehende gehalten und die*
*zukünftig notwendigen Mittel für die Pflege aufgebracht werden:*

- Attraktivierung des Berufsbildes der Pflege (Karrierepfade, Kompetenzerweiterungen, Gehaltserhöhungen, fixe Arbeitszeiten etc.) sowie Umsetzung eines unbürokratischen Pflegebonus (als dauerhafter Gehaltsbestandteil). Auch ist die Unterstützung bei der Abdeckung des Lebensunterhaltes während der Ausbildungszeit auszubauen.

- Ausbau und Vereinheitlichung der mobilen Pflege, zumal Pflegebedürftige so lange wie möglich in der eigenen Unterkunft leben sollen/wollen, was auch bedeutend günstiger als der Platz im Seniorenheim ist („Daheim statt im Heim") – betreutes Wohnen ist daher weiter zügig auszubauen. Auch sollte der spätere Pflegebedarf im (sozialen) Wohn- und Siedlungsbau immer aktiv mitgedacht werden.

- Eingliederung der Pflege ins Gesundheitssystem, was z. B. die öffentliche Finanzierung pflegepräventiver Maßnahmen bzw. Betreuungsleistungen ermöglicht. Das spätere Pflegeausmaß kann so durch gezielte frühzeitige Vorsorge deutlich reduziert werden.

- Verbesserung von Qualität und Arbeitsbedingungen in der 24-Stunden-Betreuung.

- Bundeseinheitliche Regelung der Pflege, da die derzeitigen unterschiedlichen Systeme auf Länderebene intransparent sind, Vergleiche (samt den daraus zu ziehenden Schlüssen) erschweren sowie eine Gesamtsteuerung verunmöglichen.

- Verstärkte Einbindung von Pflegekräften in die regionale Gesundheitsversorgung (Community Nursing, z. B. durch regelmäßige Hausbesuche von über 70-Jährigen) inkl. besserer Nutzung der digitalen Möglichkeiten, da bereits viele Senioren online sind.

- Evaluierung des Pflegegeldes, insbesondere hinsichtlich dessen Treffsicherheit bzw. des Ausbaus der Sachleistungen. Das Pflegegeld in den höheren Stufen reicht oft nicht aus und sollte daher angehoben werden, während das Pflegegeld in den unteren Stufen bisweilen zu großzügig scheint. Pflegetätigkeiten, die die Fähigkeiten der zu Pflegenden wiederherstellen bzw. fördern, sollten bei der Bemessung des Pflegegeldes Berücksichtigung finden.

- Abschluss privater Pflegeversicherungen durch steuerliche Begünstigungen fördern.

- Verpflichtender Militär- oder Zivildienst auch für Frauen: Damit erfolgt nicht nur ein weiterer Schritt Richtung Gleichstellung, sondern es kann auch ein Teil des zusätzlichen Bedarfs an Pflegekräften bzw. Betreuungsdiensten durch diese abgedeckt werden. Absolventen eines „Freiwilligen Sozialen Jahres" berichten übereinstimmend, dass dieses für die Entwicklung ihrer Persönlichkeit von großem Wert war.

# 9

# Sozialstaatslüge Nr. 9:
# „Wir haben eine Bildungslandschaft wie aus dem Bilderbuch."

*Das österreichische Bildungssystem –*
*vom langen Fluch der Mittelmäßigkeit*

Eine gute Ausbildung ist Grundlage für vieles, was das Leben lebenswert macht: Sie ermöglicht einen guten Job, von dem man leben kann. Sie fungiert als „Türöffner" für eine aktive Teilhabe am gesellschaftlichen Leben. Gut ausgebildete Menschen sind selbstbewusster, weniger beeinflussbar und besser in der Lage, richtige Entscheidungen für sich selbst zu treffen. Je besser die Ausbildung, desto besser ist man gegen Arbeitslosigkeit, Armut und Krankheit geschützt. Auch entscheidet das Bildungsniveau der Menschen letztlich darüber, ob Österreichs Wirtschaft international wettbewerbsfähig bleibt. Davon hängt wiederum der breite Wohlstand ab, in dem wir – noch – leben. Und nicht zu vergessen: Eine gute Ausbildung zu erhalten, ist ein Vorrecht, das in vielen Ländern der Welt jungen Menschen vorenthalten wird. Deshalb trifft sich auch die Politik in seltener Einigkeit, wenn es um das gemeinsame Ziel des bestmöglichen Bildungssystems geht.

Der nüchterne Befund über die Qualität des österreichischen Bildungssystems fällt ambivalent aus: Der hohe Anteil an gut ausgebildeten Arbeitskräften – ein österreichisches Asset im internationalen Standortwettbewerb – ist kein Zufall, sondern zweifellos auf ein grundsätzlich intaktes Ausbildungssystem zurückzuführen. Ähnlich wie im Gesundheitssystem verflüchtigen sich jedoch im internationalen Vergleich die „Vorzüge" unseres Bildungssystems schnell: Immer wieder sind – nicht nur beim PISA-Test – die Ergebnisse bloß mittelmäßig bzw. hinken wir mitunter Best-Practice-Ländern in Nordeuropa doch beträchtlich hinterher.[329]

## Sozialstaatslüge Nr. 9

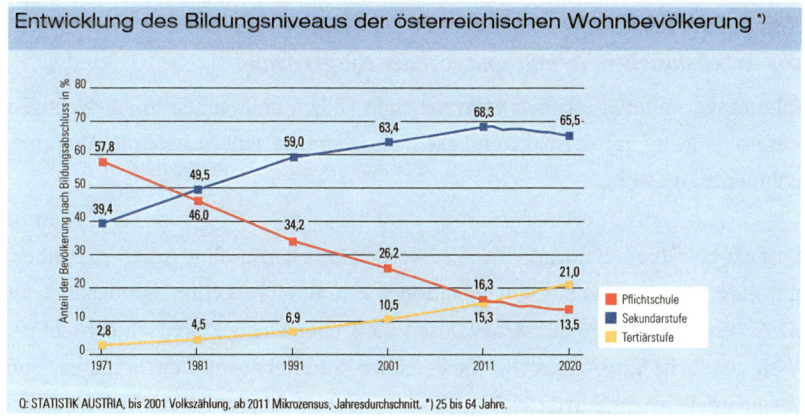

Quelle: Statistik Austria: Informationsbroschüre
„Österreich – Zahlen & Daten & Fakten 2021/22", Wien 2022, S. 35

Die Schulzeugnisse der meisten Kinder von heute sind mit jenen ihrer Eltern fast ident, was doch von einem gewissen Stillstand zeugt. Dennoch wagt die Politik den nötigen Aufbruch in die Bildungszukunft nicht, was der Bildungsexperte Andreas Salcher launig so kommentiert: „Nach dem Startschuss folgt in Österreich nie ein Rennen." „Österreich hat" – so Salcher weiter – „zwar das zweitteuerste, aber leider nicht das zweitbeste Bildungssystem." Das manifestiert sich auch darin, dass – so wie schon 2012 – nach wie vor rund 21 % der 15-Jährigen nicht sinnerfassend lesen können bzw. die Grundrechnungsarten nicht beherrschen.[330] Die Erfahrungen vieler Personalchefs österreichischer Unternehmen bestätigen dies, wenn sie übereinstimmend beklagen, dass bereits einfaches Prozentrechnen oder die Frage nach den Namen der neun Bundesländer viele Bewerber überfordern.

Auch wenn es in der Vergangenheit partielle Verbesserungen gegeben hat und das System im Großen und Ganzen funktioniert, läuft Österreich Gefahr, den Bildungsanschluss zu verlieren und damit die Zukunft des Landes und seiner Menschen zu verspielen. Was der Grund für die Resistenz gegenüber einer tiefgreifenden Bildungsreform ist, kann nur vermutet werden: Fürchtet man das Veto der mächtigen Lehrergewerkschaft, will man sich mit den Eltern nicht anlegen oder ist es die urösterreichische Angst vor Veränderungen, die das Verlassen der ausgetretenen Bildungspfade so schwer machen?

*Eine solide Ausbildung – noch immer der beste Schutz vor Arbeitslosigkeit, Armut und sozialer Ausgrenzung*

Bildungsversäumnisse haben weitreichende Folgen und stehen in einem engen Zusammenhang mit der Notwendigkeit, staatliche Sozialleistungen in Anspruch nehmen zu müssen.

So sinkt etwa die Gefahr, arbeitslos zu werden bzw. länger ohne Arbeit zu bleiben, mit einer entsprechenden Qualifikation wie z. B. einer Lehre signifikant. Laut AMS verfügen 22,8 % der Arbeitslosen bloß über einen Pflichtschulabschluss. Viele „einfache Tätigkeiten" für die es früher keinerlei Ausbildung brauchte, sind weggebrochen, weshalb diese Gruppe am meisten gefährdet ist, arbeitslos zu werden bzw. zu bleiben. Für den Absolventen einer Lehre reduziert sich hingegen das Risiko der Arbeitslosigkeit auf 7,0 %. Mit einem Universitätsabschluss waren überhaupt nur 2,7 % arbeitslos.[331] Eine gute Ausbildung ist daher nach wie vor die beste Versicherung gegen das Risiko, arbeitslos zu werden.

Personen mit geringer Bildung haben also ein signifikant höheres Risiko, den Job zu verlieren, und rutschen leichter in die Armut ab: Wer dies verhindern will, muss deshalb beim frühen Erwerb von Kompetenzen und hier vor allem bei der Chancengerechtigkeit ansetzen. Verfügt jemand nur über einen Pflichtschulabschluss, beträgt das Risiko der Armuts- bzw. Ausgrenzungsgefährdung 27 %. Maturanten haben hingegen nur ein Armutsgefährdungsrisiko von 15 %.[332] Die Armutskonferenz verweist in diesem Zusammenhang darauf, dass die Präventionskette gegen (Kinder-)Armut sogar schon vor der Geburt beginnen muss: Mütter aus armutsgefährdeten Haushalten brauchen Betreuung und tatkräftige Unterstützung von Anfang an. „Better Start" ist ein gelungenes Beispiel für eine solche „frühe Hilfe".[333]

Andere Barrieren für Personen mit einem geringen Bildungsniveau und die daraus resultierenden Notlagen sind wiederum finanzieller Natur: Das gilt nicht nur für den benötigten neuen Laptop oder den Schulausflug der Sprösslinge nach Paris, sondern etwa auch für die Möglichkeit, Medizin studieren zu können: Können sich doch den teuren Vorbereitungskurs, ohne den man beim Aufnahmetest praktisch chancenlos ist, Eltern aus finanziell schlechter gestellten Haushalten in der Regel nicht leisten.

Ein anderes Beispiel: 23 % der Schulkinder benötigen mittlerweile Nachhilfeunterricht in Österreich, was die Familienbudgets mit ca. 103 Mio. Euro jährlich belastet.[334] Gründe für diese bemerkenswerten großflächigen Wissenslücken sind wohl bei überforderten Lehrern und Schülern gleichermaßen zu suchen. Auch die häufig notwendige außerschulische Unterstützung durch die Eltern – nicht selten werden die Wochenenden vieler Familien von den Schulaufgaben der Kinder dominiert – kann in ärmeren Familien mit einem geringeren Bildungsniveau kaum geleistet werden. Kinder aus armutsgefährdeten Haushalten haben auch kaum Zugang zu Bildungseinrichtungen, die ein Schulgeld verlangen. Die gerade auch bei Politikern links der Mitte besonders beliebten Privatschulen „garantieren" nicht zuletzt aufgrund des zu zahlenden Schulgeldes, dass man unter „seinesgleichen" bzw. der Ausländeranteil verlässlich unter 5 % bleibt. Es verwundert daher nicht, dass zwar 80 % der Kinder aus Akademiker-Haushalten, aber nur 37 % aus Nicht-Akademiker-Haushalten die Matura machen.[335] Wirksame Armutsbekämpfung fängt damit an, allen Menschen gleiche Bildungschancen zu eröffnen.

## *Warnung: Fehlende Bildung macht nachweislich kränker und verkürzt das Leben*

Mangelnde Bildung schafft und konserviert somit Armut und macht darüber hinaus krank, was eine WIFO-Studie belegt: Der Anteil der Frauen und Männer mit schlechtem Gesundheitszustand ist bei Personen mit Pflichtschulabschluss am höchsten. Von niedrig qualifizierten 65-jährigen Männern sind nur noch 77 % am Leben – bei höher gebildeten sind es hingegen 91 %.[336] Auch Alkohol- und Nikotinmissbrauch korrelieren mit einem schlechten Ausbildungsniveau – dies wiederum belegt eine deutsche Studie, die wohl auch auf Österreich umlegbar ist.[337] Die Gründe hierfür sind – so die Studienautoren – vor allem im sozialen Umfeld zu suchen: Es ist insbesondere das negative Vorbild der Eltern, Geschwister und Freunde, das junge Menschen frühzeitig in die Sucht treibt, krank macht oder früher versterben lässt.

Wer in einem bildungsfernen und armutsgefährdeten Haushalt lebt, muss in der Regel jeden Cent zweimal umdrehen und muss deshalb vor allem eines: billig einkaufen. Ob die Lebensmittel gesund bzw. aus regionaler Produktion sind, bleibt dabei sekundär, was einem Bertolt Brechts „Zuerst kommt das Fressen und dann die Moral" in den Sinn kommen lässt.[338] In Verbindung mit einer deutlich geringeren Gesundheitskompetenz führt dies zu signifikant schlechteren Ernährungsgewohnheiten mit allen ihren negativen Folgen für die persönliche Gesundheit. Gleiches gilt auch für die Bewegung bzw. körperliche Ertüchtigung: 91,6 % aller Menschen mit einem Universitäts- oder Fachhochschulabschluss betreiben zumindest gelegentlich Sport. Bei Personen mit Pflicht- oder Lehrabschluss sind es bloß 66 %.[339] Je niedriger das Bildungsniveau, desto größer scheint die Gefahr, als adipöser Couch-Potato vor der Flimmerkiste zu enden. Das alles verursacht nicht nur persönliches Leid, sondern kostet die Versichertengemeinschaft in Form von zusätzlichen medizinischen Leistungen viel Geld.

## *Das österreichische Bildungssystem im internationalen Vergleich: durchwachsen und leider unter seinen Möglichkeiten*

Wie so oft sind wir nicht so gut, wie wir alle glauben: Die Pandemie hat viele Mängel und Defizite im österreichischen Bildungssystem ans Licht gebracht. Wie gut unser Bildungssystem tatsächlich ist, eröffnet sich erst im internationalen Vergleich.[340]

- Je Schüler/Student wurden in Österreich – von der Volksschule bis zur Universität – kaufkraftbereinigt pro Kopf durchschnittlich 15.171 Euro ausgegeben – das lag rund 30 % über dem EU-Schnitt.

- Österreich ist – erfreulicherweise – das Land mit der stärksten Fokussierung auf Berufsbildung: 76 % erwarben einen berufsbildenden Abschluss wie z. B. bei einer Lehre (der OECD-Wert liegt bei 38 %).

- 2019 kamen in der Volksschule auf einen Lehrer zwölf Schüler (OECD: 15), in der Sekundarstufe neun (OECD: 13).

Sozialstaatslüge Nr. 9

- 4,7 % des BIP wurden 2018 für Bildungseinrichtungen aufgewendet (OECD: 4,9 %). Die privaten Ausgaben für das Bildungswesen lagen aufgrund des weitestgehenden Verzichts auf Studiengebühren lediglich bei 7 % (OECD: 18 %).

- 14 % haben in Österreich einen Pflichtschulabschluss (OECD: 21 %), 49 % absolvierten eine Lehre, BMS, AHS (OECD: 37 %). 5 % können ein Bachelor-Studium (OECD: 18 %) vorweisen, 13 % haben ein Master- oder Diplom-Studium (OECD: 14 %) abgeschlossen.

- 2019 saßen in Österreich durchschnittlich 18 Kinder in einer Klasse (OECD: 21), in der AHS-Unterstufe bzw. Mittelschule waren es 21 (OECD: 23).

- Österreich hat relativ alte Lehrer: 36 % sind über 50 Jahre (OECD: 33 %). Die Lehrergehälter sind über dem OECD-Schnitt, die Unterrichtszeit in der Klasse hingegen darunter.

*Jetzt Potenziale auf allen Ebenen heben*

Die Potenziale der einzelnen Bildungsebenen – vom Kindergarten bis zu den Universitäten – werden nach wie vor zu wenig genutzt, weil jahrzehntelange ideologische Grabenkämpfe zu einem weitestgehenden Stillstand in der Bildungslandschaft geführt haben. Platz war höchstens für kosmetische Maßnahmen – man denke etwa an die „Mogelpackung" der Neuen Mittelschule (NMS).

Die Bewältigung der vor uns liegenden Aufgaben und damit verbunden die Sicherstellung des sozialen Netzes wird vor allem davon abhängen, über welche Qualifikationen Menschen in diesem Lande in Zukunft verfügen werden. Wobei die Herausforderungen – nicht zuletzt die vielen nicht Deutsch sprechenden Zuwanderer in den Brennpunktschulen oder die Kinder mit erhöhtem Unterstützungsbedarf – in den letzten Jahren massiv gestiegen sind.

- Die Elementarpädagogik muss zukünftig den Stellenwert von Schulen erhalten und finanziell besser ausgestattet werden. Kindergärten sind keine Aufbewahrungsstätten für Kinder, sondern der Ort, wo man „spielerisch lernen kann". Es braucht kleinere Gruppen und multiprofessionelle Teams, um vor allem Kinder aus bildungsfernen Familien besser fördern zu können. Dafür benötigt man wiederum mehr Pädagogen, die es entsprechend zu entlohnen gilt. Österreichweite Qualitätsstandards müssen dafür sorgen, dass in den Kindergärten zumindest die Basics gleichermaßen vermittelt werden.

- Das Schulsystem wiederum muss in alle Richtungen durchlässiger werden und unbürokratische Wechselmöglichkeiten je nach individueller Begabung ermöglichen. Das bestens bewährte Gymnasium zu eliminieren und alle in eine gemeinsame Schule der 11- bis 15-Jährigen zu stecken, unterfordert die Begabten, überfordert Schüler mit Defiziten und nivelliert das Gesamtniveau nach unten. Mit den HTLs haben wir einen weiteren Schultyp, um den uns ganz Europa beneidet und der deshalb weiter auszubauen ist. Die regelmäßige Aktualisierung und Entschlackung der Lehrpläne sowie die Modernisierung des Unterrichts sind ein Gebot der Stunde: Zwar weiß man nach der Matura, wie man mathematische Kurven diskutiert und in der Bronzezeit gelebt hat, während etwa der Zweite Weltkrieg, die aktuellen politischen Ereignisse oder der Unterschied zwischen Gewinn und Umsatz für viele ein spanisches Dorf bleiben.

- Die beste österreichische Universität liegt in internationalen Rankings auf Platz 134[341] – nicht wirklich ein Ruhmesblatt für unser Bildungssystem. In den Universitäten ist dafür Sorge zu tragen, dass die Kooperation mit der Wirtschaft intensiviert und nicht – wie etwa bei Psychologen und Publizisten – weit weg von der realen Nachfrage teuer in die Arbeitslosigkeit ausgebildet wird. Generalisten und Spezialisten werden zukünftig gleichermaßen benötigt, wobei die Kooperation zwischen Universitäten, Fachhochschulen und Pädagogischen Hochschulen auszubauen ist. Fachhochschulen sind eine geniale bildungspolitische Innovation, mit der eine Lücke gefüllt wurde. Fachhochschulabsolventen mit einem Masterabschluss verdienen im Schnitt um knapp 9 % mehr als Universitäts-Absolventen mit einem Masterstudium.[342]

## Sozialstaatslüge Nr. 9

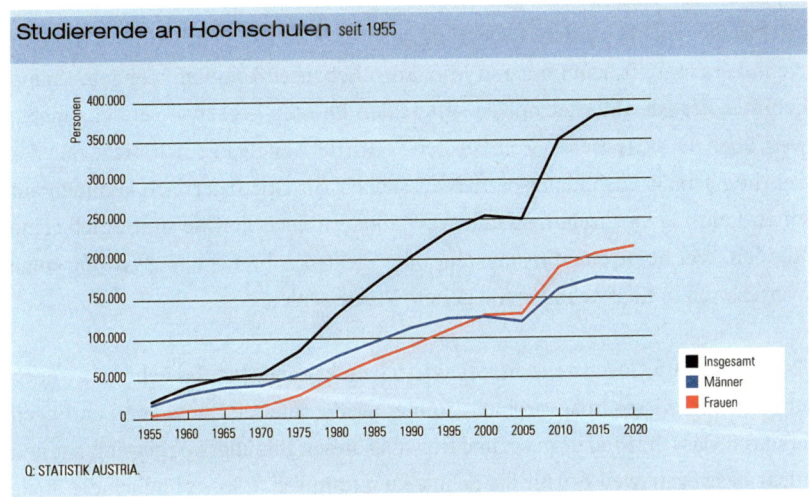

Quelle: Statistik Austria: Informationsbroschüre
„Österreich – Zahlen & Daten & Fakten", 2021/22, Wien 2022, S. 33

Umgekehrt wird kein Weg an weiteren Zugangsbeschränkungen vorbeiführen, wobei der aktuelle „Auswahlmodus" – etwa beim Medizinstudium – einer dringenden Überarbeitung bedarf. Schließlich könnten Akademiker nach Studienabschluss einen Teil der verursachten Studienkosten refundieren bzw. Studenten, die mehr als ein Studium abbrechen, zum Regress gebeten werden. Das erhöht die Wertigkeit eines Studiums und würde die in Österreich eher hohe Dropout-Rate senken. Wer das als unsozial empfindet, sollte nicht vergessen, dass man die Meisterprüfung – zumindest derzeit – noch aus eigener Tasche bezahlen muss.

### Die Lehre – eine Ausbildung mit Zukunft

Erfreulich ist, dass sich in Österreich nach wie vor vier von zehn jungen Menschen für eine Lehre entscheiden. Immer mehr dringt es in das öffentliche Bewusstsein, dass eine fundierte Fachausbildung samt einer darauf aufbauenden Weiterbildung das Ticket für eine erfolgsversprechende Berufszukunft ist. Der Bedarf an Fachkräften bzw. die steigende Nachfrage nach deren Leistungen erhöht sich von Jahr zu Jahr, was sich auch auf die zu erwartenden Einkommen der Professionisten niederschlagen wird. Der richtigen Berufswahl kommt auch aus diesem

Blickwinkel eine besondere Bedeutung zu: Wer etwa den Lehrberuf des Systemtechnikers ergreift, kann mit 1,91 Mio. Euro Lebenseinkommen rechnen. Knapp dahinter liegt der Mechatroniker – in beiden Berufen liegt man verdienstmäßig weit über den klassischen Lehrberufen.[343] Mittlerweile kann sich nicht nur der Lehrling seinen Ausbildungsbetrieb aussuchen (in Oberösterreich kommen auf einen Lehrling vier freie Lehrstellen),[344] sondern auch der Meisterbetrieb seine Kunden. Wer heute einen Installateur oder Elektriker braucht, muss häufig lange Wartezeiten in Kauf nehmen und höhere Preise zahlen.

Trotz massiven Gegensteuerns der Wirtschaftskammer hat die Lehre aber noch immer ein gewisses Imageproblem: Immer wieder müssen Eltern von Lehrlingen erklären, dass ihr Kind bewusst und freiwillig diesen Bildungsweg gewählt hat und nicht deswegen, weil es „für die Schule zu dumm war". So vorbildlich die duale Ausbildung in Österreich ist, so sehr ist natürlich auch die Lehre regelmäßig zu evaluieren und an neue Herausforderungen anzupassen.

Der Erfolg der in Oberösterreich von WK-Präsidentin Doris Hummer erfundenen „Dualen Akademie", die die Lehre auch Maturanten schmackhaft macht, zeigt, in welche Richtung es zukünftig gehen muss. Fachstudien ohne Matura müssen einfacher möglich und die Lehre ganz generell aufgewertet werden, wodurch sie dann noch mehr zum Sprungbrett in eine spannende berufliche Zukunft würde. Ein guter Beginn wäre es vielleicht, für die Lehre einen attraktiveren Namen zu finden.

## *Österreichs Lehrern geht es gut – wie gut geht es Österreich mit seinen Lehrern?*

„Nenne mir zwei gute Gründe, Lehrer zu werden." Antwort: „Juli und August!" So lautet ein Uraltwitz, der das Klischeebild über den Lehrerberuf in Österreich recht gut zum Ausdruck bringt. Man hält offenbar Lehrer hierzulande für privilegiert, nicht ausgelastet, mit endlos langen Ferien ausgestattet und trotzdem überdurchschnittlich entlohnt. Völlig konträr ist die Sicht der so Kritisierten: Der Unterricht mit den Kindern von heute sei Schwerstarbeit, ständig müssten Lehrer die Versäumnisse des Elternhauses kompensieren und den Kindern die zu Hause nicht erlernten Basics beibringen. Nicht selten würde man beim Verbessern der Schularbeiten oder Vorbereiten des Unterrichts für den nächsten Schultag bis Mitternacht sitzen. Geradezu rechtlos stehe man Schülern und Eltern gegenüber, sodass jeder Ferientag mehr als verdient sei. Jedenfalls gilt es – vor allem auch im Hinblick auf den Lehrkräftemangel – das Berufsbild des Lehrers als den Grundpfeiler im Bildungssystem zu verankern.

Wer selbst einmal in die Schule gegangen ist, weiß, dass es im echten Leben beides gibt: die vielen engagierten Pädagogen, die den Unterricht mit Herzblut gestalten, sich für ihre Schüler – auch in der Freizeit – aufbrauchen und nicht nur am Abend, sondern auch am Wochenende für die Schule arbeiten. Aber jeder kennt auch den Typus Lehrer, der mürrisch „Dienst nach Vorschrift" macht, den Schülern am liebsten „Arbeitsaufträge zur Selbstbeschäftigung" erteilt, aufgrund seiner fehlenden Empathie keinen Draht zu den Kindern findet bzw. seit Jahren von seiner „ersten Unterrichtsvorbereitung" lebt.

Wenden wir uns den Fakten zu und überlegen, unter welchen optimierten Rahmenbedingungen wir (noch) bessere Lehrer bekommen können, die es für ein gut funktionierendes Bildungssystem wie einen Bissen Brot braucht. Die Voraussetzungen sind prinzipiell gut: Seit 1980 gibt es 100 % Lehrer mehr und 100.000 Schüler weniger.[345] Von zentraler Bedeutung ist zweifellos die grundsätzliche Eignung für diesen so verantwortungsvollen und wichtigen Beruf, die es mehr als bisher zu überprüfen gilt (allerdings lassen der akute Lehrermangel und die Rekrutierung von „Quereinsteigern" eher das Gegenteil befürchten). Nicht alle Lehrer, Erzieher und Ausbilder bringen die Voraussetzungen für einen guten Pädagogen mit. Umgekehrt hinterlassen herausragende Lehrer Spuren im Herzen junger Menschen, von denen diese ein Leben lang zehren.

Wie in allen anderen Berufen Usus, bedarf es zukünftig einer permanenten Beurteilung der Leistungen einer Lehrkraft durch Vorgesetzte, Eltern und auch Schüler, auch wenn das bislang ein Tabu war. Dieses Feedback ermöglicht der Lehrkraft, vorhandene Defizite durch entsprechende Weiterbildung zu eliminieren und den Unterricht kontinuierlich zu verbessern. Gleichzeitig müssen Lehrern mehr Möglichkeiten eingeräumt werden, „durchgreifen" und sich gegen renitente und destruktive Schüler bzw. Helikopter-Eltern wirksamer zur Wehr setzen zu können. So gibt es keinen Grund, permanent fehlende, gewaltbereite oder den Unterricht störende Schüler ständig mit Samthandschuhen angreifen zu müssen.

Auch gilt es – nicht zuletzt aufgrund des fehlenden Nachwuchses –, den Lehrerberuf zu attraktivieren: Noch immer verfügen etliche Lehrkräfte über keinen ordentlichen Arbeitsplatz im Konferenzzimmer und werden von sinnloser Verwaltungsbürokratie und zahlreichen Zusatzaufgaben in ihrer eigentlichen Arbeit massiv behindert. Auch wird das besondere Engagement vieler Lehrer – anders als in der Wirtschaft – praktisch nicht honoriert. Hier geschieht viel um „Gottes Lohn" bzw. existieren zu wenig Aufstiegschancen. Mehr Unterstützungspersonal für Lehrer muss es dort geben, wo ein regulärer Unterricht – etwa aufgrund fehlender Deutschkenntnisse oder Benimmregeln – kaum durchführbar ist. In ihrer Ausbildung werden Lehrer – so die Ex-Lehrerin Melisa Erkurt[346] – darauf vorbereitet, Anna und Paul zu unterrichten, während sie später Mohamed und Fatima gegenübersitzen, die möglicherweise kaum ein Wort Deutsch sprechen und der Lehrerin als Frau zu wenig Respekt entgegenbringen. Letzteres ist freilich mehr den Eltern als den Kindern vorzuwerfen. Österreichs Lehrer verdienen im OECD-Vergleich durch die Bank gut, was vor allem für „Altverträge" gilt.

### *Noch Potenziale für Lehrer bei Unterrichtszeit und Weiterbildung*

Von den Volksschullehrern abgesehen, liegt die von Lehrpersonen geleistete Unterrichtszeit in Österreich unter dem OECD-Schnitt: Ganze 12,2 % stehen Österreichs Lehrer jährlich kürzer in der Klasse als ihre europäischen Kollegen.[347] Zeit, die fehlt, zumal die Lehrpläne ohnehin randvoll sind und für das so wichtige individuelle Eingehen auf den einzelnen Schüler noch weniger Zeit bleibt. Sich bildungsmäßig permanent upzudaten, sollte gerade für Lehrer eine Selbstverständlichkeit sein. Derzeit können diese praktisch selbst entscheiden, ob bzw. wann sie welche Weiterbildungsveranstaltung besuchen (nur Pflichtschullehrer müssen eine 15-tägige Weiterbildung pro Jahr vorweisen). Die vorgesetzten Direktoren können auf die Weiterbildungspläne „ihrer" Lehrer dabei kaum Einfluss nehmen. Ein höherer Grad an Schulautonomie würde für mehr Transparenz und Wettbewerb sorgen.

Somit dürften weniger „objektive Notwendigkeiten", als vielmehr persönliche Vorlieben die inhaltlichen Schwerpunkte der jeweiligen Lehrerfortbildung bestimmen. Andererseits lässt die Qualität der Weiterbildungsangebote für Lehrer offenbar zu wünschen übrig: Knapp die Hälfte der Lehrer ist der Ansicht, dass es zu wenig qualitativ hochwertige Weiterbildungsangebote für sie gibt. Jeder Dritte schätzt die zuletzt besuchte Fortbildungsveranstaltung als „wenig hilfreich" ein[348] – hier besteht akuter Handlungsbedarf.

Die ohnehin (zu) langen Sommerferien würden sich für mehr Weiterbildungsveranstaltungen anbieten, was derzeit noch die Ausnahme sein dürfte. Auch könnte man darüber nachdenken, einen Teil der Sommerferien für verpflichtende Förderstunden zu nutzen bzw. obligatorische „Auffrischungskurse" vor Schulbeginn anzubieten. Auch schulautonome und andere freie Tage könnten hier besser genützt werden. Das käme besonders schwächeren Schülern bzw. jenen mit einer Nachprüfung zugute bzw. würde es den „Nachhilfemarkt" regeln und somit auch die Eltern finanziell entlasten. So könnte die Lehrerschaft der gesetzlichen Vorgabe – auch Lehrer haben grundsätzlich nur 30 Tage Urlaub im Jahr – mehr als bisher näherkommen. Die Umsetzung dieser Überlegung scheint jedenfalls realistischer, als die fruchtlose Diskussion über eine Verkürzung der Ferien bis zum Sankt-Nimmerleinstag fortzusetzen.

### *Sind die Methoden der Wissensvermittlung noch zeitgemäß?*

Es beginnt bei den – laut Experten – „antiquierten 50-Minuten-Einheiten", die es etwa in Finnland (regelmäßiger Sieger bei den PISA-Tests) so schon lange nicht mehr gibt.[349] Nicht nur deshalb, weil die Konzentrationsfähigkeit der Kinder und Jugendlichen viel früher nachlässt, sondern weil die klassische Gestaltung der Unterrichtsstunde oft Fadesse verbreitet, statt Neugier weckt. Warum nicht große Themen wie z. B. das „Römische Weltreich" oder die „Industrielle Revolution" fächerübergreifend behandeln und so die Dinge in einem größeren Zusammenhang darstellen?

Neben den Pflichtfächern könnte es viel mehr Wahlfächer geben, die – je nach Begabung und Interesse – eine individuelle Vertiefung ermöglichen. Auch der

„Fächerkatalog" – seit gefühlten hundert Jahren unverändert – scheint in seiner Gewichtung und Auswahl nicht mehr wirklich zeitgemäß. Die Vermittlung sozialer Kompetenzen, wirtschaftlicher Zusammenhänge, politischer Grundlagen oder einer vernünftigen Gesundheitskompetenz kommt nach wie vor viel zu kurz. So wichtig Noten samt Leistungsbeschreibungen für den jungen Menschen sind, so überflüssig ist das „Sitzenbleiben" etwa wegen eines einzigen „Nicht Genügend". Wer in bloß *einem* Bereich Schwächen hat, ist oft in anderen Fächern überdurchschnittlich begabt und sollte deshalb kein Jahr bzw. seine Klassengemeinschaft verlieren.

Würde der Unterricht um eine Stunde später beginnen, könnte der Lehrstoff nach Meinung von Experten von den Schülern besser aufgenommen werden.[350] Warum zu aktuellen Themen nicht öfter die Vertreter gegensätzlicher Standpunkte in den Unterricht einladen, damit die Schüler das lernen können, was im späteren Leben von zentraler Bedeutung ist: sich eine eigene Meinung zu bilden, diese mit guten Argumenten nach außen zu vertreten und dadurch weniger manipulierbar und demokratiefester zu werden. Der Unterricht könnte mit Freizeit- und Bewegungsangeboten über den ganzen Tag verteilt werden – mögliche Powernaps inklusive.

Damit die Schule nicht zum Paralleluniversum mutiert, ist es notwendig, so oft wie möglich „hinauszugehen" und den gesellschaftlichen Realitäten ins Auge zu blicken: Ein interessanter Betriebs- oder Redaktionsbesuch, Diskussionen mit Politikern, Entwicklungshelfern oder Forschern, der Gang durchs Altersheim oder die Behindertenwerkstätte sowie der Besuch kultureller Veranstaltungen eröffnen neue Horizonte und bilden den Charakter. Zentrale Bedeutung muss die Vermittlung umfassender Kommunikationsfähigkeiten erhalten: Wer heutzutage nicht klar formulieren und seinen Standpunkt in offener Rede vertreten kann, hat zumeist schon verloren.

Die bloßen „Wissensanhäufer" stehen immer öfter auf verlorenem Posten, was auch Klassentreffen beweisen: Selten ist es der Klassenprimus, der im Leben bzw. Beruf zwangsläufig reüssiert. Natürlich ist eine solide Wissensbasis unverzichtbar und mehr denn je Grundlage für Erfolg im Beruf. Den Mehrwert gegenüber Mitbewerbern erzielt man aber mit einem stimmigen und authentischen Auftritt bzw. mit einer ausgeprägten Problemlösungskompetenz. Letztlich geht es darum, dass ein junger Mensch, der seine Ausbildung beendet, auch „alltagstauglich" ist und in seiner Umgebung bestehen kann.

Nach wie vor ein Schattendasein im Unterricht führt die Vermittlung ökonomischer Zusammenhänge bzw. unternehmerischen Denkens. Auch wenn der frühere „Anhängselcharakter" der Wirtschaft (Geografie *und* Wirtschaftskunde) überwunden wurde, fristen Wirtschaftsthemen noch immer viel zu oft ein Schattendasein. Gerade wirtschaftliche Themen haben für manche einen verdächtigen „kapitalistischen Geruch" und in aller Regel kaum Chancen gegen Mainstream-Themen wie Klimaneutralität, Fair-trade-Handel oder die bestmögliche Selbstverwirklichung. Ob und in welcher Form das Thema Wirtschaft im Unterricht Platz findet, hängt erfahrungsgemäß eng mit der politischen Einstellung der jeweiligen Lehrkraft zusammen. Manche meinen, dass es nicht schaden würde, wenn angehende Lehrer im Rahmen ihrer Ausbildung zumindest eine gewisse Zeit an einem „realen Ort der Wertschöpfung (= Betrieb)" verbringen würden. Über alle ideologischen Differenzen hinweg sollte es aber darüber ein Einvernehmen geben, dass Lehrlinge, Schüler und Studenten jedenfalls wissen sollten, wie etwa das Kranken- bzw. Pensionsversicherungssystem funktioniert, was „brutto" und „netto" bedeutet bzw. welche Rechte und Pflichten es im Job grundsätzlich gibt.

*Für ein Upgrading des Bildungssystems sind*
*folgende Maßnahmen zielführend:*

- **Stärkung der Lehre**
  Neben einer gezielten Imageaufwertung muss die Lehre für neue Zielgruppen geöffnet werden, wobei die „Durchlässigkeit" zu anderen Ausbildungen noch mehr zu fördern ist. Ziel sind anschlussfähige Bildungsabschlüsse in alle Richtungen. Die Digitalisierung in den Berufsschulen ist auszubauen bzw. muss diese bestmöglich auf die moderne Arbeitswelt vorbereiten. Da die Biografien junger Menschen heterogener werden, muss auch die Ausbildung flexibler bzw. modularer werden. Die Möglichkeit des Sich-selbstständig-Machens ist aktiv anzusprechen.

- **Aufwertung der Bildungs- und Berufsorientierung**
Um falsche Bildungs- und Berufsentscheidungen möglichst zu minimieren, sollten verpflichtende Berufsorientierungen in alle Stundenpläne aufgenommen werden. Die diesbezüglichen Lehrveranstaltungen, der Besuch von regionalen Betrieben und Berufsinformationsmessen sind auszubauen. Hier braucht es Standards statt toller Einzelaktivitäten besonders engagierter Lehrkräfte.

- **Individualisierung des Unterrichts**
Statt den Kindern und Jugendlichen nur standardisierte Lehrinhalte vorzusetzen und alle über einen Kamm zu scheren, sollten individuelle Stärken aufgespürt und entwickelt werden. Eine ausgeprägte Feedbackkultur begünstigt die Entwicklung einer eigenen Persönlichkeit und führt zu einer besseren Gestaltungs- und Lösungskompetenz. Die Vermittlung der Lehrinhalte und die Gestaltung des Unterrichts sollten auf diese Ziele abgestimmt werden und möglichst alle Schüler in ihrer Verschiedenartigkeit mitnehmen. Neben der obligaten Vermittlung von Wissen, die auch die jeweiligen Kernkompetenzen umfassen muss, sind später so dringend benötigte Eigenschaften wie Team- und Medienkompetenz, Kommunikations- und Interaktionsfähigkeit sowie die persönliche Kreativität zu fördern. Der Entwicklung sozialer Grundkompetenzen wie Disziplin, Pünktlichkeit, Selbstorganisation, Verlässlichkeit, Authentizität etc. muss mehr Raum als bisher gegeben werden.

- **Ausbildung der Lehrkräfte**
Die Aus- und Weiterbildung der Lehrkräfte und Ausbildner ist so zu gestalten, dass die Herausforderungen der „Schule von heute" bestmöglich bewältigt bzw. jene Bildungsinhalte und Kompetenzen vermittelt werden, die ein junger Mensch – sowohl privat als auch beruflich – für ein gelingendes und sinnerfülltes Leben braucht. Durch eine zielgenaue und verpflichtende Weiterbildung sollten Lehrkräfte – pädagogisch und fachlich – auf dem „letzten Stand" sein und so die Schüler bestmöglich fördern können.

### ■ Wissensvermittlung neu organisieren
Durch zeitgemäße Lehrpläne mit neuen Schwerpunkten, die Einführung von Flächenfächern, die Neugestaltung und -gewichtung des Fächerkanons, den Ausbau der Schulautonomie sowie die gleichwertige Vermittlung von fachlichen, sozialen und digitalen Kompetenzen soll der Unterricht lebendiger, abwechslungsreicher und näher am Puls der Zeit gestaltet werden.

### ■ Noten beibehalten, Wahlmöglichkeiten ausbauen
Noten (samt einer zusätzlichen verbalen Beurteilung) ermöglichen den Schülern eine persönliche Standortbestimmung und motivieren dazu, das individuelle Potenzial auszuschöpfen – sie sollten deshalb beibehalten werden. „Sitzenbleiben" sollte hingegen zur Ausnahme werden. Mehr Ganztagesangebote unterstützen vor allem Kinder mit Defiziten bzw. jene, die ansonsten sich selbst überlassen wären.

### ■ Frühbildung mehr als bisher fördern
Kindergärten und Vorschulklassen werden immer mehr zum Ort, wo sich die Bildungszukunft unserer Kinder entscheidet. Die Vermittlung der deutschen Sprache, das Verhalten in einer Wertegemeinschaft, das Erlernen digitaler und sozialer Grundkompetenzen müssen – so wie die gesamte frühkindliche Förderung – in der vorschulischen Erziehung einen deutlich höheren Stellenwert bekommen. Das erspart spätere „Wertekurse", deren Nutzen wohl allgemein überschätzt wird. Für das dafür notwendige Personal ist mehr Geld in die Hand zu nehmen bzw. sind die Arbeitsbedingungen attraktiver zu gestalten. Schweden und Finnland investieren zwischen 17 und 52 % mehr in die frühkindliche Bildungsphase als Österreich.[351]

### ■ Schwerpunkt MINT-Fächer und Digitalisierungsoffensive
Die Vermittlung von digitalen Kompetenzen sollte den gesamten Unterricht durchfluten und nicht auf „ein Fach" beschränkt werden. Dafür ist mehr als bisher in die flächendeckende Bereitstellung digitaler Hard- und Software zu investieren, die digitale Ausbildung der Lehrer zu

professionalisieren sowie auf die reflektierte und verantwortungsvolle Nutzung der digitalen Inhalte durch die Schüler Rücksicht zu nehmen. Ohne einer auf hohem Niveau stattfindenden Vermittlung digitaler Kompetenzen werden sich viele junge Menschen in ihren jeweiligen Berufen nicht zurechtfinden. Die Kombination von klassischem Schulbuch und flexiblen digitalen Inhalten ist das Rezept für eine erfolgreiche Schule der Zukunft.

MINT-Ausbildungen sind am Arbeitsmarkt besonders nachgefragt und sollten deshalb in den Bildungsstätten vermehrt angeboten und beworben werden. Das Interesse an mathematisch-technischen Fächern muss – auch bei Mädchen – vom Kleinkindalter an geweckt werden, zumal die Berufschancen (inklusive guter Verdienstmöglichkeiten) in diesem Segment permanent steigen. Die große Aufgabe der digitalen und ökologischen Transformation kann nur gelingen, wenn am Arbeitsmarkt entsprechend ausgebildete Experten zur Verfügung stehen (der Mangel an PV-Anlagentechnikern ist nur ein Vorgeschmack). Neue Anreizsysteme (höhere Stipendien oder geringere Studiengebühren) könnten einen Beitrag dazu leisten, dass sich junge Menschen mehr als bisher für Ausbildungen entscheiden, die am Arbeitsmarkt besonders nachgefragt sind. Das gilt ebenso für Pflegeberufe.

- **„Hotspots" sind real und brauchen andere Lösungen**
In immer mehr Schulen ist normaler Unterricht schon lange nicht mehr möglich. Aufgrund fehlender Deutschkenntnisse bzw. eines anderen kulturellen Selbstverständnisses der Auszubildenden ist die Erreichung normaler Bildungsziele schlicht unmöglich. Wer dies aufzeigt, wird zu Unrecht rasch ins rechte Eck gestellt. Diese „begrenzten Möglichkeiten" muss man zur Kenntnis nehmen und die bedauernswerten Lehrkräfte viel mehr als bisher unterstützen und speziell dafür ausbilden. Es wird Zeit, sich diesen – vor allem in der Bundeshauptstadt bestehenden – Realitäten zu stellen und niederschwellige Konzepte zu entwickeln, die Integration fördern und wenigstens Mindeststandards ermöglichen.

# Endnoten

1. Antje Schupp in piqd vom 8.9.2020, „Ein Argument gegen Gendern gibt es: Dieses!"
2. ÖGB-Studie in Arbeit & Wirtschaft 8/2021, Seite 36
3. Wirtschaftsmagazin DIE MACHER vom 5.6.2019, „Wie kann der Sozialstaat in Zukunft finanziert werden?"
4. Roland Baader, „Fauler Zauber", Resch Verlag 2014
5. Roland Baader, „Fauler Zauber", Resch Verlag 2014
6. Martin Gundinger in der Presse vom 29.9.2022, „Alt und arm oder jung und ruiniert?"
7. Paul Sailer in der Presse vom 21.10.2022, „Die verlorene Normalität"
8. Gerald Mandlbauer in den OÖN vom 17.2.2022, „Vor einem Kipp-Punkt"
9. Finanzportal Die Geldmarie 2022, Bevölkerung Österreich, Geburten in Österreich lt. Statistik Austria
10. Statistik Austria 2022, „Wanderungen insgesamt – Wegzüge in das Ausland"
11. Hannes Androsch im Kurier vom 17.9.2022, „Da stimmt ja etwas im System nicht"
12. Gallup-Umfrage im Kurier vom 4.11.2022, „Junge interessieren sich für Politik – vor allem via Netz"
13. Stefan Pierer im OÖ-Volksblatt vom 30.6.2022, „Wohlstand ist durch Leistung entstanden"
14. Andreas Lampl im TREND vom 30.9.2022, „Eine Stunde der Wahrheit"
15. Harald Mahrer in den OÖN vom 15.9.2023, „Die Zeit der angenehmen Unwahrheiten ist jetzt vorbei"
16. Norbert Rief in Die Presse vom 3.11.2022, „Düstere Aussichten für künftige Budgets"
17. Gabriel Felbermayr in Der Standard vom 18.9.2022, „Starthilfe für alle: Herrscht in Österreich eine Vollkaskomentalität?"
18. Rosemarie Schwaiger in der Presse vom 25.4.2023, „Sagen Sie bloß nichts Nettes über den Sozialstaat!"
19. Magnus Brunner in der Presse vom 21.12.2022, „Staatshilfen, das Jahr der Gießkanne"
20. Christian Ortner in Der Presse vom 30.6.2022, „Wo es keine Verlierer gibt, gibt es auch keine Gewinner"
21. WKO-Statistik „Lebenserwartung", November 2022
22. Gutachten der Alterssicherungskommission 2021, www.sozialministerium.at
23. Dénes Kucsera, Agenda Austria im Kurier vom 11.12.2021, „Die Frohbotschaft von der AK"
24. wien.orf.at vom 23.11.2022, „Doppelt so viel 100-Jährige wie 2002"
25. IHS, Martin Kocher im Kurier vom 3.2.2019, „Die Babyboomer gehen – und wer macht dann die Arbeit?"

## Sozialfall Sozialstaat

26  WIFO, Gabriel Felbermayr in Der Standard vom 29.11.2022, „Wie stark die Pensionskosten steigen"
27  Martin Gundinger, Hayek-Institut vom 19.5.2014, „Sichere Pensionen oder leere Versprechen?"
28  Wolfgang Mazal, Interview in Ö1 vom 22.9.2021, „Debatte um Pension: Nimmt man Experten ernst oder nicht?"
29  Melbourne-Mercer-Global Pension Index 2017
30  Christine Mayrhuber in Die Presse vom 28.11.2022, „Pensionssystem: Auch die Betriebe sind gefragt"
31  Jakob Zirm in Die Presse vom 19.8.2021, „Das Pensionssystem ist der Klimawandel der Volkswirtschaft"
32  Umfrage Market-Institut 2012, Sozialpolitik informativ & kurz der WKÖ, Newsletter Abteilung Sozialpolitik und Gesundheit vom 17.10.2012
33  Randstad Workmonitor 2023 in Der Standard vom 23.3.2023, „Jeder Dritte wäre lieber arbeitslos als unglücklich im Job"
34  WKO vom 31.3.2023, „Gute Chancen für Ältere am Arbeitsmarkt"
35  Umfrage Market-Institut 2012, Sozialpolitik informativ & kurz der WKÖ, Newsletter Abteilung Sozialpolitik und Gesundheit vom 17.10.2021
36  Wolfgang Mazal in Die Presse vom 14.8.2018, „Ein nachhaltiges Pensionssystem? Ja brauchen wir das?"
37  Bernd Marin in der Kronen Zeitung vom 18.8.2021, „Pensionen ungerecht verteilt: Ein Spielen auf Zeit"
38  Leistungsinformation der PVA 2022, www.pv.at
39  Ageing Report der EU-Kommission 2021, www.europeactive.eu
40  EU-Kommission auf Basis EUROSTAT, Junge Industrie vom 29.1.2021, „Initiative der EU zum Pensionsalter sehr zu begrüßen"
41  Rainer Hellstern im „Auswandern Handbuch" vom 24.8.2022
42  HEUTE vom 21.11.2019, „Wiener Beamte gehen mit 59,2 Jahren in Pension"
43  Parlamentarische Anfragebeantwortung BM Leonore Gewessler, im Kurier vom 10.11.2022, „Das Dilemma der ÖBB mit den Beamtenpensionen"
44  Bernd Marin in den Wirtschaftsnachrichten 10/2019, „Die Pensionen sind sicher, wenn's das Budget zahlt"
45  Bernhard Atzmüller, WKOÖ bei der Pressekonferenz von WKOÖ und oösb vom 17.3.2022, „Potenzial der Generation 55+ für die Arbeitswelt"
46  OÖ AK „Unser gesetzliches Pensionssystem", Dezember 2021
47  Hannes Androsch in den Wirtschaftsnachrichten, 10/2019, „Die Pensionen sind sicher, wenn's das Budget zahlt"
48  Kurier vom 12.5.2023, „Österreich ist Spitzenreiter bei den Unternehmenspleiten"

# Endnoten

49 Budgetprognose des BMF, Dezember 2022
50 Statistik Austria „Pensionen" vom 21.9.2022
51 Marie-Theres Ehrendorff in den Wirtschaftsnachrichten, 10/2019, „Unser Pensionssystem ist nicht zeitgemäß"
52 Walter Pöltner in Der Standard vom 29.11.2022, „Wie stark die Pensionskosten steigen und was sich dagegen tun lässt"
53 Studie der Bertelsmann Stiftung in Der Standard vom 16.4.2013, „Österreich bei Generationengerechtigkeit im unteren Mittelfeld"
54 EU-Kommission auf Basis EUROSTAT, Junge Industrie vom 29.1.2022, „Initiative der EU zum Pensionsalter sehr zu begrüßen"
55 Der Standard vom 29.1.2023, „Darf man heute noch Kinder bekommen?"
56 Frankfurter Allgemeine vom 26.7.2015, „Kinder kosten ein Vermögen"
57 Statista.de 2022, „Geburtenrate Österreich 2022"
58 Der Standard vom 23.10.2021, „Extras bei Pensionen kosten eine Milliarde Euro pro Jahr"
59 Kurzstudie NEOS Lab im Kurier vom 4.4.2023, „Neos wollen Pensionen wieder gerechter verteilen"
60 NEOS-Lab in Der Standard vom 3.4.2023, „Vollzeit-Arbeit wird in der Pension benachteiligt"
61 Walter Pöltner in der Presse vom 20.8.2022, „Brauchen Revision des Systems"
62 Denes Kucsera, Agenda Austria vom 27.9.2021, „Pensionen über 1.534 Euro verlieren an Kaufkraft"
63 Analyse des Budgetdienstes des Nationalrats vom 7.4.2023, „Früherer Pensionsantritt für 54.000 Frauen kostet 740 Mio. Euro"
64 Parlamentarische Anfragebeantwortung in Der Standard vom 21.2.2023, „Neos Kritik wegen Frühpensionen"
65 Wiener Zeitung vom 6.4.2022, „Die Bank für Pensionisten"
66 Parlamentarische Anfragebeantwortung BM Leonore Gewessler 2022, im Kurier vom 10.11.2022, „Das Dilemma der ÖBB mit den Beamtenpensionen"
67 OECD „Pension at a Glance", 2019
68 Andreas Zakostelsky in der Kronen Zeitung vom 18.8.2021, „Die Zahl der Betriebsrenten soll sich in fünf Jahren verdoppeln"
69 State of Health in der EU, Österreich Länderprofil Gesundheit 2021, „Leistungen des Gesundheitssystems" (Kapitel 5)
70 Statistik Austria, Gesundheitsausgaben 2021
71 Alexander Biach in Periskop vom August 2022, „PPP – 3 Schritte zu besserer Gesundheit"
72 Kronen Zeitung vom 23.1.2023, „Warum den Spitälern die Kosten davonlaufen"

73  IHS-Studie in WKO News, wko.at vom 25.4.2018, „Gesundheitswirtschaft bringt Wachstum, Beschäftigung und Innovation"
74  Alexander Biach in ÖKZ 2017 (08/17), „Der Effizienzsteigerer"
75  BM Johannes Rauch in der Kronen Zeitung vom 16.1.2023, „Sonst fährt das System an die Wand"
76  Thomas Czypionka/IHS in ÖKZ 12/22, „Das österreichische System ist nicht zukunftsfit"
77  Kronen Zeitung vom 18.11.2022, „Neues teuerstes Medikament – 3,5 Mio. $ pro Dosis"
78  Anfragebeantwortung durch AUVA-Landesstelle Linz vom 31.1.2023, srp@wkooe.at
79  News.orf.at vom 11.12.2012, „Sanktionsmechanismus vorgesehen"
80  Uniqa-Insurance-Group, OTS vom 5.4.2019, „Was kostet uns Gesundheit eigentlich?"
81  WHO in Spectrum.de vom 4.2.2020, „Krebsfälle können sich bis 2040 verdoppeln"; FOCUS online vom 7.1.2022, „Bis zu 1.900 % – Forscher sagen Explosion der Demenz bis 2050 voraus"; Arzt und Wirtschaft vom 9.5.2018, „Medizinischer Fortschritt schuld an hohen Kosten"
82  Martin Clodi im Kurier vom 7.8.2022, „Wir essen konstant zu viel"
83  „Österreich" vom 22.8.2018, „So (un)gesund ist Österreich"
84  State of Health in the EU, Österreich Länderprofil Gesundheit 2021, „Gesundheit in Österreich" (Kapitel 2)
85  Kurier vom 17.5.2022, „Jeder Zweite ist zu dick"
86  Österreichische Adipositas-Gesellschaft in orf.at vom 28.9.2022, „Gestresstes System als Ursache"
87  COSI-Studie in orf.at vom 28.9.2022, „Gestresstes System als Ursache"
88  Daniel Weghuber in orf.at vom 28.9.2022, „Gestresstes System als Ursache"
89  Kurier vom 17.5.2022, „Jeder Zweite ist zu dick"
90  BMI-Global Health in der Presse vom 21.9.2022, „Warum Übergewicht zum Problem für die Weltwirtschaft wird"
91  Jahrbuch der Gesundheitsstatistik 2020, „Gesundheitszustand der Bevölkerung" – Stellungsergebnisse
92  Alexander Biach im Kurier vom 17.5.2022, „Jeder Zweite ist zu dick"
93  State of Health in the EU, Österreich Länderprofil Gesundheit 2021, „Risikofaktoren" (Kapitel 3)
94  OÖN vom 1.6.2021, „Die Zahl der Raucher ist in Österreich rückläufig – aber vergleichsweise hoch"
95  Studie von Thomas Czypionka/IHS in Der Standard vom 21.9.2018, „Rauchen kostet 2,4 Mrd. Euro im Jahr"; State of Health in the EU Österreich Länderprofil Gesundheit 2021, „Risikofaktoren" (Kapitel 3)
96  Statista vom 26.1.2023, „Alkoholkonsum der Österreicher"; Der Standard vom 23.5.2021, „Österreich das Land der Trinker"

**Endnoten**

97  State of Health in the EU Österreich Länderprofil Gesundheit 2021, „Risikofaktoren" (Kapitel 3)
98  OECD, „Health at Glance" in orf.at vom 26.11.2018, „Österreich zählt zu den ungesündesten Ländern in der EU"
99  Salzburg 24 vom 23.2.2022, „Immer mehr Drogenlenker auf Österreichs Straßen"
100 Studie Deutsches Krebsforschungszentrum in der Presse vom 11.4.2022, „Ungesunder Lebensstil kostet Männern mehr als 20 Jahre Lebenserwartung"
101 BM für Soziales zur Gesundheitskompetenz vom 9.8.2021 (jasmine.goeg.at)
102 Austrian Health Report 2022, OTS vom 21.7.2022, „Chronisch krank in Österreich"
103 Paul Sevelder in „Österreichischer Krebsreport" in den OÖN vom 24.1.2023, „Hälfte aller Krebstoten durch bessere Vorsorge vermeidbar"
104 FOPI, Bernhard Ecker, „Wirtschaftsfaktor Gesundheit", 2022
105 Der Spiegel vom 3.1.2018, „Der Masterplan, mit dem Sie Ihr Leben verlängern"
106 State of Health in der EU Österreich Länderprofil Gesundheit 2021, „Gesundheit in Österreich" (Kapitel 2)
107 Pharmig, Daten und Fakten 2022, „Strukturmerkmale der Krankenanstalten"
108 OECD-Vergleichsstudie der Gesundheitssysteme im Kurier vom 29.3.2023, „Österreich ist das Land der Spitalsbetten und Fachärzte"
109 Alexander Biach in Periskop vom August 2022, „Drei Schritte zur besseren Gesundheit"
110 OECD-Studie „Gesundheitswesen im EU-Vergleich" im Kurier vom 17.11.2022, „Länder für radikalere Reformen in Gesundheitssystemen"
111 State of Health in the EU, Österreich Länderprofil Gesundheit 2021, „Das Gesundheitssystem" (Kapitel 4)
112 Österreich vom 22.8.2018, „So (un)gesund ist Österreich"
113 Studie Bertelsmann in Forum Gesundheit 4/19, „Jedes zweite Spital schließen"
114 Pharmig, Daten und Fakten 2022, „Medikamentenausgaben"
115 Pharmig in der Presse vom 21.10.2022, „Alles wird teurer, nur Medizin nicht"
116 Presse vom 4.4.2019, „Medikamente: Wo viel Geld verschwendet wird"
117 Pharmig „Rund um die Pharmaindustrie", 2022
118 IHS, Thomas Czypionka in ÖKZ 12/22, „Das österreichische Gesundheitssystem ist nicht zukunftsfit"
119 Michael Heinisch im Kurier vom 28.4.2018, „Spitalsbetten sollen vergleichbar sein"
120 Bertelsmann-Studie in ÖKZ 08-09/22, Albert Frömel „Auf den Weg in die Bedeutungslosigkeit"
121 OECD-Studie „Gesundheitswesen im europäischen Vergleich" im Kurier vom 17.12.2022, „Länder für Radikalreformen im Gesundheitssystem"; Judit Simon in Der Standard vom 9.1.2023, „Ärztemangel: Wo das Personal fehlt"

## Sozialfall Sozialstaat

122 State of Health in the EU, Österreich Länderprofil Gesundheit 2021, „Das Gesundheitssystem" (Kapitel 4)
123 Chefinfo April 2023, Gesundheitsseite
124 Liga für Kinder- und Jugendgesellschaft in orf.at vom 1.12.2022, „Kritik an mangelnder Versorgung"
125 Wiener Zeitung vom 6.2.2020, „Massiver Anstieg von Wahlarzt-Ordinationen"
126 Anfragebeantwortung durch die ÖGK Landesstelle Linz, Februar 2023, srp@wkooe.at
127 Judit Simon in Der Standard vom 9.1.2023, „Ärztemangel: Wo das Personal fehlt"
128 Rechnungshof in der Kronen Zeitung vom 11.12.2021, „Uns laufen nach der Uni die Ärzte davon"
129 Manfred Haimbuchner in den OÖN vom 24.1.2023, „FPÖ will Änderung für Mediziner-quote"
130 Jahrbuch der Gesundheitsstatistik 2020, „Gesundheitspersonal – Übersicht 8"
131 Ärztestellenblatt.de vom 28.3.2022, „Der Nächste bitte"
132 Wolfgang Geppert in den SN vom 13.12.2022, „Wo Wohlstand, da viele Wahlärzte"
133 Ulrike Mursch-Edlmayr in den OÖN vom 4.5.2023, „Apothekerkammer wirft Ärzte-kammer Reform-Blockade vor"
134 WKO-Statistik „Lebenserwartung" Stand 2021
135 OÖN vom 5.2.2019, „Österreicher leben zwar lange, haben aber nur 57 gesunde Jahre"
136 Susanne Kaser in der Kleinen Zeitung vom 21.8.2021, „Bald eine Million Diabetiker in Österreich"
137 Rechnungshof in der Presse vom 13.1.2023, „Rechnungshof drängt Politik: Gesunde Lebensjahre vermehren"
138 SV.at vom 9.3.2022, „Psychische Erkrankungen in Österreich: Neue Volkskrankheit oder angebots-induzierte Nachfrage?"
139 ORF.at Onlineartikel „Kritik an mangelnder Versorgung", 1.12.2022
140 Helen Heinemann „Warum Burnout nicht vom Job kommt", Verlag adeo 2012
141 Studie des Max-Planck-Instituts in vbw vom 5.11.2015, „Arbeit kein Risikofaktor für Burnout"
142 Gordon Parker im Kurier vom 1.1.2023, „Welcher Typ Mensch das höchste Risiko für Burnout hat"
143 Die Presse vom 30.1.2023, „Wenn Kinder ihr Leben beenden wollen"
144 Anfragebeantwortung von BMSGPK vom 21.12.2022 an Sobotka; Kurier vom 1.1.2023, „Trotz Kassenzusammenlegung große Unterschiede bei Kuren"
145 Anfragebeantwortung von BMSGPK vom 21.12.2022 an Sobotka; Kurier vom 1.1.2023, „Trotz Kassenzusammenlegung große Unterschiede bei Kuren"
146 Kurier vom 11.8.2015, „Große Zweifel am Nutzen von Kuren"

## Endnoten

147 Ernest Pichlbauer in Ö1 vom 8.4.2017, „Systemfehler statt Ärztemangel"
148 Studie der „empirica" Gesellschaft im Kurier vom 11.11.2022, „Kluge Datennutzung brächte Gesundheitssystem Milliarden"
149 Alexander Biach in der Wiener Zeitung vom 13.10.2021, „Mutter-Kind-Pass für Ältere"
150 „OÖ Plattform BGF und Prävention", www.auva.at
151 Die Presse vom 28.4.2023, „Gerade jetzt wieder ein ‚Die Arbeit hoch' sinnvoll"
152 Harald Mahrer in der OÖW, März 2023, „Bis 2040 droht zusätzliche Lücke von 363.000 Arbeitskräften"
153 GÖD in Der Standard vom 12.5.2023, „Österreichweit sind 2.775 Spitalsbetten gesperrt"
154 Studie E & Y vom 7.7.2022, „Fachkräftemangel – große Belastung für Österreichs Mittelstand"
155 Eurostat-Report in orf.at vom 1.5.2023, „Österreich mit höchster Erwerbsquote aller Zeiten"
156 IMAS-Umfrage „Späterer Pensionsantritt/Reaktivierung von Pensionisten" im Auftrag der WKOÖ, April 2022
157 Vienna.at vom 27.2.2023, „Eco-Austria-Ökonomen gegen Arbeitszeitverkürzung"
158 Bernd Marin im Kurier vom 26.2.2023, „Recht auf Faulheit – aber auf eigene Kosten"
159 Holger Bonin in der Presse vom 28.3.2023, „Lohnzurückhaltung ist jetzt wichtig"
160 Christoph Neumayer, IV, „Arbeitsmarkt: Menschen in Beschäftigung bringen", 1.4.2022
161 Gabriel Felbermayr in der Presse vom 8.6.2022, „Wir müssen uns viel genauer ansehen, wer da kommt!"
162 Statistik Austria, Fertilitätsrate 2021
163 Statistik Austria vom 20.12.2022, Bevölkerungsprognose für Österreich
164 Lehrlingsstatistik der WKOÖ 2021
165 Der Standard vom 10.4.2022, „Viele junge Menschen wollen lieber arbeitslos als unglücklich im Job sein"
166 Sandra Baierl im Kurier vom 27.8.2022, (Job and Business), „Oft ist weniger mehr"
167 Gabriel Felbermayr, Referat beim OÖ AMS vom 28.9.2022
168 Beschäftigungsprognose WIFO im Kurier vom 2.3.2023, „Die Zukunft der Arbeit ist weiblich"
169 OECD-Vergleich in Der Standard vom 8.1.2018
170 Johannes Kopf im Profil vom 30.3.2015, „Auf Skihütten können Sie kein Schlagobers mehr bestellen"
171 Gerhard Strasser Interview im Kurier vom 27.2.2022, „Die nötigen Arbeitskräfte lassen sich nicht finden"
172 Wirtschaftsbund-Stellenmonitor im Kurier vom 4.11.2021, „WB zählt mehr als doppelt so viele offene Stellen als gedacht"

173 Hanno Lorenz, Agenda Austria, in Der Standard vom 14.9.2022, „Viele Firmen können wegen Personalmangels nicht mehr normal wirtschaften"
174 Karriere.at vom 20.2.2019, „Jeder Dritte im falschen Job gefangen"
175 Agenda Austria, „Warum das gesetzliche Pensionsantrittsalter steigen muss"
176 ÖSB, Ingrid Korosec, „Freiwilligenarbeit stiftet Sinn im Alter", 2023
177 Sora Umfrage im Kurier vom 9.11.2022, „Babyboomer: Sorglos in die Pension"
178 Die Presse vom 7.12.2022, „Ruhestand beschleunigt geistigen Abbau im Alter"
179 Kurier vom 26.7.2022, „Jeder Vierte hat Migrationshintergrund"
180 Die Presse vom 19.8.2022, „Ausländer tragen die Wirtschaft"
181 Der Standard vom 18.12.2022, „Wenn der Job exkludiert statt inkludiert"
182 Die Presse vom 28.9.2022, „Österreichs Wirtschaft wird immer internationaler"
183 Auskunft Büro Landesrat Wolfgang Hattmannsdorfer vom 18.1.2023
184 Gabriel Felbermayr in der Presse vom 08.06.2022, „Wir müssen uns viel genauer ansehen, wer da kommt"
185 Der Standard vom 7.3.2023, „Teilzeit ist auch unter Kinderlosen sehr gefragt"
186 Auskunft von „Frau in der Wirtschaft" der WKOÖ vom Februar 2023
187 Arbeiterkammer OÖ, Frauenmonitor 2022, „Öffnungszeiten passen nicht zu Arbeitszeiten"
188 Die Presse vom 22.12.2022, „Bis 2030 könnten bis zu 13.700 Fachkräfte in Kindergärten fehlen"
189 Mari Lang in Der Standard vom 20.5.2023, „Kriegt's die Working Mom nicht hin?"
190 Kurier vom 30.4.2023, „Die EU-Länder im Arbeitsmarkt-Check"
191 Der Standard vom 28.1.2023, „Nur jede dritte Frau mit Kleinkind ist in Österreich berufstätig"
192 Doris Hummer in einer Pressekonferenz der WKOÖ vom 7.11.2022
193 Kurier vom 3.12.2022, „Rekordbeschäftigung, aber nur noch jeder Zweite arbeitet ganzjährig in Vollzeit"
194 Helen Hughes, in Der Standard vom 13.4.2023, „Jungen Menschen fehlt häufig soziale Kompetenz wegen virtueller Arbeit"
195 Andreas Salcher in der Kronen Zeitung vom 7.12.2022, „Teilzeitarbeit ist heikle Wette auf die Zukunft!"
196 Presse vom 22.6.2022, „Junge für Vier-Tage-Woche in Österreich"
197 Pressekonferenz von OÖAK und OÖWK vom 28.11.2022
198 Pressekonferenz der WKOÖ vom 4.6.2018, „Verein Integratio schafft seit 15 Jahren Win-win-Situation"
199 Der Standard vom 28.11.2021, „1980 musste man für den Supermarkt-Einkauf doppelt so lange arbeiten"

# Endnoten

200 TeamBank-Liquiditätsbarometer in OTS vom 23.8.2022, „Knapp die Hälfte der Menschen in Österreich haben kaum Ersparnisse"

201 Allianz Global Wealth Report 2022, www.alianz.com

202 Robert Ottel, Studie der Peter Hajek Public Option Strategies in Der Standard vom 27.3.2023, „Wertpapiere sind beliebter als gedacht"

203 Der Standard vom 2.2.2023, „Steuereinnahmen in Österreich erreichten 2022 Rekordhoch"

204 Neue Zeit.at, „So hat Österreich in den letzten 150 Jahren die Arbeitszeit verkürzt; Der Standard vom 10.1.2023, „Hart erkämpfte Auszeit"

205 EUROSTAT in der Presse vom 3.9.2019, „Wie viel die Europäer für den Urlaub ausgeben"

206 Umfrage des ÖAMTC in den OÖN vom 16.5.2023, „Reiselust von Herrn und Frau Österreicher ungebrochen"

207 Studie von MAKAM Research vom 6.6.2018, „Glücksspiele sehr beliebt"

208 Arbeiterkammer Wien, Broschüre „Einkommensverteilung" 2020

209 Anna Rösling Rönnlund, „Factfulness" im Kurier vom 25.12.2022, „Wir leben in der besten aller Welten"

210 Franz Schellhorn in der Presse vom 21.1.2023, „Gekämpft wird nicht mehr gegen Armut, sondern gegen Reichtum"

211 ooe.ORF.at Onlineartikel „Weggeworfene Lebensmittel belasten Verkehr", 15.2.2023

212 Umfrage IGLO in Der Standard vom 3.10.2022, „Auch in Zeiten hoher Lebensmittelpreise landen viele Lebensmittel im Müll"

213 Die Presse vom 28.2.2022, „20 Prozent des Schulessens landen im Müll"

214 Kurier vom 2.5.2023, „Wenn Lebensmittel im Müll landen, verlieren wir alle"

215 Dominik Heizmann/WWF in der Presse vom 24.5.2022, „40 Prozent der Lebensmittel werden ungenutzt verschwendet"; UNICEF vom 16.10.2020

216 Lisa Panhuber, Greenpeace, im Kurier vom 18.1.2023, „Österreicher horten Millionen Kleidungsstücke"

217 Umfrage von Arbeiterkammer und Greenpeace in der Kronen Zeitung vom 18.1.2023, „In Österreich liegen Millionen Kleidungsstücke in den Kästen"

218 Statistik Austria, „Sozialausgaben", Dezember 2022

219 Statistik Austria, „Sozialausgaben", Dezember 2022

220 BMSKGPK, Broschüre „Krankenversicherung", Jänner 2023 bzw. Sozialleistungen.at. 2020, www.sozialministerium.at

221 Studie von SORA und Ö3 in der Presse vom 16.5.2023, „Generation Z will arbeiten, auch am Wochenende – aber nicht um jeden Preis"

222 Die Presse vom 14.5.2023, „Die Notwendigkeit einer modernen Industrie"

223 Hans-Werner Sinn in der Presse vom 21.5.2023, „Wie man Firmen (nicht) vertreibt"

224 OÖN vom 1.4.2023, „Darf's ein bisserl weniger sein?"
225 Christian Keuschnigg, WPZ Kommentar Nr. 13 vom 23.08.2016
226 IWI vom 4.4.2019, „Haushaltseinkommen in Österreich relativ gut verteilt"
227 Armutskonferenz, „Armut in Österreich", EU-SILC 2021 vom April 2022
228 Hans Peter Haselsteiner in Der Standard vom 17.2.2023, „Welche Verantwortung haben Superreiche in Zukunft?"
229 Rainer Zittelmann, Interview in Chefinfo, 4/22, „Reich wird der, der Nutzen stiftet"
230 FOCUS online Infoportal Länderdaten, Juni 2022 bzw. statista.de vom 21.12.2022
231 Die Presse vom 1.5.2023, „Radical Chic gegen die Parteien der Mitte"
232 Rainer Zittelmann, Interview in Chefinfo, 4/22, „Reich wird der, der Nutzen stiftet"
233 Statista.de vom 2.5.2022, „Working poor in Österreich bis 2022"
234 Statista.de vom 25.7.2022, „Ranking der EU-Länder nach Einkommensungleichheit im Gini-Index 2020"
235 Market-Umfrage, Dezember 2022 von Martin Moor, „Sorgen in Österreich für 2023"
236 Diakonie „Armut in Österreich. Zahlen & Fakten", www.diakonie.at/unsere-themen/armut-und-soziale-krisen/armut-in-oesterreich
237 Momentum Institut vom 22.7.2021, „Sozialstaat schützt fast 600.000 vor Armut"
238 Daniela Brodesser, „Über Armut wisst ihr nichts" im Kurier vom 11.3.2022
239 Rangliste des Weltwirtschaftsforums im Kurier vom 20.1.2020, „Österreich bei sozialen Aufstiegschancen unter Top 10 der Welt"
240 OECD-Studie in Der Standard vom 11.9.2018, „Studienanfänger zu zwei Dritteln Akademikerkinder"
241 Kronen Zeitung vom 12.5.2023, „Armut: Nehammer bringt Kern-Vergleich ins Spiel"
242 Arbeiterkammer OÖ, Broschüre „Sozialstaat wirkt" 2023
243 Hanno Lorenz/Agenda Austria in Der Standard vom 09.10.2020
244 Agenda Austria in der Presse vom 26.3.2021, „Nur noch jeder Zweite ist Nettozahler"
245 Agenda Austria vom 7.1.2019, „25 Prozent zahlen 75 Prozent der Lohnsteuer"
246 Finanz.at 2022, BMF 2022
247 Teodoro Cocca in den OÖN vom 19.11.2014
248 Statistik zur ESt in der Kleinen Zeitung vom 25.7.2022, „Wie viel man in Österreich verdient und wer wie viel Steuern zahlt"
249 BM Magnus Brunner in der Presse vom 4.1.2021, „Österreich altert: Ohne Reform droht massive Verschuldung"
250 Gabriel Felbermayr in den OÖN vom 22.1.2023, „Gießkanne öfter im Schuppen lassen"
251 Broschüre „Sozialstaat Österreich. Leistungen, Ausgaben und Finanzierung 2018" vom 1.1.2018, Finanzierung der Sozialleistungen (Kap. 2.5), S. 45 f.

## Endnoten

252 Friedrich Schneider in den OÖN vom 13.12.2022, „Vertrauensverlust fördert Pfusch"

253 OECD-Bericht in Der Standard vom 11.4.2019, „Steuern und Abgaben auf Arbeit weiter gestiegen"

254 Alexander Neumayer in der Wiener Zeitung vom 25.2.2022, „Vermögenssteuer macht Österreich arm"

255 Ifo-Institut vom 8.9.2021, „Eine Vermögenssteuer könnte toxisch wirken"

256 Hannes Androsch im Profil vom 11.5.2022, „Vermögenssteuern für Österreich – hat Bundesminister Rauch recht?"

257 Studie der Arbeiterkammer in Der Standard vom 22.12.2020, „Vermögen in Österreich: Reichstes Prozent deutlich reicher als bisher bekannt"

258 Norbert Zimmermann im TREND vom 28.10.2022, „Wann, wenn nicht jetzt?"

259 Der Standard vom 6.10.2015, „Wiener Beamte erhalten mehr Urlaub"

260 APA vom 6.10.2015, „NEOS Wien: Privilegien im roten Wien – 7 Wochen Urlaub"

261 Rechnungshof-Bericht zur Reform der Sozialversicherung im Dezember 2022, „Reform der Sozialversicherungsträger – Fusion, finanzielle Lage"

262 Interview im Kurier vom 5.1.2023, „Stelzer kritisiert Reform der Gesundheitskassen"

263 OECD-Studie „Going for growth", Juli 2019

264 Momentum Institut vom 23.11.2022, „Unternehmenssubventionen: Österreich zahlte am meisten", www.momentum-institut.at

265 Richard David Precht in der Presse vom 29.9.2022, „Umbruch in der Arbeitswelt: Freiheit, Sinn und Selbstverwirklichung"

266 Presse vom 23.2.2023, „EU-Asylsysteme stehen vor dem Kollaps"

267 Presse vom 23.2.2023, „EU-Asylsysteme stehen vor dem Kollaps"

268 Vortrag Milton Friedman vom 3.10.1977 (Chicago) in der WELT vom 19.6.2017, „Sozialstaat oder Einwanderung"

269 BM Alma Zadić in der Presse vom 24.12.2022

270 Österreichischer Integrationsfonds vom 3.11.2022, „Alphabetisierungsbedarf bei Flüchtlingen steigt"

271 Die Presse vom 28.3.2023, „Wenn Migration im Sozialsystem ihr Ende findet"

272 Statistik des Landes Oberösterreich 2022, www.land-oberoesterreich.gv.at

273 Interview im Kurier vom 17.3.2023, „Dann bist du plötzlich eine Nutte"

274 Ednan Aslan im Kurier vom 17.5.2023, „Das ist wie eine Hexenjagd"

275 Kronen Zeitung vom 23.5.2023, „Mehr muslimische Schüler"

276 OÖN vom 12.2.2023, „Zwei Drittel bewerten Zusammenleben mit Zuwanderern negativ"

277 Kronen Zeitung vom 11.5.2023, „Weniger Migranten für Österreicher am wichtigsten"

278 Presse vom 20.2.2023, „Nur ein Bruchteil der Ukrainer in Österreich arbeitet"

279 Europäische Kommission „Migration nach Europa", 1.1.2021
280 OECD-Umfrage in der Presse vom 10.3.2023, „Österreichs blinder Fleck in der Migrationsdebatte"
281 BMI, August 2021 im Kurier vom 24.8.2022
282 Medienaussendung des Landes OÖ vom 11.1.2023, „LR Hattmannsdorfer: Kein Antragsrecht auf Aufenthalt für strafrechtlich verurteilte Fremde"
283 IMAS-Umfrage März 2022 im Auftrag der WKO Oberösterreich
284 Umfrage von McKinsey 2022 in Der Standard vom 23.12.2022, „Österreicher bleiben trotz zu hoher Erwartungen der Arbeitgeber im Job"
285 OECD Working Papers 2015
286 WKO, „14 EPU-Mythen" 2019
287 PwC-Umfrage in Der Standard vom 7.6.2021, „Junge wollen flexible Arbeitszeiten, Homeoffice und gutes Gehalt"
288 OÖ AK-Wertschöpfungsbarometer 23.3.2022
289 OÖ AK-Arbeitsklimaindex vom 10.2.2022
290 Statistik-Austria anlässlich des Weltfrauentages März 2018
291 Berechnung von Mercer in Der Standard vom 25.2.2020, „Bereinigter Gender-Pay-Gap bei 6,6 %"
292 Die Presse vom 10.5.2023, „Was Frauen tun müssten, um endlich mehr zu verdienen"
293 EWCS 2015, Statista 2021
294 AOK „Dauer der Entgeltfortzahlung", GAAV „Lohnfortzahlung", GTAI 2022
295 ÖGB „Arbeitszeit" vom 7.6.2022
296 news.wko.at vom 7.6.2022
297 Studie der Europäischen Wirtschaftsforschung Mannheim in den OÖN vom 17.1.2023, „Österreich kann mit Spitzenstandorten in Westeuropa, Skandinavien und Nordeuropa kaum mehr mithalten"
298 Monika Köppl-Turyna von ECO Austria in Der Standard vom 5.3.2023, „Weniger arbeiten? Die Nachteile überwiegen"
299 Georg Knill, IV im ORF vom 18.9.2022, „IV: Mehr Menschen in Vollzeit bringen"
300 Beppo Muchitsch in der Presse vom 21.5.2023, „Dann schäme ich mich für meine Parteispitzen"
301 WIFO „Fehlzeitenreport 2022"
302 Friedrich Schneider in der Kleinen Zeitung vom 20.2.2017, „Sozialbetrug kostet eine Milliarde jährlich"
303 OECD Taxing Wages 2021
304 Die Presse vom 28.2.2023, „Dänemark streicht Feiertag, um hohe Verteidigungsausgaben zu finanzieren"

## Endnoten

305 Michael Lindner in der Kleinen Zeitung vom 27.11.2022, „SPÖ will verpflichtenden Integrationsdienst für junge Asylwerber"
306 Martin Hajart in der Kronen Zeitung vom 27.4.2023, „Asylwerber sollen Parks und Straßen reinigen"
307 Integral-Studie des Katholischen Familienverbandes vom 18.8.2021
308 Martina Salomon im Kurier vom 11.9.2021, „Wenig Work-, viel Life-Balance"
309 Gerald Loacker im Standard vom 14.8.2022, „Eigentum wird unleistbar: Wofür arbeiten wir noch?"
310 Bernhard Heinzelmeier in der Presse vom 11.10.2022, „Eine Jugend, die sich wenig traut"
311 RAND-Krankenversicherungsexperiment (RAND-HIE in Enzyklopädie vom 28.11.2020)
312 Nachhaltig GESUND SVS 2022
313 Berechnung der AK im Profil vom 29.4.2021
314 Stiftung Marktwirtschaft „Das bedingungslose Grundeinkommen" 2019
315 Der Spiegel vom 14.11.2020, „Experiment in Finnland: Grundeinkommen tut gut"
316 FOCUS online vom 10.4.2019, „Jeder zweite Deutsche hätte gerne Geld vom Staat"
317 Ökumenischer Rat der Kirchen in Österreich im Kurier vom 25.5.2022, www.katholisch.at vom 27.4.2022 (Bischöfliche Arbeitslosenstiftung), Sendschreiben Papst Franziskus 2013, „Evangelii gaudium"
318 Bericht des WIFO zur Pflege, 2019
319 Prognose des WIFO in Der Standard vom 6.11.2020, „Fünf Fragen für die Pflege der Zukunft"
320 Bericht des WIFO zur Pflege, 2019
321 Sigrid Pilz in Der Standard vom 14.12.2022, „Alternde Gesellschaft: Wie sich ein Pflegedesaster verhindern lässt"
322 Umfrage der Dating-Plattform „Parship" 2022 in Der Standard, „In Österreich leben zwei Millionen Singles"
323 Ernest Pichlbauer in Der Standard vom 6.11.2020, „Fünf Fragen für die Pflege der Zukunft"
324 Ernest Pichlbauer in Der Standard vom 30.8.2021, „Experte kritisiert SPÖ-Vorstoß zu Pflege"
325 Franz Kehrer, Katholische Kirche in OÖ, 12.5.2020, „Wertschätzung für Pflege bewahren und Pflegesystem reformieren"
326 Amt der OÖ. Landesregierung, Direktion Präsidium, Abteilung Trends und Innovation, Oö. Zukunftsakademie, Broschüre „Perspektive Ruhestand" 2022
327 Abteilung Statistik des Landes OÖ in den OÖN vom 23.10.2022, „1.160 Pflegeplätze können wegen Personalmangels nicht besetzt werden"
328 Alexandra Prinz in der Presse vom 8.1.2023, „Der akute Pflegenotstand und die Folgen"

329 materie.at vom 17.10.2022, „Was Österreich von Finnland lernen kann"
330 Andreas Salcher im Kurier vom 3.7.2022, „Nach dem Startschuss folgt nie ein Rennen"
331 Bericht des AMS „Arbeitsmarkt und Bildung" Jänner 2023
332 orf.at vom 28.5.2020, „Fast 1,5 Millionen Menschen armutsgefährdet"
333 Wiener Zeitung vom 14.1.2020, „Bildung als Weg aus der Armut"
334 Arbeiterkammer-Nachhilfebarometer in Der Standard vom 1.6.2017, „1,3 Millionen Euro jährlich für Nachhilfe"
335 Moment vom 12.5.2022, „Was in Österreichs Bildungssystem schlecht ist", „Bildung in Zahlen" Statistik Austria
336 WIFO-Studie vom Mai 2020, „Soziale Unterschiede, Lebenserwartung und Gesundheitsausgaben im Lebensverlauf"
337 Studie der Universität Düsseldorf im Kurier vom 9.4.2018, „Rauchen, eine Frage der Bildung"
338 Bertolt Brecht, Zitat aus „Die Dreigroschenoper" 1928
339 Studie der sportwissenschaftlichen Gesellschaft vom 2.12.2014, „Gebildete Menschen machen mehr Sport"
340 OECD „Education at a Glance 2021" vom 16.9.2022
341 „‚Times'-Uni-Ranking 2019", Medienpaket der Universität Wien vom 12.9.2019
342 Kronen Zeitung vom 2.5.2022, „Hohe Arbeitslosenrate beim Pflichtschulabschluss"
343 Christian Helmenstein, IV in der Presse vom 7.3.2023, „Bedeutung der Berufswahl: Mehr verdienen im richtigen Job"
344 Doris Hummer im Volksblatt vom 11.1.2023, „Attraktivität der Lehre"
345 Andreas Salcher im Kurier vom 2.7.2022, „Nach dem Startschuss folgt nie ein Rennen"
346 Melisa Erkurt „Generation Haram", Paul Zsolnay Verlag 2020
347 OECD-Studie „Bildung auf einen Blick" in der Presse vom 12.9.2017, „Lehrer unterrichten vergleichsweise wenig"
348 Umfrage des ÖBV, APA vom 13.11.2022
349 Andreas Salcher in Oe24 vom 31.3.2012, „Erwarte eine Revolte an Schulen"
350 Der Standard vom 24.2.2021, „Wie der Stundenplan der Zukunft aussehen könnte"
351 Agenda Austria vom 17.9.2019, „Bildung: Wenn schon teuer, dann auch sehr gut"